PROGRAMME ET MÉTHODES
DE LA LINGUISTIQUE THÉORIQUE

PSYCHOLOGIE DU LANGAGE

理论语言学纲要和方法论
语言心理学

Albert Sechehaye

[瑞士] 阿·薛施蔼 著

杨衍春 译

广西师范大学出版社
·桂林·

译序

现代语言学史上未揭开的页章
——薛施蔼语言学思想

摘要：在现代语言学史上，瑞士语言学家阿·薛施蔼（Albert Sechehaye）作为索绪尔《普通语言学教程》的整理者之一进入了世界各国语言学者的视野。然而，薛施蔼对于现代语言学的贡献不限于此。他在整个学术生涯中提出了一系列至今看来还具有现实意义的现代语言学观点。由于各种主客观原因，薛施蔼的学术地位没有得到彰显，成为现代语言学史上被遗漏的范式。

一、引　言

薛施蔼1870年出生于日内瓦，1883年中学毕业后考入日内瓦大学，有幸连续两年聆听了索绪尔主讲的印欧语言比较语法、希腊语法和拉丁语音三门课程。1893年，在索绪尔的建议下，薛施蔼来到了19世纪的语言学中心——莱比锡大学进修学习。1902年薛施蔼在格丁根大学完成了题为"法语假定式史"的博士论文答辩。在德国生活学习十年之后，薛施蔼于1903年回到了日内瓦大学，成为一名编外副教授，讲授法语史和诗歌写作课程；1929年成为语法学理论的客座教授；1939年之后，取代退休的巴利，成为日内瓦大学普通语言学教研室主任，直至1946年在日内瓦去世。

纵观现代语言学史，薛施蔼总是作为索绪尔《普通语言学教程》的整理者出现在语言研究者们的论文、论著中，鲜有人关注到他对现代语言学的贡献，尤其在我国语言学界更是如此。我们通过搜索中国知网，没有一篇与薛施蔼语言学思想相关的论文，而通过百度搜索，甚至连关于薛施蔼的基本信息都没有。对于为现代语言学做出贡献的语言学者薛施蔼而言，这样的一种事实似乎有失公允。

薛施蔼不仅仅是索绪尔《普通语言学教程》的整理者之一，索绪尔《普通语言学教程》的另一位整理者巴利的评价为我们呈现出了语言学史上的本真薛施蔼。他写道："薛施蔼以极度的分寸感揭示了某些片段的隐秘意义，解决了很多虚幻矛盾。为了使这座大厦的每一块基石占据其应有的位置，他将毫无联系的元素结合在一起。如果《教程》实现了语言学的革命，这是因为这本著作具有完整性和清晰性，而薛施蔼在很多方面促成了这样的一个结果。至此，他的思想与自己导师的思想合二为一，但这并不是因为他盲目地在复述这一思想。相反，这种思想只是澄清了学生自己的观点。"（Балли，2009：219）

著名语言学家巴利对薛施蔼的客观公正评价启发我们反思薛施蔼对现代语言学的贡献，抛开偏见，洞悉薛施蔼语言学思想的真谛。

二、薛施蔼学术人生及其语言学思想

薛施蔼的学术人生始于他在德国进修学习之后，一直到1946年去世。他一生著述不多，两本专著和二十篇左右的论文，却在索绪尔语言学思想基础上，勾勒出了一幅与众不同的学术人生画面。

根据薛施蔼语言学思想的形成与发展脉络特点及他在不同时期的学术贡

献，我们人为地将他的学术人生划分为三个阶段：1903—1916年——启蒙期；1920—1926年——成熟期；1930—1944年——巅峰期。

（一）1903—1916 年——学术思想的启蒙期：继承索绪尔思想

这一时期的薛施蔼更多地受到了索绪尔的影响，并将这一影响成功地体现在了第一部代表作《理论语言学纲要和方法论——语言心理学》中。在这部著作中，薛施蔼毫不隐讳地承认索绪尔对自己学术人生的影响，并在《致我的老师索绪尔先生》中部分表达了由衷的谢意。他写道："正是您激发了我对普通语言学问题的兴趣。我要感谢您，是您让我了解了照耀科学研究之路的原则。虽然最后我的思想开始按照自己的方向继续发展，但我希望这部著作中的每一页内容都能得到您的肯定。"（Сеше，2003:34）

薛施蔼在这部著作中针对当时令索绪尔等很多著名语言学人家长时间困扰的理论语言学问题发起了挑战。在他看来，自亚里士多德时期开始，理论语言学发展非常缓慢。虽然赫尔德、洪堡特、保罗等语言学家都尝试过研究语言的普遍规律，但都没有对描写语言学或者历史语言学领域产生根本的影响。

为了揭开理论语言学的面纱，薛施蔼首先从语言学分类开始。他借用了当时著名语言学者 M.A. 纳维尔（M.A.Naville）使用的事实科学和规律科学术语，指出事实科学描述了大量属于某一时期和地点的语言事实，弄清楚了某种具体语言或者语族的语音变化过程，却无法道出这些变化的原因。因此，语言学就整体而言无法看到语言固有的规律性及其功能性。因此，事实科学还不是科学的全部。应当还有从另一个角度研究语言的规律科学，即"在大量事实中寻找共性的和必然的东西"（Сеше，2003:38），规律科学所确定的事实没有日期、地点限制，永远且处处都是正确的。薛施蔼采用了一个自认为方便的术语"理论语言学"来表示与语言学相关的规律科学。他强调理论语言学的本质就是"组合类似现象并且试图发现其中的常在关系，采用归纳法，从个别事实向更高原则上升，采用演绎法再从最高原则中滑落到个别事实中，将其解释为这些原则在某些条件下的必要表现形式"（Сеше，2003:65）。

薛施蔼的理论语言学并没有止于事实科学和规律科学之分。在此基础上，薛施蔼继续划分出了研究语言演化的理论语言学和研究语言状态的理论语言学。针对两者之间的相互联系，薛施蔼提出了演化其实就是从一种状态过渡到另一种状态。因此，一方面，演化不可避免地与某些状态相关，没有状态参与的演化是不可思议的。另一方面，如果抛开演化，语言状态却是可以理解的。在他看来，研究语言状态的学科（音位学和静态形态学）只能部分解释研究的对象。因此，语言状态具有相对性。相反，所有研究演化（语音学和演化形态学）的学科可以全面解释，指出在某时刻，在某一个人或者集体内部产生某种语言现象的原因。因此，薛施蔼虽然认为语言状态不可或缺，但他认为演化学科比状态学科更接近现实，语言的演化更重要。

薛施蔼着眼于构建理论语言学的另一个依据是心理学。他认为，语言是人的一种心理活动，借助于机体来实现。理论上每一个人都应认可在体现民族和个体心智方面没有比语言更有价值和更准确的文献了。语言是独特心灵的直接折射，是心理生活的真实镜子，意义变化问题主要是心理问题。语法学家一直在从事心理学研究，或者就与他们需要的划分原则或者解释有关的问题求助于这个领域的权威。

薛施蔼认为，虽然有很多学者意识到语言学和心理学这两种借助于不同方法、研究同一个对象的不同科学相互结合，必然会带来和谐型的合作，成为合作者，而且，从自身角度而言，生理心理学将有助于理解和描写事实，但却没有人试图在现代心理学基础上创建理论语言学。

1900年，德国学者冯特的《民族心理学》成为借助于现代心理学资源创建这门科学的一种尝试。薛施蔼一方面肯定了冯特对理论语言学的基础性贡献，但另一方面又认为冯特忽略了属于语法范围的语言现象，没有意识到语法方面的重要性，从而漏掉了一个理论语言学的主要研究对象。

　　薛施蔼所指的语法问题研究对象就是语言本身、语言机体，就是"心理物质为了表达自己的思想而使用的手段综合体"（Сеше，2003：68）。按照他的观点，语言定义虽然很有用，却有一个致命的抽象性，无法对应任何一个准确的认识。因此，必须了解语言本身，而不是语言所表达的概念。他以口语为例，指出语法规则还不是全部语言，主体的作用不可小视。说话主体掌控语法，在理智的监督下自由使用语法。没有主体的直接参与、意图和动机，任何言语都无法实施。

　　除此之外，语言中还有很多与主体的本能相关，不受理智控制，由某种心理或者生理原因而引起的因素存在。由此，薛施蔼认为，语言其实是受到两种因素的影响：规约性的、有组织性的固定语法元素和不具有规约性和组织性的语法外元素。其中语法元素是每一个主体用于表达思想、从集体中获得的东西，属于集体心理学的研究对象。语言中的语法外元素与说话人的心理生理特性有关，因此，是生理心理学或者个体生理心理学的研究对象。

　　为了合理解决个体心理学与集体心理学之间的关系，薛施蔼引入了适用于所有科学的"嵌入原则"，即"其中一类科学嵌入另一类科学中，按照一定的顺序解决问题，使得第一个问题为第二个问题的解决提供必要的元素"（Сеше，2003：70）。

　　据此，薛施蔼将集体心理学嵌入个体心理学中，提出语言是两种类型因素，即与集体心理学的语法元素和与个体生理心理学的语法外元素组合的结果，并在此基础上划分出了语法语言和前语法语言①。语法语言由集体创造，是一种理性化的语言或者有组织性的语言。符号在语法语言中被抽象化，因此其性质发生了变化，被称为象征，也就是符号思想与意义概念产生了联系。前语法语

---

① 薛施蔼的前语法语言与索绪尔的言语很接近。

言作为自由和自发的表现形式，发生在任何一个规约性的组织结构之前，因而不具有任何规约性；其思想从属于主导情感本能表现的心理规律，但是却没有组织性，只是主体意志的表现、说话者的功能、一种情绪化的语言，比如儿童语言。个体在前语法语言中创造符号，表达内心的状态和情感，而在语法语言中利用符号、复制符号。

薛施蔼的前语法语言和语法语言之分事实上已经蕴含了个体与社会、演化与静态的观点。正如俄罗斯著名语言学者绍尔所认为的那样，薛施蔼的"前语法语言和语法语言之分，奠定了理论语言学的基础"（Кузнецов，2006:121）。

薛施蔼的这部著作在1908年发表之后，引起了包括雅科布逊等在内的部分著名语言学家的关注。雅科布逊将薛施蔼归类为"第一批清晰阐述和发展索绪尔理论的学者之一"（Якобсон，1985:54）。捷克语言学家马铁纠斯认为薛施蔼的《理论语言学纲要和方法论》是日内瓦学派首批和后来理论的组成部分"（Кузнецов，2006:128）。

作为薛施蔼导师的索绪尔针对薛施蔼的这部著作也写下了一篇意味深长的评论。其中提到了理论语言学是一门复杂的科学，虽然从洪堡特、保罗到冯特都为建筑理论语言学大厦添砖加瓦，但没有人能够为这座大厦打下基础。他说："比起其他人，某些俄罗斯语言学者，首先是博杜恩·德·库尔德内和克鲁舍夫斯基更接近语言理论，但还没有超越语言学想象的界限。"（Соссюр，1990:166）

薛施蔼在这部著作中构建了理论语言学纲领的基本框架，正如俄罗斯学者阿尔巴托夫所言，"在一系列问题上薛施蔼的著作包含的思想远比他的导师的著作内容丰富。比如演化语言学、前语法语言和音位学"（Алпатов，2003:16）。但在新语法学派独占鳌头的时代，薛施蔼在这部著作中阐述的语言学思想只能算是索绪尔现代语言学思想的一场预演，并没有在当时的语言学界产生重大影响。

1913年，索绪尔的去世成为薛施蔼学术人生的重要转折点。巴利和薛施蔼怀着对索绪尔的敬重，在索绪尔的学生课堂笔记的基础上，将索绪尔的语言学思想整理成体系，并在1916年以索绪尔的名义出版。索绪尔因此而成为现代语言学之父。俄罗斯学者 B.M. 阿尔帕托福认为索绪尔《普通语言学教程》的内容"在很多方面完全勾销了薛施蔼在八年前出版的专著的意义。尽管两本著作的思想很相似，但这些在1908年没有引起反响的思想在1916年之后迅速征服了世界，但却只与索绪尔的名字联系到一起"（Алпатов，2003：8）。

索绪尔《普通语言学教程》的面世成为薛施蔼在这个时期学术活动的终结点，自此薛施蔼以索绪尔《普通语言学教程》整理者的身份被国际语言学界所知晓。

（二）1920—1926 年——学术思想的成熟期：发展索绪尔思想

正如 B.M. 阿尔帕托福所说，"薛施蔼的科研活动既没有止于1908年，也没有停留在1916年。在这之后还有若干个十年的活动"（Алпатов，2003：15）。薛施蔼借助于索绪尔的《普通语言学教程》扬名于国际语言学界，而不是以《理论语言学纲要和方法论——语言心理学》被学术界广泛知晓，这种情况虽然看起来有些戏剧性，但薛施蔼并没有因此停止探索理论语言学奥秘的步伐。

在1920—1926年间，薛施蔼将主要精力放在句法研究上，先后发表了《两种类型的句子》（1920）及《句子逻辑结构概述》（1926）等一系列研究成果。他声明"只研究与概念有关的问题，也就是句子的逻辑和心理，忽略语法问题的形式方面"（Сеше，2009：19）。薛施蔼将句子分为两种类型："句子-概念"和"句子-思想"。从语法角度而言，前者由一个主导词和附属词构成，只有一个中心，而后者由主体和谓项构成。句子-概念作为思维和交际的工具只起次要作用。而句子-思想，也就是具有主体和谓项的句子则成为主要的生成力量，是整个语法机制中的中心工具。

薛施蔼认为主体和谓项并不是形式概念，而是逻辑心理概念。整个言语行为中的主体是独立的、补充性的，是根据说话人的意图保持整个语句。在主体存在的前提下，句子成为表达抽象思想的有效工具，句子主体本身可以成为支持和证明谓项的条件。他认为，"思想运动的方向一定是由主体向谓项方向进行的。名词主体与相对应的谓项构成了句子的整个结构。这一事实充分展示了语法、心理和逻辑之间的连续性"（Сеше，2009：50）。

除此之外，在这个阶段的科研活动中，薛施蔼还澄清了他之前提出的语法语言和前语法语言之分与索绪尔的语言和言语理论之间的根本区别。他指出："《普通语言学教程》针对语言和言语对立并没有提出任何分类原则。准确地说，只关注到它们之间的相互依赖关系。按照索绪尔的观点，语言是为言语而存在，而且还产生于言语。语言以言语为出发点，使言语成为可能。没有什么可以让我们坚持语言早于言语，或者相反，言语早于语言的观点。这是某种表现为抽象分析中的整体现象。相反，对于我们而言，在这种抽象性中表现出了从属性和分类性，并且我们将处于前语法形式的言语放在语言的前面。"（Сеше，2009：183）他坚持语言的根源在言语中，语言只能通过规范言语中的习惯，使其常态化。"语言是集体的，是建立在协议基础上的工具，其真正目的就是为了比言语更好地符合能够唤起言语生命力的需求本身。"（Сеше，2009：84）

他的最终结论就是：如果语言是因言语而生，那么言语任何时候都不可能完全由语言而产生，两者之间并不存在相互制约的关系。言语在逻辑上先于语言，任何一种表达行为，任何一种交际行为都是言语行为。

薛施蔼在这个时期将研究的焦点集中在了句法问题上，并针对语言和言语之间的关系，提出了不同于索绪尔的观点。不言而喻，这个时期的薛施蔼逐渐开始摆脱索绪尔思想确定的框架和影响，以具有独立语言学思想的语言学者身份活跃在当时的语言学界。

（三）1930—1944 年——学术思想的巅峰期：超越索绪尔思想

根据薛施蔼学术思想的发展脉络及他在这个时期取得的学术成就，我们将这一时期的学术活动视为薛施蔼学术发展的巅峰期。其间，薛施蔼发表了《有组织的演化和可能的演化》（1939）、《索绪尔的三种语言学——评〈普通语言学教程〉》（1940）、《词语分类和想象力》（1941）、《思维和语言或者如何理解语言中的个体性和社会性》（1944）、《从音位定义到语言单位定义》（1942）、《语法中的结构方法及其运用》（1944）等多篇文章。

在这个时期，薛施蔼对语言和言语，语言的共时和历时及它们相互之间关系的思考显得更加成熟，更富有理性和独立性。薛施蔼在充分肯定索绪尔理论框架的基础上，放弃了索绪尔的传统二分对立，明确提出了三种语言学的观点：共时（静态的）语言学、历时（演化的）语言学和"有组织言语语言学"。有组织言语语言学研究共时和历时因素之间的现象，"言语与共时有关，因为它是建立在某种语言状态基础上的，而与历时有关，因为言语在萌芽时期就已经含有所有可能的变化"（Сеше，2009：214）。有组织言语语言学是共时语言学和历时语言学之间的桥梁。共时语言学就是描写语言状态，只限于满足创建简化的、相近的和理想的形象。而有组织言语语言学与具体因素、为思维服务的行为有关，也就是与那些构成随机现象的语言表现形式有关。每一个表现形式都有固定的地点和事件，在一系列条件下，出现在拥有个性的说话者之间。共时语言学和有组织言语语言学之间的关系就表现为抽象与具体、整体与个体的关系。历时语言学与研究语言状态的共时语言学一样，只能概括性地理解自己的研究对象。历时语言学不可能记录纷繁复杂的语言状态，因此不可能在描述语言历史时考虑到言语的所有特点。只有有组织言语语言学才能与现实保持直接的联系，因为它只局限于一个言语行为的狭义框架内。有组织言语语言学和历时语言学之间的关系就是从具体向抽象过渡。

不仅如此，薛施蔼也对共时语言学与历时语言学之间的关系进行了界定，强调共时语言学的地位，指出"没有共时语言学，历时语言学就是某种简单的列举，没有经过透彻分析，只局限于表面解释的事实而已。只有以更准确的语法研究为基础，历时语言学才能深入研究对象的本质，从最基本的起始理论角度概括大量个别事实，从而准确认识语言演化的一般形式和个别形式"（Сеше，2009:229）。

这样一来，薛施蔼的三种语言学类型事实上形成了一个封闭性的循环，即研究语言状态、语言的功能和语言的发展。

薛施蔼借助于图示表示了三种语言学之间的相互关系：

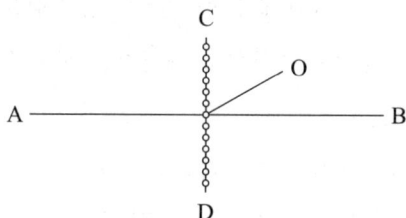

其中 AB 轴只是强调语法结构，也就是语言体系本身及稳定性。CD 轴表示不断破坏语言平衡的语言发展各个阶段。这两条线是相互对抗的力量：一种力量保持语法体系和建立在集体协议基础上的传统，另一种力量在体系中变化和适应。而 O 点就是有组织言语语言学的点，将语言系统与语言载体的思维结合在一起。薛施蔼所理解的有组织言语语言学既包括语言规范，也包括个性化的摇摆不定与偏离，是社会和个体的辩证结合体。

薛施蔼提出的有组织言语语言学的目标与任务至今还具有现实意义。首先，他将语言的功能与人类社会生活条件结合起来。其次，强调说话人和听话人的作用。认为说话人的言语行为是"创造性和有组织的力量"（Сеше，2009:220）。虽然说话人在语言变化中的作用不可小视，但是接纳有组织言语的行为也并不是一种消极的行为。薛施蔼将听话人的行为视为同时且相互依赖的两种行为：解释与分类。解释就是一系列分析和综合行为；分类首先就是听话人以语言系统中的一切为前提辨别所区分的语言单位。

薛施蔼的有组织言语语言学还包括研究某位作家或者演说家的语言个性化风格、观察和研究儿童言语、成年人的语言习惯等。"所有这些因素甚至在极其微小的细节上都取决于说话人的心理状态，在生动的言语时刻从属于泛时性规律，因而属于有组织言语语言学。"（Cеше，2009:224）

针对当时语言学术界将有组织语言学视为历时语言学的观点，薛施蔼认为这是一种错误的观点。他甚至认为索绪尔都没能避免这种根深蒂固的错误。在他看来，索绪尔虽然承认有组织言语语言学可以作为独立学科存在，但对于纲领的构建不仅没有给出令人满意的答案，而且还将本应属于有组织言语语言学的类推、民俗词源和黏着现象归类为历时语言学范畴。薛施蔼指出两种语言学不能相互混淆的一个重要原因就在于两种语言学研究对象的不同，有组织言语语言学研究语言变化的原因，而历时语言学只是比较先后的两种语言状态，确定变化的现象，不考虑这些变化的原因。

薛施蔼将共时和历时的因素与言语相结合，以说话人和听话人为出发点解释语言变化的原因，对于后来现代语言学的发展产生了重要影响。

三、结　语

薛施蔼的三段学术人生展现了一个学者不断进步、勇于探索理论语言学的过程。作为索绪尔的学生，薛施蔼不仅继承和发展了索绪尔的语言学理论精华，而且还在国际语言学的大背景下不断跟踪语言学的发展，探索、完善自己的语言学发展之路，薛施蔼对于理论语言学的贡献正逐渐被各国语言学者们认识。正如俄罗斯学者 B.M. 阿尔帕托福所指出的那样，"今天，当索绪尔和其追随者所树立的限制失去效力之时，不仅可以客观地审视薛施蔼在语言学史中的地位，而且应当在当今的视角下正确评价他的理论。即使现在，语言学也没有解决他所提出的很多问题，他的语言学理论还具有现实意义"（Алпатов，2003:17）。

在薛施蔼生前工作过的日内瓦大学已经开始研究薛施蔼的语言学思想。薛施蔼的学生福拉巴 – 列伯尔（Fryba-Reber）在一篇文章中写道："人们对于长期先是处于索绪尔，然后是巴利阴影下的薛施蔼的态度开始发生转变。薛施蔼是一个独具特色的语言学家。"（Кузнецов，2010:25）

薛施蔼的第一部专著《理论语言学纲要和方法论——语言心理学》于1908年问世，经历了一个多世纪之后，现代语言学者重新思考薛施蔼现代语言学思想的价值及现实意义。这样的现象一方面说明了薛施蔼现代语言学思想的前瞻性及对于我们阐释当代语言学的重要性；另一方面，现代语言学者在反思语言学发展历程时，意识到了薛施蔼所遭遇的不公正的学术命运。从今天现代语言学的发展趋势而言，薛施蔼不应当成为现代语言学史上"被遗漏的范式"，他对现代语言学的贡献不应当被忽略掉。我国学者李葆嘉先生指出，"长期以来，在现代语言学理论研究中，索绪尔学说一直是个重点。如果只知道《〈普通语言学〉教程》，现代语言学理论的形成仿佛一清二楚；如果还知道其他学者的成果，现代语言学理论的形成则显得扑朔迷离"（李葆嘉，2013:324）。本文阐述的薛施蔼语言学思想更是佐证了李葆嘉先生的观点。

参考文献

1. Алпатов.В.М., 2003. Альберт Сеше и история лингвистики\\А.Сеше.*Программа и методы теоретической лингвистики*.М.

2. Алпатов.В.М., 2009. Альберт Сеше и его книга «Очерк логической структруы предложения»\\ Сеше.А. *Очерк логической структуры предложения*.М.

3. Кузнецов.В.Г., 2003. *Женевская лингвистическая школа*.М.

4. Кузнецов.В.Г., 2010. *Научное наследие женевской лингвистической школы*.М.

5. Сеше.А., 2003. *Программа и методы теоретической лингвистики*.М.

6. Сеше.А., 2009. *Очерк логической структуры предложения*.М.

7. Сеше.А., 2003. Три соссюровские лингвистики. Критика «Курса общей лингвитсики»\\А. Сеше. *Программа и методы теоретической лингвистики*.М.

8. Сеше.А., 2003. Два типа предложения\\А.Сеше. *Программа и методы теоретической лингвистики*.М.

9. Сеше.А., 2003. От определения фонемы к определению единицы языка\\А.Сеше. *Программа и методы теоретической лингвистики*.М.

10. Сеше.А., 2003. Конструктивный метод в грамматике и его применение\\А.Сеше. *Программа и методы теоретической лингвистики*.М.

11. Сеше.А., 2009. Мышление и язык, или Как понимать органическую связь индивидуального и социального в языке\\А.Сеше. *Очерк логической структуры предложения*.М.

12. Сеше.А., 2009. *Классы слов и воображение*\\А. Сеше. *Очерк логической структуры предложения*.М.

13. Соссюр., 1990. Заметки по общей лингвистике.\\М.

14. Шарль Балли, 2009. Прощальное слово Шарля Балии на похоронах Альбера Сеше\\А. Сеше *Очерк логической структуры предложения*.М.

15. Якобсон.Р., 1985. Избранные работы.М.1985.

16. 戚雨村，1997，《现代语言学的特点和发展趋势》［ M ］.上海：上海外语教育出版社。

致我的老师索绪尔先生

正是您激发了我对普通语言学问题的兴趣。我要感谢您，是您让我了解了照耀科学研究之路的原则。虽然最后我的思想开始按照自己的方向继续发展，但我希望这部著作中的每一页内容都能得到您的肯定。当我写完这部著作时，您客气地提出希望阅读这部著作，在我起步阶段给予我支持，从您那里我得到了善意的帮助。

我冒昧地希望这部著作在某种程度上达到了设定的目标，而且能够将它献给您，我感到由衷的高兴！在此，我对您致以敬意和深深的感谢。

薛施蔼

在音标中使用的符号表

辅音	元音

大部分辅音用于通用的意义。需要
强调一下符号：

s　　aussi，garçon（清辅音）

z　　rose（浊辅音）

ʃ　　chaud

ʒ　　gel

k　　course

g　　gant

h　　haus（送气音）

位于元音之前构成复合元音的语音

j　　pied

w　　oui

ɥ　　puis

à　　part（开口音）

a　　pas（闭口音）

ɛ　　fait（开口音）

ę　　dé（闭口音）

ɔ　　tort（开口音）

ọ　　beau（闭口音）

i　　ni

u　　fou

y　　vu

œ　　seul（开口音）

ø　　peu（闭口音）

ə　　revenir（e 无声）

特别强调：a e o 处代表元音。

字母上方有波浪线的元音是鼻元音：

ã grand　ɛ̃ vin　ɔ̃ bon　æ̃ un

目　录

理论语言学纲要和方法论——语言心理学

薛施蔼的论文

理论语言学纲要和方法论——语言心理学

各章内容简介

第一章
事实科学和规律科学、理论语言学的唯理论基础

  语言学的研究得到了全面发展。语言学就是**事实科学**。事实科学描写历史事实，讲述和重建历史事实。规律科学研究现象存在的常规条件，与事实科学共同存在。这两种科学范畴以构建原则而相互区分。每一个历史事实都是属于不同规律科学的现象组合。事实科学与规律科学在发展中相互联系，它们拥有一个共同的认识方法。它们的区别与任何知觉的情感客观方面和主观精神方面有关。这些科学有利于任何一门科学实现最终目标，也就是表现现实性和必要性之间的一致性。与其他任何科学一样，事实语言学因规律科学或者理论语言学的存在而更加稳定。

第二章
现代科学状态下的事实语言学和理论语言学之间的关系

  指导创建理论语言学的个别条件并没有对事实语言学及其成就产生根本性的影响。因此，人们失去了对这门科学的信任。造成这种状况的部分原因与停留在经院哲学的语法学者有关。认识语言有利于了解人。如果语法学者提出了这样的目标，他们就应当懂得以规律科学为基础的必要性。但部分责任应落在心理学者身上及他们针对科学提出的毫无益处的思辨型结构中。语法学者开始关注心理学，心理学者重组自己的科学，开始研究语言事实。冯特的《语言心理学》面世，这是第一次尝试编写语言心理规律的手册。这是一次非常好的尝试，但这本书并没有在各个方面都达到目的。

第三章
评冯特的著作

冯特没有理解语法问题的重要性。如何理解语法问题。为什么心理学者无法绕开语法问题。

从专门的语法问题角度分析冯特的著作，情感行为理论、手势语、发音。冯特虽然没有提出**音位问题**，但不止一次涉及这个问题。他完全没有涉及**语音问题**、**形态问题**、词语构成理论。冯特提出的词语定义不符合语法学者的要求。论复合词语理论、语法形式。冯特研究这个问题时，使用了错误的方法。他错误地认识语言形式、句子及其定义。针对语法表达方式冯特提出的结论不充分。冯特开始研究形态问题、词序问题。他有意识在词序和句子定义方面绕开这个问题。当论述区分命令式、感叹词和保罗的《逻辑主体》的必要性时，冯特涉及了这个问题，研究意义演化和语言起源部分。

冯特根据传统的顺序，也就是与他提出的某些原则相矛盾的方式，并且通过有序性而掩盖无序性的方式将所研究的资料进行排列。我们撰写这本著作的目的就是编写更完整和规范的理论语言科学纲要。

第四章
理论语言学发端于个体心理学和集体心理学

理论语言学属于一般规律科学：生理心理学的一部分。我们需要以语言定义为基础，确定理论语言学在生理心理学中的地位。抽象概念——这个概念还不完善，需要补充建立在观察基础上的具体概念。口语的主要特点——我们认为，这种语言是两种因素的合力。它包括**语法元素**和**语法外元素**。语法元素与集体心理学有关，语法外元素与个体心理学有关。

第五章
嵌入原则

关于嵌入原则，我们认为，其本质就是相互连续，且一种范畴嵌入另一种范畴的复杂组合。对于事实而言，每一种范畴都是下一种范畴存在的环境，某种理解事物方法的批判性基础，如生理心理学嵌入生物学中、集体心理学嵌入个体心理学中、人文科学嵌入集体心理学中。嵌入原则有三种特征：（1）可以独立思考嵌入范畴的事实，相反则是错误的。（2）嵌入范畴的事实有时以纯粹的形式存在。（3）被嵌入范畴的事实比嵌入范畴的事实更复杂和具体。这三种嵌入特征体现在个体心理学和集体心理学中。

第六章
理论语言学分为两种科学：一种属于个体心理学范畴、一种属于集体心理学范畴

在口语中很难根据嵌入的顺序清晰区分用于个别研究的语法外元素和语法元素，但在某些情形下这样的区分是由本质所决定的。如果语法语言永远都不是孤立存在的，那么就有一种诞生于语法语言之前，只由语法外元素构成的语言。需要区分前语法语言和有组织语言。语法语言在前语法语言环境中诞生和发展。因此，首先需要认识这种环境，将有组织语言的研究嵌入这种研究中。

第七章
理论语言学第一部分的纲要或者论情感语言的科学

很难发现纯粹的前语法语言，但可以通过语言形式研究前语法现象，也就是前语法现象在这些形式中起主导作用。为了确认这些形式的本质，

需要从心理特点方面确定前语法元素和语法元素。（一）提纲：**前语法元素是情感生活的产物，语法元素是精神生活的产物。**（二）论据：理智和语言。（三）两种对立的表达方法：创造的符号具有情感性，习得的符号具有精神性。（四）象征和它的模式：前语法语言和有组织语言的相关性源于这两种对立原则。**在实践中需要将情感语言与有组织语言对立。**不同的语言形式，包括动物语言、儿童语言、手势语、强烈情感语言都属于情感语言。在情感语言中，约定俗成的符号总是力求成为无意识符号。

个体心理学中的情感语言研究与表现行为研究有关。这是包括冯特在内的心理学者成功研究的领域。

第八章
集体心理学及其方法

虽然有组织语言由两种类型的因素构成，但仍旧是集体心理学的研究对象。论集体心理学及其方法。（一）提纲：**这是纯粹的演绎科学。**（二）论据：集体心理学问题不包含任何新的未知单位。这不意味着集体心理学是一门不需要以事实为基础的先验性科学。因此，这门科学可以只研究一个问题，忽略其他问题。在这样的前提下，可以真正认识这门科学的研究对象。这样我们就可以将以口语形式体现出来的有组织语言的理论语言学视为一门独立科学。

第九章
理论语言学第二部分或者以口语形式体现的有组织语言科学及划分原则

这些任务的构成：环境、材料、主体、目的和工具。语法语言中的逻辑学，将复杂问题化解为最简单问题的必要性。

划分的双重原则。第一个原则：区分语言的状态和演化。语法状态具有现实的存在形式。说话主体的确立不可能完全解释语法状态。语法状态具有历史原因。因此，可以将其解释为主体可能的行为方式，或者将它的起源视为演化过程中的必然瞬间。第二个原则：区分思想形式和规则。我们不是区分生理现象与心理学现象，或者显性和隐性现象，而是区分语音与形式。词语"形式"应当具有什么含义。形式首先由词汇构成，而该词汇是已经成为程式化词语的物质性质之外的研究对象。至于谈到其他语法元素，某些将语法表达方式与词语联系到一起的定语也被列入形式中。我们正是借助于这些定语进行思考，但这些定语并不具有规约性。表达方式（词语变化、词语构成、复合词，甚至并不突出的词序）本身由两种元素构成。其中之一就是物质性和规约性的元素；另一种则是思想组成部分的形式因素。生格的不同心理意义与表达生格的方法有关。词语和思想之间的关系。主要语法表达方式、象征和心理思想定义固有的一致性。概述。反驳语法中的形式与以思想和表达方式之间的分歧及语言演化为基础的思想形式之间一致的观点。如果了解了语法只是语言的一部分，那么这种反驳毫无意义。根据这两种划分原则我们区分四种学科：静态形态学、演化形态学、音位学和语音学。

需要解决以划分原则为基础的语言学两部分相互嵌入及关于一个原则从属于另一个原则的问题。至于后一个问题，我们认为，划分为形式和语音的原则应从属于划分为状态和演化的原则。

第十章
演化学科嵌入静态学科

在完整描述之前需要做一些解释，这是很自然的事情。但可以证明，这里指的是真正的嵌入。首先我们可以借助于简单合理的想象，弄清楚演化。需要了解，究竟是什么发生了变化。我们还可以展现，在这种情形下确立嵌入特征（除了第二个非必要的特征之外）。

第十一章
音位学嵌入静态形态学

如果在开始阶段只研究语言学的静态部分，那么我们就需要提出研究语音的学科和研究形式的学科之间的从属顺序问题。大家好像认为，静态形态学应当嵌入形态学中。这是误区。音位学之所以嵌入形态学中；第一，因为音位学的研究对象更具体（科学嵌入的第三个特征）；第二，因为语言形式可能以抽象形式呈现出来，与语音使用有关的规则没有关系，相反（第一个特征）是错误的。学科嵌入第二个特征在这里没有显现出来。

第十二章
关于有组织语言口语形式的科学纲要·静态部分

阐述第一部分理论语言学纲要的优势。

静态形态学的出发点就是了解象征的抽象本质，而不是象征的起源。象征具有语法的所有基本特征。而且，这些特征存在于象征中并且借助于象征体现。象征是语法细胞。简单的句子类型就是通过主要概念（象征－句子）表达思想的唯一象征。这种方法可以调节词语和句子之间的矛盾性。类似于活的有机体细胞，象征可以专门用于某种功能。静态形态学的目的就是弄清楚，如何构建与思想一致的象征。通过以静态形态学为基础的象征科学，静态形态学与集体心理学的其他部分发生联系。静态形态学中的逻辑结论无法揭示现象的起源，逻辑结论具有抽象性。这里所说的逻辑，我们指的是实践逻辑学。静态形态学和数学学科之间的相同与不同。在进行逻辑分析时，需要避免虚假的语法习惯。发声语言使用的工具如何决定后者的形式？通过"形式"本身，在某种程度上它是借助于本身的性质实现的。合理解释语言现象的原则就是语法形式与主体心理取向的对应。我们可以不断研究人类语言及具体的语言共同体，通过在前语法环境中，也就是体现语法状态的环境中确定语言语法状态的位置，达到解释个体语言的目的。

音位系统应由语音组成，从而有利于语法语言的目的。这是由象征的生理心理定义得出的结论。这种系统的存在本身就是语法的表达方式和语言的形式单位。

音位学的任务就是告知，相对于语音音色、语音之间的相互关系而言，音位系统中可能有<u>哪些</u>现象出现。发音是以形态为基础的，尤其在连接音变现象中更是如此。除此之外，发音还受到语法外元素的影响。语音的其他特点：**重音、音调和长短**，关于重音的若干想法，这些特征之间的关系。在这种情形下，一方面是说话主体的生理取向和心理取向，另一方面是语法使用的语音，两者之间的对应就是解释性原则。这种对应体现的环境不完全等同于形态对应。我们将这些条件与形态学联合研究，可以彻底解释具体的个体语言。

第十三章
语音学嵌入演化形态学

这个嵌入原则的基础涉及诸多有争议的问题。首先，我们可以将这个原则解释为逻辑结论。这个结论源于前面阐述的相关静态学科之间的嵌入关系。我们还可以发现嵌入的必要特征：相比较形态变化，语音变化是更具体的现象。我们只需要证明，没有语音学同样可以理解形态变化，反之则不行。

第一部分：**形态变化**——形态变化从属于无意识新现象的规律。当主体认为意义属于另一个说话人理解的语言象征时，就可能出现无意识新现象，这就排除了形态现象伴随语音变化的可能性。以此方式产生的形态变化对个体语言产生了影响，集体接受了这种变化。无意识新现象（语法发端）的心理分析。形态变化的主导原则——语言形式适应说话人的心理取向。因此，演化形态学就是纯形式科学。但是，心理倾向并不是自由和下意识地创造与其相应的形式，必须发现针对这一点的合适情形来限制心理倾向的自由。现代语言是未来语言的物质原因。但是我们只研究现代语言形式，因此，合理解释形态变化只需要了解语法"形式"和有利于变化的条件，甚至还有心理行为。正是因为这些因素的存在，我们才实现了从一种形式向另一种形式的转变。

人们通常认为，某些形态变化可能是由语音变化所致。这种观点是没有根据的。拉丁语变格消失可以证明这一点。可以说，如果语音变化没有决定形态变化，那么至少促使了形态变化。但我们是否定这一点的。现实问题就是作为表达思想的语言是否表现为粗暴力量型的工具，或者是人类的理智主导着它的变化。

第二部分：**语音变化**。需要区分语音的突变式变化和渐进式变化。第一类变化改变了构成词语的音位元素，但没有触及音位系统。第二类变化导致了音位系统的变化，原则上不影响词语的构成。这两种类型变化的原因是什么？

在突变式变化中需要特别强调与概念联想有关的变化，也就是类比变化和逻辑倒错型变化（**缩略、感染错合、民俗词源**）。这是形态性质的现象。与形态变化不同的是，这些变化出现在词语范围内。

与其他语音影响有关的突变式变化具有特殊性。这种现象的心理基础。它的基本观点。类似变化的根本性原因与人的理智无关。形态学如何与类似变化发生联系的？借助于理智对于语言实施的保守性行为，也就是创造、保留、改变。语音作用的现象影响到语法，而这种影响受控于理智，而理智只允许对语言形式无影响的现象存在。

渐进式变化。这些现象的规律性。人们常认为，我们看到的规律可以与自然规律相比较。在这种情形下，必须确定科学嵌入原则的反向顺序，但却缺乏理据性。无论在语音中，还是人类机体中都没有发现主导这种规律性演化的原因。但是我们完全可以在其他领域发现这些原因。所有类似现象的基础就是说话主体在言语过程中将语法中的语音进行变化。音位随着类型的变化而不断变化。变化的原因：语法外元素、邻接语音或者根据联想相互联系的语音的影响、生理因素、其他语言的影响。规律性的变化是如何从这种变化中产生的？对于集体而言，个体的过渡性事实成为竞争和选择的必要途径，与形态变化一样。但为了使说话人提供的变化被接受，这些变化不仅要涉及唯一一个词义，而且还要涉及其他情形，其中同一个音位可以在不同的环境中使用。这对于保留音位系统和语言的表达功能很重要。所以，我们可以只承认两种变化——我们确定的突变式变化和渐进式变化。我们发现，从心理角度而言，很容易意识到这种现象是如何发生的。既然我们要论述语法表达方式的保留问题，那么这就是以理智和形态学为基础的现象。我们简单论述一下语音变化的主导性原则。结论。

我们需要指出，当能够直接观察到与语音变化相关的现象时，语音变化是什么样的。语言中某些词语的发音可变化，而且可以自由选择变化的形式。不同变化相互竞争，其中一种占据上风，或者根据表达思想的要求，两者最终合二为一。

第十四章
有组织语言的口语科学纲要·演化部分

演化形态学从研究象征的起源开始。这里可以使用迪特里希·奥特马尔（Dittrich Ottmar）的分类：个体起源（符号）、个体-系统起源（无意识的创造）、系统起源（集体接受象征）。我们弄清楚象征是如何产生之后，还要弄清楚，象征是如何变化的。因此，我们得到了开启所有形态变化的钥匙。但是首先需要研究简单完全的象征（象征-句子）。演化象征：可以进行研究的条件、情形：可以直接将结果应用于语言的句子中的情形。

当象征构成了句子结构的一部分时，象征的变化与句子其他部分相关。我们需要研究这些变化，将演化象征与静态形态学结合在一起。这是语义学的研究对象。当我们将语义学的任务视为研究"词语生活"时，其实语义学的作用很有限。语义学应当研究象征意义的变化。任何形态变化都与一个或者几个语义变化有关，但是我们不能将语义学与演化形态学混淆在一起。为了充分考虑到形态现象，还应当将研究句子中象征结构和位置相关的句法补充到语义学中：象征意义、句子意义及其结构之间的联系，语义学和演化句法之间的关系。我们不能认为，语义学研究词语和典型意义，而句法研究词语在句子中的位置及其关系意义。存在三种类型的意义（情态意义），而不是两种。句法是以这三种类型的规则为基础的，它们之间没有区别。词汇不仅仅表达代表性意义，实际上语义学研究简单的表达方式、演化句法研究复杂的表达方式。因为存在一些最普通的概念，所以才出现了句法表达方式。这个定义指演化句法学嵌入语义学中，因为语义现象本身可以理解，同时句法现象一定暗指语义现象。除此之外，经常遇到纯语义现象（第二个嵌入特征）。另外，需要指出，纯语义变化常常在句法中产生进一步的后果，完全可以用我们推测的两种类型现象之间的联系进行解释。当句法发生变化时，句法变化永远能够引起新的语义变化。我们强调，这种现象拥有两方面，而且相对于句法方面而言，语义方面拥有心理优势。在理解句子时理智认为象征具有意义，首先具有功能。论注意力在这种语法分析的现象中的作用。概要部分。从理论角度而言，语义学不同于演化句法学。但是，在实践中语音学可以与演化句法学进行结合。如何通过观察，发现需要在历史句法学领域进行研究时遵循的方法。通过研究这类现象，我们可以发现形态变化中的后果和说话主体心理演化的表现形式。

首先需要将与语音影响有关的突变式变化科学归类到语音学中。这既是形态学科，也是语音学科。语音学问题并不复杂，而且部分已经遭到破坏，应当称其为音位作用的科学。

　　语音学本身或者渐进式变化科学从研究象征的起源开始，这一次从物质方面进行研究。需要将在这里发现的分析方法应用到更加复杂的、产生于精神语言的现象中。概括之前阐述的语音演化原因。地理的连贯性问题及其解决方式。语音演化的主导原则——音位适应说话主体的取向。生理性的适应。与语法外变化和语音影响有关的心理性适应。心理性适应反映了说话人的兴趣爱好。精神性的适应，语音的弱化和同化、加强和异化。与语言接触有关的历史性适应。需要考虑到统计学的因素，重视更普通的事实，将主要现象与次要现象进行区分。理论语音学使得我们在这一类变化中发现了说话主体的心理生理演化的表现形式和后果。

　　结论：理论语言学研究说话主体演化和语言演化之间的关系，说话主体演化的原因不属于语言学领域。

第十五章
实践性结论

　　理论语言学七个学科的表格。其中有四个学科在某种程度上已经形成，产生了重要的结果。相反，其他三个学科还需要创建。语音本身地位很特殊。下一步面临的任务就是构建静态形态学及我们对未来的展望。

第一章

事实科学和规律科学、理论语言学的唯理论基础

语言学的研究对象决定了语言学是一门关于语言的科学。

我们在这里弄清楚什么是语言，未必有意义。因为语言学基础不是抽象的定义，而是大量易识别的各种特殊类型的事实。自古以来，人们用各种各样的方式研究人类语言。如今已经出现了大量研究我们感兴趣领域的科学文献，包括最简单的会话手册、大量的科学词库以及针对初学者学习词语类型 rosa（玫瑰）变格而编写的教科书，还有很多有关比较语法的著作。语言学在自身的研究领域内不断发展，全面地描写越来越多的语言事实。语法学家们不断研究新语言，而古代语言为研究新成果提供了材料，为科学探索提供了可不断汲取的源泉。

虽然大部分研究成果各具特色，但却拥有一个共同点。它们的目的都是确定和描写**历史事实**，即在固定时间和地点存在的事实。这就是在某时某地能够观察到的语言状态，而且这种阐释的方法一直被认为是正确的。黄金时代的拉丁语变格，尤其是西塞罗在从句中使用的假定式、16世纪法语的词库、传教士

试图借助于母语中的字母去改变某个部落的发音，这都是偶然发生的历史事实。即使这些历史事实不是因偶然性所致，至少也是各种情况的"偶然"汇集，才形成了这样的境况。在很大程度上，有可能是在某时某地，因某个人的倡议碰撞在一起，导致了类似结果的出现。

因此，我们认为，语言学首先是关于历史事实的科学，或者换言之，是事实科学[①]。语言学或者满足于描写语言的现在和过去的状态：现代德语或者乌尔菲拉（Wulfila）主教创造的哥特语；或者利用大量不同时代的文本，去展现一种语言在一段相当长时间内的发展过程，从较古时期的文献一直到现代，比如德语或法语史；或者着手研究更艰难的任务，借助于富有创造性和准确性的方法比较各种亲属语言，试图发现属于史前期被遗忘的语言事实。正是因为如此，人们首先在最古老文献材料的基础上比较法语与希腊语、意大利语、斯拉夫语等语言，了解印欧语言或者至少记录构拟的共同语的某些元素，而所有这些不同语言都源于假想的共同语，并不断发展。

因此，正如我们所认为的那样，这种事实科学同时履行三重功能：描写、讲述、构建。确实，所有事实科学都履行这三种功能。当提到人的活动时，因为某些我们不便去深究的原因，常常很难通过构建某种我们未知的过去，对描写和历史进行补充。比如可以描写各个民族的风俗和不同规则，讲述他们所经历的变化，从历史角度仔细研究这些变化。但至于那些被遗忘的过去，我们就必须借助于模糊的且与科学没有任何关系的假设完成。

但在研究自然界和有机体世界时，却是另一种情形。自然地理描述地球并且讲述着每天都发生的变化及自古以来所发生的变化。地质学告诉我们，地球在漫长的数万年经历若干阶段，才达到了现在的状态。我们可以想象地球的诞

---

① 我们在这里借用了 M.A. 纳维尔的著作《科学新分类》（1901）中的术语。我们不仅接受了这本著作中的某些术语，而且其中提到了很多充满理性的思想及成为这些思想基础的简洁而明了的根本原则。

生，借助于可靠方法创建和检验的科学假设，有可能从思想上去体验地球诞生的原始状态。同样，动物学也是如此。这种科学对在不同时代，栖息在不同地方的动物进行分类，而动物学的分支——古生物学则重建和描写一些残余的形式。动物学的研究并没有就此止步，而是以某些原则和某些方法为基础，甚至追求还原某类现存的物种类型，发现连接各代物种与原始细胞机体链环中的主要环节。

科学在构建历史的同时，也应当利用同样的方法，善于预测未来。天文学正是这样预测了日食、月食，自然地理预测了潮汐，气象学预测了天气。但为了使预测成为可能，还需要了解，并且预见它们的结果。对于研究有机体生命的科学而言，这些条件几乎完全没有做到。这些条件在人发挥作用的领域是完全缺失的，就像语言学虽然可以构拟历史，但任何时候都不认为自己有权利预测未来一样。

从整体而言，事实科学一直在追求控制各个时代，包括人类智慧所能及的久远时代有关的事实。但是事实科学还不是全部科学。按照纳维尔的观点，与事实科学并存的还有**规律科学**。这些科学的研究对象并没有发生变化，但是却需要换一个角度进行研究，需要在一系列事实中寻找共同的和必然的东西。以这样的科学方法为出发点，只要形成的条件是一样的，就应当产生同样的结果（这种方法至今为止并没有否定自由论，而只是对其加以限制，将可能的条件强加于现实条件中）。因此，上述所指的科学对某种现象与什么时间、什么地方有关完全不感兴趣。它们追求从整体上确定这些现象实现的条件。这些科学阐述的真理与日期、地点没有任何关系，即使它们在开始时具有假设性，但它们却永远是正确的。无论何时何地，三条直线构成一个图形，这三条直线形成三个角，其度数等同于两个直角等。

这两种类型科学的研究目的和构建原则各不相同。一种类型是为了记录事实，另一种类型是为了发现规律。在一种情形下，主要利用年代和地形结构原则，必须构建现实，确认过去和现在的现实。在另一种情形下，只研究性质的相似和不同，任何一种现象都需要借助于其构成元素进行分析，根据它所属范畴的规律解释每一种元素。地理学根据位置、形状、自然、气候、所处的动物区系描述山脉，确定位置等。如果有可能，确定究竟什么时候、哪个板块的运动形成了这座山，记录下来，并尽可能收集这座山所经历变化的过程。但整体上这是一系列从属于各种不同规律的事实综合体，对每一种事实都需要进行专门的科学研究。

我们如果按照自然界确定的顺序将这些科学的主要部分进行排列，就是数学、力学、物理学、化学和生物学。一座山有形状，我们可以丈量和计算它的各个部分，它的起源和历史。换言之，它的生命是由大量的运动行为构成的：根据流体静力学，水沿着山的斜坡流到腹地；暖流和电流等自然力首先体现在构成山体的自然物质中，而化学和晶体学则解释自然物质的组成和变化。最后，这座山的动物区系和植物区系的形成则是与其表面出现了独立的生物元素有关。理想中的规律科学就是尽可能地研究每一种现象，至少给出合理的且有说服力的解释，从而使得该现象作为不同现象的综合体和合力，成为人类智慧能够触及的东西。

尽管这两种研究有区别，但联系密切。因为历史事实只是规律科学的材料，规律科学因历史事实而存在。没有独立的具体事实就没有规律科学。从最泛泛的意义上很容易解释任何一个具体事实。比如，在我们看来，任何一个立体图形或者水的沸腾首先是错综复杂的历史因素构成的一种特殊现象。因此，应当从经验主义方法着手观察和确认事实，但这种方法只在开始时发挥作用。为了摆脱简单的认识，还需要利用与智慧相关的另一种方法。事实科学和规律科学都在使用这种方法。一种方法不可能脱离另一种方法而存在，我们指的是论断的合理方法——归纳法和演绎法。

实际上，如果我们不借助于比喻和抽象方法，就不可能描述或者称谓物体。当我们说，炙热而闪耀着光芒的太阳是一个球形，并且沿着一定的轨迹在转动时，我们就使用了唯理论科学的资料，因为这门科学利用了力学、几何学、物理学的一般性概念。

确实第一步很艰难，但必须迈出去。但是后面的步骤更为重要。详细描述意味着需要分类。有益和清晰的分类正是以现实为基础，其他分类则只是在某种秩序掩盖下的混乱。矿物学是否可以借助于化学和晶体学对矿物进行分类？如果不能将颜色、形状、重量等这样的特征，还有各种各样的起源和技术使用归类为更重要的特征，那么这些特征还有存在的必要吗？

因此，作为事实科学基础的原则与作为规律科学基础的原则是相互交叉的。我们可以将借助于归纳法发现的主要特点用于详细描写、详细分类、详细解释。因此，尽管这两种研究方法表面上有区别，但总是并列存在、相互联系的。很长一段时间，在观察星体和描述它们的运动轨迹时，我们只利用了能解释这些事实的简单概念。但在一些伟大学者发现了合理的且前景广阔的阐释之前，由于占星术异想天开的推测，这种完全属于经验主义的科学处于停滞状态。尝试描述这种相互作用机制的想法令我们停滞不前。我们只是在确认这种显而易见，对于我们而言感兴趣的问题、有说服力的事实，也就是使用唯理论的方法及规律为历史研究提供手段，构拟过去和预测未来。我们在前面已经提到这些手段。如果没有力学和物理学，无论是康德，还是拉普拉斯都无法去探索他们的时代。当我们的世界逐渐形成以后，起初的模糊性日渐清晰，具有了我们今天所熟悉的样子。如果没有化学，虽然地质学可以描述土壤和山岩，但却不能弄清楚地球的历史。如果没有某些生物规律，在博物馆里只能保留动物系中一些已经消失的类型，一些只能令人惊奇却无法给人启迪且毫无益处的废物。

因此，我们拥有一种可以用于两种不同目的的方法。同一科学真理可建造两座大楼，它们的结构原则也各不相同。在其中一座楼里科学研究被视为相关地形和年代背景下的现实和具体事件，我们全力地描述和分类，尽可能地解释各个部分。在另一座楼里研究的基础还是事实，但却是无法回归的事实。在这里人们以事实为出发点构建共同原则并研究这些原则，对这些原则进行定义，考虑这些原则，尽可能地得出合理根据。人们利用这些原则，不是去追求用不完善的方式构建现实历史，而是在每一种情形下借助演绎法创建潜在现象的共同体系，其中的现实已经不重要。

这两种目的与任何一类知识都具有的两种元素，即两个必要的独特极点相对应：可以是知觉的潜在内涵，这就是现象；这就是知觉接受的非物质形式；这就是从理性角度而言与主体本身不可分割的形式。历史科学从时间和空间角度给我们讲述我们之外的世界，规律科学给我们讲述我们内在的世界。按照绝对决定论的观点，假设如果可以认识全部条件和全部规律，各种科学最终可能与现实科学相吻合。对于我们而言，所有发生的现象就会成为某个永久性原因的必然结果。如果理智能够理解所有著名的规律，如几何规律，那么以各种形式表现出来的世界对于我们而言就是一个巨大的、经规律科学证实的定理，而历史只需要从实验角度加以佐证即可。

这个理论遇到了一系列理论性的难题，我们在这里不去赘述。在实践中事实科学永远都是在追求双重的目标：通过运用一般规律解释存在的事实，通过逻辑证明解释经验主义确定的一般规律。但是无论是哪一个目标，都不可能完全实现。我们对此持中立态度。因此，从总体上可以重视这些必然的偶然性，重视自由性，而这种自由性的存在否定了绝对科学，进而拯救了道德准则。①

---

① 我们为对我们提出的问题感兴趣的人再补充一点。

在诸如地理这样典型的事实科学和诸如物理这样真正的规律科学之间还存在大量的科学。这些科学初看起来并不属于我们的分类原则。但是它们并没有否定这个原则，而是根据自己的条件和目标成为混合型的科学。作为例子，我们列举有关自然规律的气象学，只是适用于某一个独立对象。当论述我们地球及其表面的所有自然和其他特征时，气象学就是事实科学。但当研究共同计划的事实（雷雨的产生、原因、条件及可能的后果），而不是个别事实（在某地某天出现的大雷雨）时，就是规律科学。

我们可以列举很多混合型科学的例子。甚至可能所有规律科学都是这样的。如果我们认为全世界是在行为中利用自由力量的显现，那么规律科学应当视为混合型科学之一，因为它的目的就是认识一个历史事实的规律，也就是我们从旁观者角度视为具有巨大偶然性的世界规律。

为了证明历史事实科学和理论科学之间的区分同样适用于任何一门科学，包括语言学，这种概要式的科学分类非常必要。

因此，作为事实科学的历史语言学应有自己的规律科学，就犹如在我们的认识中，除了个别语言概念，还有一般性语言概念一样。不难想象，在语法中研究某一个单独语言形式的科学与研究抽象语言的科学是并存的。如果我们用一个便捷的术语表示，这就是**理论语言学**。如果所述的内容是正确的，那么**理论语言学**对于语言事实的科学真正进步非常必要，必要性堪比当年物理和化学对于地质学的进步、化学对于天文学的成果一样。

这种科学是否存在？这个问题已经出现，这样的事实明确证明，尽管这种科学没有完全被忽略，却没有被视为一种科学。但是事实语言学一直是存在并且不断发展的，似乎这样的一种情形有悖于我们刚才阐述的原则。

在直接研究与创建理论语言学相关的问题之前，我们需要研究两种科学的现状，回答与此相关的问题。

第二章

现代科学状态下的事实语言学和理论语言学之间的关系

从亚里士多德创建著名的范畴学，为语法提供了一系列来自逻辑学领域且转变为语法术语的基础性材料以来，理论科学只是断断续续地、没有任何规律地推动着事实语言学向前发展。

但我们并不认为，没有人愿意去尝试创建这门科学的一般性原则。我们可以列举出一串长长的名单，从赫尔德、洪堡特一直到保罗等，他们都在试图远离个别语言的研究，而专注于语言本身及对语言一般规律的研究。但是，尽管这些著作有很多优点，却并没有对描写语言学或者历史语言学领域的研究产生显著影响。

在没有理论学家帮助的条件下，语法学家用自己的力量拓展了自己的科学领域。就犹如独立制造专门劳动工具的机械师一样，他们完善了自己的术语，借用了某些心理学领域，主要是逻辑学领域的一般性概念，创建了一系列描写语言状态和变化的必要抽象概念。而且，他们自己创建了富有成效的研究方法。

印度语法学家告诉我们如何将词语分解为各个组成部分，划分出后缀、前缀及其他组成部分，如何通过词语构拟同一语系中作为共同元素的词根。这种方法对于描写和分类而言很有价值，有助于通过分支的形式呈现出语言的全部形态。正是因第一批印欧语言研究者的贡献，该方法成了解释和从历史角度构拟的方法。借助于这种方法，不仅可以比较同一种语言中同时存在的各种形式，而且还可以比较不同亲属语言之间的形式，发现它们的共同词根。这些词根不仅是抽象单位，而且还是共同祖先所使用的古代语言的组成元素。

为了得出结论，我们需要考虑时间因素，研究谱系关系下的语言事实。除此之外，这些关系还需要从属于一定的规律，因为任何构拟过去事实的行为都是建立在某些材料和规律基础之上的。这样，历史比较语法的创始人首先是预测，然后是发现或者完全成功地证明一种语言的语音与另一种语言的语音有规律的对应事实，并将其视为语言发展过程中最重要的规律——语音规律原则。

我们暂时不描述所有语言学者都知晓的这一原则，稍后再详述。我们只是通过这个异常例子展示，事实语言学是如何独立地做出了一些最著名发现的。理论语言学只是紧随其后而已。这种语音规律的规律性，这种已经经过验证并且被语法学家成功运用的假设还要有合理的根据。有人已经做过这样的尝试，但在这里也显现出理论落后于实践的情形。因此，我们认为，至今为止还没有过成功的尝试。如果我们像之前一样相信这种原则的成效性，那么则是因为原则本身就是存在的，并且已经带来了益处，而完全不是因为我们理解了这一原则。

理论科学对于实践而言没有任何益处。它不能超越实践，只能尾随其后。这样的科学有可能成为毫无用处的科学。如果我们已经清楚这种科学是不稳定的，不可能合理地形成，而它的方法和结果与个别人的谣言有关，那么我们可以得出结论：这是虚构的科学。尽管它的结构很有吸引力，但未必能够受到关注。在现实中，有想法的学者们在寻找真理时就会求助于其他科学。

但是，如果上面阐述的理论语言学的唯理论基础和这种科学的益处是正确的话，那么我们应视上述情形为非正常的状态。我们认为，我们的科学之所以被贬低是有原因的。我们必须发现这些原因，从根本上改变这种状况。

我们指出两种类型的原因。首先，我们需要更详细地研究语法学家应承担的原因；其次，简短地分析与语言学之外因素相关的原因。

语法学家之所以在很多方面需要承担责任，在很大程度上是因为他们轻视语言的理论语言学部分。语言学之根在学校。人们学习语言是以实践为出发点的。首先需要强化正确运用语言的意识，为学生分析和解释文学篇章提供必要的概念，比如婆罗门派研究吠陀经，而亚历山大学派的语法学家过度诠释了荷马史诗。

然后我们转向学习和研究外语。现有的一部最古老的法语语法书写于14—15世纪。这些语法就是由来自诺曼底、居住在英国的居民所写。他们已经忘记了祖先最开始带到不列颠土地上的语言，但他们极力想将这种语言作为贵族语言保留下来。即使现在只要提到语法，他们就会下意识地在记忆中想起学校的教科书。

但是语法已经成为它所服务的实践目的之外的一门科学。语法获得"语言学"名称之后，摆脱了在开始时所面临的语文学科或者经院哲学的任务。它将语言视为与人相关的现象，而且为了满足智慧的好奇心，还需要从科学角度描写与分析这些现象。

但我们只了解这些还不够，还需要理解。我们认为，在这一点上语言学者的要求并不高。语法学家只限于描写一种语言或者推断语言的未来，而不是觊觎更多东西。我们可以将这样的语法学家比作一位蝴蝶收藏家。他们只是将捕捉到的蝴蝶按照类属、外表、类型进行分类而已。毫无疑问，为了成功捕捉和培育蝴蝶，还需要了解自然科学。而为了确定外表，除了需要训练有素的眼力，还需要了解昆虫的最重要外部器官。与昆虫学家有关的科学仅限于此。这是否意味着，他有权利不尊重被称为生物学和生理学这样的规律科学。当然不是，否则他可能成为一个狂热的爱好者、受人敬重的收藏者、在这个领域没有人能与之相比的博学者、描述新形式和类型的大师，但永远都不会成为真正意义上的学者。他所见到的，但并不了解的大自然不会为他揭开任何一个秘密，因为这些秘密是为那些了解其本质的人而准备的。

这样的事情是否也发生在狂热的语言学追随者身上？他们从各处收集了丰富的、唾手可得的材料。虽然这项工作很有益，但却不是重要的工作。他们认为，他们拥有自己的科学。那么，或许他们有理由说出他们需要做的主要事情？

语言学摆脱了功利性的任务之后，要有意识地追求更高目标，成为一门真正的科学。它应当独立地、有意识地与其他混合学科合作，为认识人与自然做出自己的贡献。在这一点上语言学显然落后，而且即使现在也没有达到所提出的目标。语言学从学校习得的习惯中继承了鲜明表现出来的偏好于形式方面的做法，而不是追求深入事情的本质。

语法是一系列事实，是与其他自然规律没有任何有机联系的法典，但却独善其身。比如，某个拉丁语中的形容词 plenus 要求第二格。但什么是"第二格"，"要求"这个术语如何理解？对于语言学家而言，这些习以为常的表述具有经验主义和形式的意义，对那些在一般性理解方面很自信地使用这些表述的人而言并不能说明什么。在各种情形下，我们几乎都只限于描写"如何"，而对"为什么"没有任何兴趣。我们几乎没有超越只针对语法学家的封闭区域，即语法界限，也就是，没有顾及人、顾及语言鲜活而积极的主体。

正如我们在前一章中所指出的那样，规律科学的特点就是将每一个事实或者构成事实的每一个元素与另外一些从属于同样规律的事实结合起来。语言是人的心理活动，通过人的机体来实现。生理学、心理学和逻辑学都应当从自己的角度帮助解释整体现象。毫无疑问，正是这些科学为语法学家提供了固定的一般性概念。为了达到这些目的，广泛运用的逻辑学尤其重要。在很长一段时间里，这种表达抽象关系的形式科学一直在满足语法学家提出的所有需求。但如果这种形式科学只是孤军奋战，那么它只能提供非常肤浅的语言知识。它还需要借助于生理学的帮助，才能为语言学者提供描写和定义语音而必要的材料。至于心理学，它会时不时地在纯逻辑学明显不足的地方成为一些个别偶然的借代物。比如，由于独特的引力或者同化行为，单数第四格用关系代词表示，这时便违反了希腊语中"格"的使用规则。但这些属于事实语言学中的合理而有根据的元素还不足以改变其本质。它们只是适用于从语法和经验主义方面了解语言，仅此而已。使用这些元素的目的就是分类和定义。但我们想了解语言，当我们借助于一系列合理的或者在一定程度上与研究对象一致的概念创建一般规则，表示某种语言的特点时，我们就认为自己做得足够多了。

但是，我们不仅需要在语言发挥作用的过程中，也要在语言的发展过程中了解语言的这种生活。从理论上而言，每一个人都认为，民族语言和个体语言更能体现民族和个体心智，是更有价值和更准确的文献资料。是的，风格就是人本身。如果一个人的性格不仅体现在笔迹中，而且还可能体现在带有他的活动特征的各个方面，那么人的性格就更可能在语言中展现出来，因为语言是独特心灵的直接反应，是人心理生活的一面真实镜子。这是一部文献，是一部被阐释为宗教史或者艺术史的文献，这样语言史也能够为人类史做出自己的重要贡献。

我们只强调任务的艰巨性还不够，还要强调这个任务是唯一正确的。关于人类的科学——普通人类学不仅有权利从语言学中得到事实，而且还要将事实呈现出来，使得它们本身能够得到阐释。

如果语法学家永远都这样认识自己的任务，那么他们就能轻易地理解研究的真正成就与理论语言学的成就有关，他们应当努力发现专门语法现象中的形式规律，并在其中发现人类精神活动，通过纷繁复杂的语言事实反映人类精神的深刻而永恒的规律。

但是我们认为，对于将语言视为研究对象的人而言，我们有理由说他们没有深入研究这个对象的实质，因此没有取得成绩。研究人心智的心理学本身也走错了方向。如果语言学在传统上过于公式化，那么在历史根源上与形而上学捆绑在一起的心理学则远离了自己的真正目标。它遭遇了科学之外的投机行为，它的解释未必具有科学性。我们很难发现心理学的形而上学原则与语法所研究的形式规律之间的必然联系。如果某个支持普通观点的学者试图在思辨心理学基础上创建语言理论，那么他只能加剧心理学本身的不稳定性。心理学注定与作为基础的哲学理论一起受到伤害。

但是，随着研究语言学和心理学的学者们尝试理解研究对象，利用合乎情理的方法进行研究之后，语言科学和有关人心智的科学也就越接近。

之前我们已经讲到语音规律在现代语言学中占有重要地位。对这个方面的事实关注越多，语言学与生理学的联系就越紧密。但现在语言学者对语义学和句法学领域的研究更感兴趣。显然，只研究语音及其物质表现形式的比较语法是不完善的，必须将有关意义的科学加入其中。意义变化的问题主要是心理学问题，而语法学家应经常研究心理学或者去找一些这个领域的权威了解一些与必要的分类或者解释原则有关的问题。

第一批研究人类语言的共同成果就是确定了诸如孤立语、黏着语和屈折语这样的术语。这些术语似乎清晰地总结了我们对于所有语言不同结构类型的了解。但随着研究和比较语言形式数量的增多，尤其是对印欧语言生疏的语言形式的比较和研究，我们发现这些术语的意义只是大概的近似值，并没有覆盖各种类型语言的所有特征。我们必须意识到，只有在创造语言的时刻，深入了解人的心智和发挥作用的条件，才能有助于我们理解纷繁复杂的语法现象。

首先，心理学家迎合了语言学家的愿望。他们试图使自己的科学摆脱与形而上学的联系，创建以事实为基础，并且合理解释心理生活的表现形式理论，同时重视物理环境和心理环境。由此产生了生理心理学。与借助于生理机体而产生的人的心智的其他各种自然表现形式一样，这种科学应当成为真正的规律科学。这种科学坚持在各种各样的事实基础上得出结论，完全自然地接近语言事实，从而与语言学展开独特的竞争。

但是在整体上开始研究语言问题之前，新派心理学家首先研究个别事实，而这些恰是语言学本身忽视或者需要从其他角度研究的问题。比如，他们研究与词语的语音形式、书写形式相关的现象及创建语句的元素或者伴随这些元素的复杂组合。因此，在语法学家认真研究思考心理学问题时，心理学家从自身的角度，在科学框架下，开始研究一些至少与语法相关的问题。交汇现象出现了。两方的很多学者都认为，两种不同科学借助于两种不同方法研究同一个对象具有明显的双重性，必然带来和谐的合作。终有一天，传统语言学将自己的新对手变成得力的助手。当语言学继续研究事实时，生理心理学从自身的角度阐释事实，有助于更好地理解和描述这些事实。但是，至今为止，我们还没有得出实践性的结论，没有人直接研究这个问题，尝试在现代心理学基础上创建理论语言学。

1900年，冯特发表了语言心理学著作。① 这部著作以现代语言学的一般成果为基础，第一次尝试利用现代心理学的所有资源呈现这种科学规律。

这部著作还具有更重要的意义：它是集体心理学理论的第一部分完整内容。其中除了语言之外，这部著作还研究了与民族神话、信仰和习俗相关的现象。即使我们只从语言科学角度评价这部著作，其意义也非同寻常。这就是这部著作引起语言学者广泛兴趣的原因。这部著作成为语言研究史上的里程碑式的作品，不仅是因为著作本身，同时还由于这部著作引发的讨论及与之相关的已经问世或者即将问世② 的一些著作。

---

① Wundt Wilhelm V.ökerpsyschologie, *I.Band: Die Sprache*.2 vol.leipzig: Engelmann, 1900.

② Delbrük B. Grundfragen des Sprachforschung. Strasbourg: Trübner, 1901. Wundt W.Sprachgeschichte und Sprachpsychologie. Leipzig: Engelmann, 1901; Sutterlib.Das Wesen der Sprachgebilde. Heidelberg: Winter, 1902;Rozwadowski V.Wortbildung und Wortbedeutung. Heidelberg: Winter, 1904.

就在这一年奥·迪特里希（Dittrch.O）发表了一部著作：*Grundzüge der Sprachpsychologie; Einleitung und Allgemeinpsychologische Grundleggung, Halle Niemeier*。在这部著作中他继续完善导师冯特的事业。就像在很多杂志中提到的一样，在序言中他分析了这部著作研究的问题。他的理论无法令我们满意，我们有意在其他的论著中对比我们的理论与他的理论。

高度评价冯特著作并不为过。他的高智商令人钦佩。他已经超越了狭窄的专业研究领域，善于领会现代语言学这样详尽而复杂科学的实质。他善于在这个领域积累非常丰富的信息，不忽略任何重要的东西，积累有用的且非常准确的资料，坚持独立的观点。而且他具有针对现代心理学领域的不同类型研究的智慧，能够让他所研究的科学令人耳目一新。他慷慨地分享有独创见解的推测，为他的学生——语言学者们讲授各种问题。只有真正的大师才有能力成就这样伟大的事业。

尽管我们非常珍视冯特的贡献，但我们还是有权利提出一个问题：他提出的目标是否完全达到了。犹如诞生于朱庇特头颅中的弥涅耳瓦一样，这种需要创建的科学是否已经具有了确定形式？对于事实语言学来说，冯特所创造的科学是否可能立刻成为一门有益的科学，或者还需要细化和修改，从某种程度上改变这种科学？

当我们第一次尝试论述时，这个问题就出现了，但并没有影响到我们对冯特的赞赏与感谢。所以，我们必须来回答：冯特提出的语言生理心理学还远远没有达到我们的期望值。

在寻找真正的句法转换[①]研究的逻辑方法时，我们利用了冯特的著作，希望找到完整的或者至少部分解决我们提出的任务的方法，结果却大失所望。但是，如果说还有能够让历史语言学感兴趣，而且是理论语言学可以解决的问题，那么无疑就是这个问题了。研究和认识语言句法变化的真正方法，是根据研究变化现象的本质及这些变化的原因和过程的一般观点而来的。理论语言学并没有给予所有这些问题直接而清晰的答案，因此它是不完整的或者是结构不够完整的一门科学。

起初，我们在简单逻辑推理基础上得出了结论，这促使我们更加详细地研

---

① L'Imparfait du Subjonctif et ses Concurrents dans les hypothétiques normales en français//Romanische Forschungen, 1905, vol, XIX .s.321 ff.

究冯特的著作，从而在其中发现可能的空白点或者在逻辑阐述上的不足。我们将冯特在著作中阐述的语言心理学一般理论与我们对这门科学的认识进行比较，现在我们论述这一研究的结果。考虑到作者的威望和著作的重要意义，我们适当地解释一下坚持这一观点的原因。因为我们打算从另外一个角度研究同样的问题。

这就是下一章的主题。

第三章

评冯特的著作

我们认为必须用几句话概括对冯特的批评本质：他涉及了语言学的所有问题。按照他的观点，从心理学角度而言这些问题很有趣。但是，正如他所认为的那样，他忽略了与语法领域有关的问题。一句话，**他没有理解语法方面的重要性**。我们解释一下：

冯特研究的现象是由创造或者改变自己语言的人的行为引起的。冯特对于已经创造出来或者经历变化的现象不再感兴趣，因为他认为，这些现象已经司空见惯，成为语言习惯的组成部分。但正是由于这一系列语言能力或者习惯的存在，我们的最复杂思想才获得了固有的或者几乎是无意识的表现形式。因此，如果这不是理论语言学唯一的，那么至少是主要的研究对象。

从整体而言，所有这些习惯之所以成为有助于表达思想的手段，正是因为按照语言的这个目的，它们构成了相互之间有联系的语音和概念**系统**。而且，由于个体中枢神经习得的习惯，这个系统存在于每一个个体中。它是心理生理生活的组成部分。这种生活的一般规则能否解释这个系统，视其为个别现象——习得习惯和具体的表现形式？由于语言的原则通常被称为**语法**，那么我们可以扩展这个词语的意义，使其适用于所有能确定个体或者集体在某一时刻习得的语言规律，使其适用于一切以习惯、概念的固定联系为基础的现象，从区分词语的组成部分一直到最难以觉察的修辞区别。当我们在语法中尝试发现语法的起源、语法规律及语法功能的心理生理基础时，就会产生问题，我们可以将这个问题称作**语法问题**。

语法问题的对象不是说话人或者影响语言的人，而是语言本身、语言有机体，或者也可以这么说，是受到语言规律影响的说话人。

冯特不是唯一没有重视语法问题的学者。通常人们都忽略了语法。据我们所知，从来没有人提出这样的任务。[①] 我们想通过这部著作吸引所有语言理论学者关注这个问题。

为什么《语言心理学》的作者没有注意到语法问题，这并不难理解。他首先是一个心理学家，其次才是语法学家。他首先对自由表现的才能感兴趣，因为这种表现形式借助于表达思想的手段，使人变得充实。这种表现形式在创造语言之后去改变人，使其符合新的心理动机。语法学家应当展示，在确定规律的范围内，我们借助于哪些复杂的符号组合，才能够成功表达自己的思想。心理学家对这个任务不感兴趣。他希望逃避这个任务，即使很短暂的逃避也行。

他无法做到这一点，其中有两个原因：第一，因为如果不研究语法问题，不可能有真正的心理学。语法与其他有利于言语产生的因素一样，存在于我们

---

① 这就是一个从事心理学研究的现代语言学者如何理解和解决这个问题的例证。芬克在一部篇幅不长的著作 *Aufgabe und Gliederung der Sprachwissenschaft*（Halle: Hauft, 1905）中指出，每一个个体的语言就是在每一瞬间实现的自由语言创作，出于理解的需要，其他人在这种情形下如何说或者他本人之前是如何说的回忆将影响到这个创作。抽象的语言实际上是不存在的。我们不认为在回忆和习惯之间具有很大的差异的观点是正确的。我们认为，正是习惯，而不是回忆在言语过程中发挥作用……某人在说"习惯"时，还应当说出"规则"，而通过经验途径而确定的规则具有现实的，但同时是抽象的存在。所以存在语法，进而存在语言。

的心理生活和物质生活中。因此，急于摆脱语法是纯粹的唯意志论。第二，在我们只了解说话主体，而不是一定能确定了解被研究语言现象的变化客体的真正本性之前，我们既没有权力，也没有可能研究语言变化的现象。

而且，语法问题非常重要，冯特无法忽略，甚至在某些情形下必须研究。我们批评他，是因为他没有直接研究这个问题，没有从各个角度研究这个问题。为了展现他对这个问题的态度，我们需要认真分析他的著作，下面就让我们来简短分析下他的作品。

冯特的研究始于表现行为理论。这些表现行为或者以无意识形式，或者以有意识形式体现出来，构成原始功能，奠定了语言基础。接着他描述了手势语固有的现象。在我们看来，语法元素在手势语言中起到的作用很有限，因为正如冯特所指出的那样，确定符号形式的协议行为具有局限性，它并不影响符号在语句中的结构性。这种协议并不直接影响说话的主体。手势语言具有心理学规则，几乎没有语法规则。这是一类自然语言。

在研究分节言语之前，冯特首先写到了与表现行为有关的发音能力。他研究喊叫声和拟声。这是分节言语最简单的表现形式。但在我们完善的言语中这些表现形式更加活跃和积极，是以感叹词和象征符号的形式存在的。接着他研究了语音的渐变和突变及相对应的心理规律。

显然，《语言心理学》整个第一部分都是研究语言的语音方面（第三章和第四章）。在这部分作者探讨了两个问题，据此他将材料排列为起源与发展。但是我们不应当忘记，任何有组织的言语，换言之，任何语法的组成成分不仅仅要包括语音，而且还包括**语音系统**。对于口语而言，语音系统的作用等同于我们在书面语中使用的字母。我们针对言语中数量有限的语音确定了标准和必要的规则，根据习得的习惯完成了发音行为和接受发音行为的过程。因此，这是语法性质的事实。显然，这个系统因语言的不同而在一定程度上发生着变化。每一种语言都有独特的系列发音行为及性质不同的固定语音数量，但这样的发音行为组合对于语言却是必需的。因此，这是属于语法的语言学问题，而这个问题的研究对象正是语音领域。

至于这个系统在语言变化过程中是如何产生与变化的，我们暂时不阐述。但是我们需要思考，在哪些条件下说话人拥有这个系统，它是如何发挥作用的。如果我们用**语音学这个术语**表示与语音形成及变化有关的现象，那么我们就可以将某一个时期语言中的语音系统称为音位系统，而语法问题的第一部分，也就是这个系统给心理学家提出的问题，我们称其为与音位有关的问题。我们将在下面讲到这一点。

冯特是否完全忽视了这个问题？当然没有。这是与言语有关的非常重要的现象，在其他方面不会遇到类似问题。

这就是《语言心理学》的作者两次给出了语音定义的原因。语音是音位系统不可分离的一部分。他第一次提到这一点，是在论述儿童言语时。第二次是在论述因两种语言相互影响和混合产生的现象时。冯特认为，语音是建立在听觉印象和视觉印象联想，甚至发音习惯联想基础上的。语音由于统觉而被接受，也就是我们对它并没有客观的印象。准确地说，这是一种表象，是以与已知语音的联系而得到的认识为基础。有关这一点冯特在谈外来词时已经提到。还有一次，他在阐述每一个语音都具有无数个各不相同的混合发音时，也提到这个问题。这些发音环绕在中间的标准发音周围，摇摆不定。每一次冯特都告诉我们一些很有趣的现象，或者是现象本身，或者是现象的结果。但很遗憾，他没有写出这些章节的内容，也就是即使他发现了这个重要的，而且不是偶然出现的现象，并且在系列语言学事实中发现了这一现象，他也没有写出这一章。

可能有人会说这不特别重要，作者只是顺便对类似现象给出了解释，这已经足以让我们理解他研究的专门问题。我们假设，音位问题很容易解决，但是却不应认为这个问题简单，而不去特别研究，就做出可以解决这个问题的结论。起码我们是这样认为的。但如果在诸多问题中每一个问题都得不到重视的话，那么我们认为这已经不是无关痛痒的问题了。在这样的情形下，总是可以忽略一些东西。事实证明，作者在遇到音位问题之后并没有重视，进而完全忽略了另一个语法问题。如果他清晰地阐述了第一个问题，那么就不会忽略这个问题。我们指的是**语音学问题**。

在冯特论述的语音变化部分中，我们并不认为，他对这些变化与通常的音位系统对应的问题感兴趣。因为显然两个已经确定的语言事实之间是矛盾的关系：固定语音系统、发音特征和语音变化能力。最有趣的问题之一就是解决这个矛盾，展示音位系统是如何适应语音发展的。正如我们试图在下面所展示的那样，其中的一个问题解释清楚后，就可以发现其他复杂问题的实质，找出解决问题的途径。

在之后的几章，冯特开始研究语言中的重要元素及其意义。在这里语法元素通常起着更明显的作用。它的存在、起源和行使功能的条件给我们提出了另一个问题，从术语角度而言，我们称之为**形态问题**，我们将在下面论述这个术语。

我们不认为冯特完全忽略了这个问题，他对此问题的重视程度不亚于对音位学的重视程度。他在著作的不同部分都涉及这个问题，但都没有明确的阐述。结果很多问题都没有提出来，即使提出了问题，也只是部分解决了这些问题。

我们在第五章构词学开始的部分就发现了这种疏漏。对于语言学者而言最有益的事情就是在冯特指导下学习词语心理分析，了解哪些联想是语句成分的基础。我们借助于统觉行为将这个成分与其他成分区分开，使其具有个性化的特点。我们了解到，这个词语单位可能同时有概念意义和抽象关系意义，而且这两个意义元素通常对应着两个物质成分：词根和构形元素。最后，我们发现，这样构成的词语与句子这类较大元素之间还是有区别的。

但是读完这部分之后，语言学者还是不明白，因为我们没有必要给他解释清楚，这两类只存在于概念中的心理学描述和我们语言中的词语之间有哪些共同点。众所周知，句子由各种各样的元素组合构成，有一些元素通过组合形成一个单位，还有一些元素是独立存在的。在两类极端现象之间，还有无数个模糊的过渡性情形存在。我们常常很难了解，词语之间的界限在什么地方。普通语法并没有给出与这个问题有关的原则。普通语法提供的规则更倾向于任意性，在很多情形下又自相矛盾。因此，如果我们想（而且我们拥有这种权利）在固定原则的基础上针对某种语言的句法机制进行科学的描述，那我们就需要在语法中拥有这样的词语定义，也就是转换为冯特提出的心理学定义中的语法语言。冯特确定了这个定义中的某些元素，已经在引导我们认识这个定义。但我们希望他亲自为我们阐述这个定义。①

在阐述用词语复合法构成新词的这一章中，我们明确地看到，冯特忽略了研究现象的语法方面。在这部分他试图确定，哪些心理手段可以成为创造这一类新词的基础，并且划分出在他看来能够覆盖所有情形的三种类型。

首先，当将两个独立词语视为一个词语单位时，这就是一个通过分析句子而显现出来的复合词。比如法语词 pourboie（小费）是句子 je vous donne cet argent pour boire（我给你喝茶钱）中的一部分。接着就是复合词，其基础还是这种手段，但已经有心理综合体的存在，结果两个元素发生了变化，合二为一。德语词 Hrinkgeld（=Geld zum Trinken，直意是"用于喝水的钱"）也是这样的。最后，当某个概念成为句子的一部分，与句子的一个成分的思想结合在一起，在清晰的联想基础上构成复合词时，纯粹是一种综合类型。作为例子，冯特列举了 Hirschäfer，也就是 Käfer（金龟子），使人联想到"鹿"（Hirsch）。这三种类型的名称是相关的：通过结合两种相互关联的元素而形成的复合词、通过结合两个相邻元素而形成的复合词和通过结合两个相互关系很远的元素而形成

---

① 首先，我们这样阐述词语的语法概念：在语言中的词语就是句子分解为最小部分的结果。根据语法范畴系统或者词类，每一个独立部分都有自己的思想意义和功能意义。或许，我们还会回到这个定义上进行确认，而且如果需要的话，我们还要扩展。

的复合词。

在不否认这种分类的前提下，我们在提到由于概念联想而产生的自发性复合词时，有必要指出在现实中形成的复合词其实还有可圈可点的另外一些原因。在绝大多数情形下，复合词是根据与另一个复合词的相似性构成的。比如，guerre russo-japonaise（日俄战争）就是根据与 franco-allemande（德法战争）的相似性而形成的，等等。冯特非常清楚这一点，但他却只重视心理学中的同化、辅助手段。我们认为，除了冯特所指的方法之外，还有其他一些方法：**利用某种表达手段**、衍生的习惯性反应、语法特性。

如果需要解释这些习惯性反应，只论述种族的心理类型还不够。我们在重视这个主要因素的前提下，从各个方面描述这个现象时，还需要记住，复合词语保留了旧的、已经消失的句法手段，语言中某种僵化的东西，见证了活语法在古时的形式。比如，复合词语 Hôtel-Dieu（直译是"神之家"[①]）就包括了陈旧的间接格 Dieu（神），从意义而言对应着拉丁语中的第二格 Die。由此可以得出结论，我们的很多复合词语或者独立，或者根据创建它们的类型而形成，是已经不再适用的语法手段的残迹。我们可以名正言顺地解释由希腊语和拉丁语的词干构成的复合词，比如 φιλο-σοφος（哲学家）、luci-fer（恶魔）。在这些词语中可以看到陈旧的，出现于屈折后缀固定在语言之前的黏着现象。

语法层面的这些观点并没有取代心理分析，而是确定了实施和限制心理分析的条件。

似乎，研究语法形式的下一章是应当全面阐述语法内容的。在这一章中作者分析了词语四种基本类型或者语法范畴（按照他的定义就是名词、形容词、动词和从属成分），而其中拥有不同定义的范畴都可以使用这些定义进行分析。冯特在分析名词时，谈到了名词的性、数、格。在分析动词时，谈到了人称、（动

[①] Hôtel-Dieu 在法国是一些大城市中央医院的名称。Hôtel 在古法语中是 ostel（住房、住所）。复合词 Hôtel-Dieu 是由两个词根（词干）结合而成的。

词的）式、态等。他尽量展现是哪些心理手段构成这些范畴并确立下来。

这是内容最丰富、最有趣的一章。但针对作者研究和分析研究对象的方式，我们想提出几点严肃性的批评意见。

首先，对方法的批评意见。作者仅限于陈述这四类词语和它们的范畴。他将作为这个语法系统基础的逻辑原则阐述放在了下一章中。对来自任何一种语言和任何一种思想的词语形式进行普遍性的解释是徒劳无益的。经验是首要的。他把本应研究可能的和必然现象的抽象领域归到具体现实中，而心理学解释只适用于个别现象或者历史上已经确定的现象，并不适用于现象本身。他给我们提供了历史语法的部分内容，并附上心理学解释，从而取代了我们期待的理论语言学章节。即使这些解释的意义已经远远超越所描述事实的狭窄框架，即使这些事实取自不同的语言，可以视为人类语言领域各种现象的概括，但这种方法本质上还是不完善的。这一章不同于著作的其他章。犹如在规律科学中一样，在这些章中事实应当用于阐释心理规律，但作者则展现这些规律的主要原则。相反，在这里心理解释紧随历史记录下的事实之后，因此就连作者本人都可能认为这样的一章是过渡性的。这是规律科学和事实科学之间的一种平衡。我们之所以需要这种平衡，就是为了在具体的和以文献证明的事实中检验某些解释手段的权威性。

如果冯特没有针对词语形式解决语法问题，是因为他利用了不是完全可以接受的方法。他之所以没有达到目的，是因为没有完全明白，他研究的对象是什么。冯特所理解的词语语法形式就是语法意义和功能意义，而忽略了用什么方式表达意义。正如他在最开始声明的那样，他开始研究被我们称为显性的（äussere Wortformen）和隐性的（innere Wortformen）形式，但他并没有区分这两种形式。前者的特征是某个外部符号。比如，与功能相关的后缀，德语词will-st（你想）带有表示单数第二人称的后缀。后者虽然拥有复杂的语法意义，但却不能分解为与意义元素对应的物质元素。比如，在德语中 ich 是单数第一人称第一格的人称代词，但这是整个词语，而非组成部分的意义。

因此，我们发现，冯特只对意义，而不是对表示意义的符号感兴趣。他认为，可以从心理学和逻辑学的统一体方面分析抽象的（in abstracto）语法范畴，忽略用于表示它们的符号性质。但是，真正的语法问题，或者准确地说，根据我们的定义，即形态问题，就是要弄清楚，如何在物质上构建具体的（in concreto）符号系统，从而与表达思想和关系的抽象系统相对应。这个问题的意义就在于表达手段和所表示的现象相互制约，密切相关。如果语言只表示逻辑关系，毫无疑问，我们可以研究这些关系本身，而不需要思考在语法中它们与什么相对应。但如果像冯特多次且公开声明的那样，语言中的一切都有自己的心理系数，而如果不将概念与固定符号联系在一起，就不可能想象和确定心理系数。这些符号使概念具有心理形式，并且通过这些符号概念首先与其他拥有同样形式的思想发生联系。每一个语法意义存在的前提就是在语言中找到物质基础和相对应的符号。意义存在于这个符号中，因符号而存在。研究这个意义，不考虑意义在哪里体现，使其具有心理性，不考虑可能具有语法手段的性质，就意味着是随意的先验性（a priori）想象，也就是按我们认为的那样，而不是接受它们原有的样子去替换现实。这就意味着，我们在研究冯特所理解的庸俗心理学时，他一定会原谅我们的。

用一个例子解释一下我们想说的内容。除了其他内容，他在这一章中论述了原始语利用本质上是名词的词语表达动词形式的方法[1]（Ⅱ，150页）。比如，je porte，在有些语言中是 porter-moi，在另一些语言中则是 mon porter。冯特阐述了这两种方法的心理基础，解释了如何可以开始使用物主代词，同时指出这个作为非独立词语的代词的性质与名词密切相关及用于表达其内部固有的性质概念，从而促进了代词的使用。

---

[1]　Wundt Wilhelm, Völkerpsychologie. leipzig: Engelmann. 1900.

　　如果我们掌握了更多从逻辑角度而言较为完善的词语，那么我们将这些简单的词语视为我们真正所指意义的名词，这是不是错误的？研究用于构建这些词语形式的从属成分，认为这些词语形式对于讲这些语言的说话人而言就犹如 moi 和 mon 对我们一样。这样的研究是否是错误的？难道我们需要研究这个问题，去考虑具体实施这些模糊区分的范畴与物体的真正本性是如何不相符吗？我们不应该认为，从属成分就是用于表示人称的后缀，是物主代词，自然也就不具有独立性。相反，从属成分同时既是物主代词，也是人称后缀。因为它具有从属性，表达第一人称，与带有重音的主要词语内容密切相关。

　　如果是这样，那么这个从语法角度区分具有普遍性的从属现象和非从属现象具有普遍性，这种区分在表述上也不是很清晰，更具有主观性或者**情态性**。这种区分已经在语言中体现出来，因此，应该得到关注。在语法中一切表达主体的**方法**，主体的心理与语句内容之间的关系都具有情态性。在这种情形下，非从属现象与两部分即行为主体和行为清晰对立相对应。从属现象表达的是其中一个部分体现在另一个部分中，犹如性质通过本体体现一样，主体体现在谓项中。一切都表明，在语言朝着相对完善方向的变化过程中，情态意义的表达永远在逻辑顺序意义、严格的精神意义之前。动词的态比动词的时更古老，这是众所周知的事实。在这种情形下，我们只是使用了在心理学和历史中已经得到证实的原则。但我们如何做到这一点？即从整体上研究我们所面对的形态事实，不区分两个相互关联的成分，不带任何偏见，通过符号的本质和使用来研究它的心理意义。

　　毫无疑问，冯特著作的一部分内容为解决形态问题做出了重要贡献，这就是第七章分析句子结构。在这章中，冯特对句子进行了一般性定义，描述了各种不同的句子类型，指出了每一种典型形式的主要部分都应是什么样的。

　　根据冯特坚持的现代理论，无论是词语，还是语法形式，无论是显性形式，还是隐性形式，都不可能独立存在。这是句子中必要的、相互制约、不可分割的部分，只可以借助于分析进行划分。确实，这个理论常常被曲解。我们在后面将针对这个理论阐述自己的观点。原则上这个理论是正确的，而且没有人从逻辑上否认句子比词语更具有优先权。由此，了解这个高级的、潜在包含一切的单位是正确认识语法机制的主要条件。

根据冯特的观点，当"主体通过语言去表达精神行为的结果，并在其过程中分析统觉单位的各个组成部分，理解这些部分之间的关系"[①]时，句子是存在的。冯特的定义揭示了一个共同基础，统一的源头，在语法上有组织语言的产生和它在言语中的使用正是建立在这个基础之上的。这两个现象，其中之一是客观的，另一个是主观的，就好比心灵与肉体一样，两者相互关联。正是以冯特的定义为出发点，我们可以划分出句子的必要部分，展示这些部分是如何构成语法范畴和句法结构的。这些结论还有助于展示，作为心理类型自然延伸类型的语法类型与不同的心理类型相辅相成。在这里我们并不是要指责他。况且，他站在了语言学科的起点，为我们提供了语言学的基本元素。

确实，冯特列举了几种不同类型的句法结构，并从心理学观点研究了这些结构。而且作者似乎凌驾于语法之上，从高处进行判断，从侧面进行研究。我们需要简单地、概括性和系统性地阐述可能存在的语言表示法手段。如果冯特没有做到这一点，是因为他一直认为，需要研究语句的主体，他不认为语法本身已经摆脱了主体而成为心理研究的对象。语言学家使用语言有机体，语言有机体的规律只是在有限的范围内才能对有能力改变语言有机体的说话人起作用。因此，这就是真正唯理语法和普通语法的基础，而冯特只是提出了这部语法中不太协调的几条原则。在创建这部语法之后，他本应当表现出主体自发的心理活动与语法之间的联系，展示这两种力量的组合是如何导致了语言表现手段的变化。然而，冯特认为不需要重视第一个问题，自然地就忽略了后面几个问题。

[①]　II, S.240: Der sprachliche Ausdruck für die willkürliche Gliederung einer Gesamtvorstellung in ihre in logischer Beziehung zu eineinder gesetzten Bestandtheile.

还有最后一个问题，可以清晰地看到作者在可能的情形下逃避语法问题。这是这一章的第六部分，在这部分中他分析了词序。

正如冯特所指出的，主体在某时刻，在心理动机的影响下才对使用句子的成分顺序感兴趣。这在很多方面与希腊语和拉丁语有关：我们认为，任何传统、任何语法规则都不能强迫我们说出 Romulus urbet condidit 去代替 Urbet condidit Romulus 或者 Romulus condidit urbet。确实，冯特解释了哪些心理手段使原本自由的词序变成严格固定的词序，但他忘记强调这个现象对语法的重要性。如果词序是由规则确定的，那么词序首先就是符号，也就是识别功能的手段。词序在语法机制的因素中具有一定的地位，如果是公认的词序，这将对经历了深刻变化的语法整个组织和思想的形式本身产生影响。

我们刚刚提到冯特有意识地尽可能地躲避语法问题，就如在音位情形下一样，他并不是总能做到这一点，尤其在谈到作为表达手段的语言时更是如此。作者虽然认为没必要直接研究被我们称作形态问题的语法部分，但他并不能完全忽略它的存在。形态问题必然在研究语言现象时出现，不可能绕开它，还是需要分出哪怕很少的精力去关注它。

每一次，当冯特避开这个问题时，它就会重新出现在他的面前，而且他并不能解决这个问题。在刚才论述词语的固定词序时，我们已经发现了这一点。同样，在定义句子时也是如此。冯特在给出定义之前，已经告知这个定义只与具有自发和任意行为特征的句子有关。但还有一些其他句子是由于心理的无意识性所致，它们的产生与重复行为和习惯有关。我们补充一下，在现实中所有的句子都是无意识性和自由的自发性这两个因素相互作用的产物，它们与无数个各种各样的现象组合在一起，甚至完全无意识说出的句子都不是简单本能的重复，某次说出的或者听到的句子都不是简单的体现。它们是渗透到了语言习惯各个层面的理智和有意识的行为。相反，从另一方面而言，因完全意识到所有各个部分和组合情形而产生的句子也是心理无意识性的结果，因为这样的句子借用了有组织语言的元素。这里没有纯粹的创作，这里包括了习得的固定习惯。符号通过习惯力量形成的反射与概念发生联系。

无论如何评价语言中的这种无意识性意义，都不为过。正是因为有这样的无意识性，语言才在某种程度上是独立的，拥有相对的固定性，也可以在精神方面不断完善。这是显而易见的：由于习惯力量的存在，语言保留了所有富有表现力的手段，而这些手段在使用过程中证明了自己的适宜性。随着某种有益现象的出现，语法将其固定下来，以此方式反映了人类智慧进步的所有成果，记录下这些成就并保留下来，为新现象的出现提供可能性。如果没有无意识性，语言注定永远从头开始。语言任何时候都不会诞生于幼小年纪，只有无意识性的存在，才有我们句子和圆周句的复杂有机体存在。无意识性只出现在语言存在的最初期，以最简单的形式体现出来，是一种本能的行为或者反射性行为。起初人们认为，正是因为无意识性的存在，心理学在某种程度上对诞生的语言失去了兴趣，尽管奇妙的创作物和各种各样的复杂现象不断出现，但是这个原则在语言发展的各个时期并没有受到应有的重视。

因此，除了冯特给出的纯心理学意义的句子定义之外，还应当有第二个定义，即能够考虑到语法元素，展示如何在构建句子时将词语组合的精神行为与表现出的无意识行为结合起来。上面所列举的定义很有用，但还不够。

冯特再一次遇到了他提出的问题。为什么命令式，比如词语"komm!"没有后缀成分，但他认为这个词语本身可以成为句子，而简单的感叹词，比如"hierher!"在他看来就不是句子。他认为，这个命令式具有屈折词语的性质。如果与动词系统的其他形式进行比较，"komm"就是第二人称单数命令式，而且暗指行为主体的存在。因此，任何一个句子都拥有两部分，同定义所要求的一样。显然，这样的解释只有从语法角度才具有说服力。相比说出"ici!"（到这）而言，说话人在说出"viens!"（到这来）时，常常不需要深刻地分析自己的思想。但只有语法才能进行这样的分析，将其提供给说话人。这种原则性的区别体现并固定在语言的抽象系统中，但却不一定局限于某个主体的个别心理行为中。

最后，当冯特解释他在保罗的《语言史原理》^①之后不再将说明从句中表达心理上占优势概念的词语称为"逻辑主体"，并将其与语法主体对立起来时，他已经进入了他通常逃避的领域。比如，如果有人想告知行的日期，而且听话人也知道出行的目的，根据保罗的观点，这时他就可以说"Je pars aujourd'hui pour Berlin"，"aujourd'hui"不同于语法的主语"je"，而是逻辑主体。在另一种情形下，这个逻辑主体可能是"pour Berlin"或者是任何一个更复杂的句子成分。

这样一来，冯特拒绝使用"逻辑主体"这个术语，更喜欢"主流概念"这个术语。为了证明自己的观点，他认为在语法之外，句子各个部分之间没有逻辑关系，只有概念之间的重音和强度的区别。对语法和思维之间的关系而言，这是正确的、深刻的和富有成效的观点。我们认为，我们的推论观点与语言表达，进而与语言规则密切相关。如果没有与这个语法有机体之间的联系，那么我们的观点在失去确定和表达逻辑关系的工具之后，只是在某种程度上与其他概念相关并且只拥有情感标志的概念。

如果在我们的心理生活中，语言和语法的作用是这样的，那么我们认为研究这方面的理论科学应当为我们解释这种神奇工具的机制、功能和存在，而说话主体的心理学和他的语言创作功能心理学应当只是进入更高级别科学的敲门砖，我们难道不对吗？即使这个问题已经有一个完整的答案，那么我们还是需要做完主要的事情。

冯特用一章论述语音的演化理论之后，在另一章中自然需要阐述意义的演化（第八章，Bedeutungswandel）。在这里我们无话可说。因为根据定义，这

---

① Paul Hermann. *Prinzipien der Sprachgeschichte*. Halle: Niemeyer, 1898, S, 259.ff.

里阐述的是改变语言习惯的现象，因此，是凌驾于传统规律之上、语法之外的某种现象。但是，我们不能不在这方面强调这种联系，因为这是在语法之外出现的，而且同时有益于语法的现象。实际上，意义的演化消除了陈旧规则，取而代之创造了新规则。我们需要在语法框架内研究它们，正是语法使我们了解了它们的真正环境和表现的条件。

短小精悍的著作以扼要阐述语言的起源而结束。

虽然我们从略显独特的角度分析和评论了这本著作，但我们还是要向这本著作致敬。请不要因为我们针对书中的不足而做出的小指责而批判我们。我们研究了作者忽略的，而且在很多情形下不愿意放在著作中的东西。我们尽量强调一个方面：作者所理解的语言心理学任务不同于我们的理解。下面我们试图展示如何可以研究和解决冯特回避的语法问题。我们认为，以此方式利用真实的资料，能够成功地展现真实世界中的每一个语言学问题，包括最简单的和最复杂的问题。

我们在研究之前，说几句有关材料结构的问题，冯特将其列入研究中。这使得我们有可能更直观地展示这部著作在很多方面体现出的主要不足。如果冯特没有直接研究语言学问题，如果他不明白没有语法就无法解决语言学问题，那是因为他是一名心理学家，而不是语言学家。他想将心理学与语言学结合起来进行研究，而不是研究本义的语言心理学。他没有将注意力放在研究的个别对象上，从而导致了他所研究的问题完全没有逻辑结构。

上述分析表明，冯特是根据章节安排材料的。显然是遵循了语法学家非常熟悉的传统顺序，即语音、词语、词尾、句子。这好像与作者著作不完全相符，因为在著作中作者鲜明而有说服力地展示了句子不是通过叠加已有词语和形式的途径构建而成的，词语不是以简单地补充词语和字母的方式构建的。按照冯特的观点，词语是句子分解的产物，而音节或者发音是从词语中分离出来的。所以，我们认为逆序更符合这部著作的理论宗旨。但是当我们无意间了解到句子和片段、词语之间既没有严格的界限，也没有根本的区别时，这样的顺序，即使是逆序的，也让人感觉可疑。这是否意味着，从逻辑角度安排材料还需要使用另一种划分？

不难发现，隐藏在材料结构明显顺序之中的所有问题实际上是混合在一起的。冯特将论述语音演化的那一章放在了语音部分之后。同样，当他继续阐述词语、词语形式和句子，也就是语言的重要元素之后，紧接着在下一章就分析了这些元素的意义可能发生的变化。表面看来，这一切好像完全是顺理成章的：首先研究语音或者意义，然后研究它们是如何变化的。但是我们注意到，他在论述其中一个问题时，并不仅仅在阐述静态的语音或者意义，他还在研究它们的形成过程、人的创作力在开始阶段或者发展阶段创造语音和意义方面所起的作用。我们必须承认，两个先后研究的问题——起源和后续的变化如此密切相关，几乎融合在一起。这样构建的研究行为不可避免地陷入大量的重复中。比如，在分析儿童发音缺陷一节中，冯特已经阐述了一个语音在相邻语音（同化）的影响下发音失真的情形，及在研究语音变化时将再次分析的问题。在第六章中冯特提出了有关各类词语及作为意义系统的词尾产生的历史。他经常利用变换意义，获得新意义的语言元素，而将研究意义变化放在了下一章（第八章）。

我们已经指出，在阐述句子之前论述词语和语法形式有些不符合常理，因为具有形式和关系意义的词语只能被解释为句子的组成部分。因为所研究的问题缺乏顺序性，冯特常常不得不提前论述后面将要阐述的某些原则。他在第五章第三部分谈到由词根和构型元素或者关系元素构成的词语在句子中的位置，在这部分实际上已经包含了第七章中阐述的句子理论。同样，详细研究名词和动词语法形式的第六章也是如此。在这里一切原则上都是以在下一章中将详细阐述，包含所有证据的理论为基础的。

显然，书中的各个部分并不是根据对研究对象的了解程度进行排列的。而是对研究对象非常了解的作者依照人为顺序，根据问题出现的先后进行研究。如果您同意我们的观点，认为方法问题和材料结构问题在科学中具有实践性意义，认为只有能够正确解决这些问题，现在弄清楚这些问题，可预期在未来取得成就，那么必须承认，只有这种从上面所阐述的内容中抽象出的观点，才能迫使我们去研究冯特已经开始的事业，利用他对理论科学的宝贵贡献，试图将这一切做得比他更好。而且，在下面的阐述中，我们不希望发现更多的东西，只打算基本上制定出纲要。创建一部完整的纲要需要很长时间，超出了我们的能力。但是，拟定一个深思熟虑且以准确推测为依据的纲要还是非常有益的。我们正是打算将这样的纲要提供给大家，也就是提供给那些将参与创建理论语言科学的语言学者和心理学者们。

由于我们同时面对两个领域的读者，也就是还没有掌握心理学方法的语言学者和应当了解语言学者习以为常的事实和规律的心理学者，因此，我们提出的任务还是有非常大的难度。如果我们在各个方面都提出了确定的观点，任何一个希望阅读的人都能够理解我们提供的非常抽象和复杂材料的话，或许，这两个领域的学者都会对我们心存感激。以此为目的，我们将主要采用法语中的例子，也就是任何一个学识不是特别渊博的读者都能明白的例子佐证我们提出的观点。

第四章
理论语言学发端于个体心理学和集体心理学

在前几章中，我们基本上论证了理论语言学的存在，阐述了理论语言学方法不同于事实语言学方法的观点。事实语言学是根据由经验途径确定的顺序罗列时间和空间中的事实。相反，理论语言学将类似现象联系在一起，试图发现它们之间的某种关系，通过归纳法从个别事实向最高原则不断完善，通过演绎法从最高原则向个别事实逐渐倾斜，将这些事实视为这些原则在目前条件下的必然表现形式。

言语作为心理生理物质的**自然性**活动，与一切源于这个物质的现象一样，将本应成为归纳基础的一组事实纳入生理心理学中。另一方面，应当期待这种科学提供适用于科学现象的解释原则。如果是这样，理论语言学首先产生于生理心理学的内部，并与之构成统一的整体。

事实上就是这样。但这完全不意味着在这种普通科学的内部没有与语言有关的领域，在生理心理学的内部不能创建研究对象和方法均属于纯语言性的完整学科。

我们将论证这一观点，比较详细地研究语言学对象本身。我们将以此为目的，从定义开始论述。

我们可以给出最普通的语言定义。比如，**这是心理生理物质用于表达思想而使用的诸多手段综合体**。我们认为这个定义是准确的，因为它考虑到逻辑原则。根据这个原则，我们可以瞬间对一种现象进行定义，为此需要清晰或者已经被解释清楚的术语。

除此之外，我们认为这个定义既不过于宽泛，也不过于狭义。它之所以不过于狭义，因为适用于所有语言形式，不仅适用于口语形式，而且还适用于手势语、文字等。它适用于所有思想，既适用于那些从占据优势的心理性质而言具有情感的（感叹句）或者意向性的（命令式句和表示愿望的句子）思想，也适用于那些纯粹精神方面的思想（描写、叙述、一般性的见解）。同时，它又不过于宽泛，因为它不仅包括了词语"思想"，而且还指出了没有语言根本不可能有精神因素，即使最无足轻重的因素都不可能存在的观点。比如，因疼痛引发情感反应的喊叫声并不是语言元素。对语言而言，必须进行自我分析，从精神层面上意识到所表达的疼痛是作为思想的元素而存在的。动词"使用"在上述定义中表明，这是一个任意行为，不能将语言与简单而富有表现力、完全是自发和本能的行为混淆在一起。如"一只狗向主人摇着尾巴作为感谢的符号"，根据这样的定义，可以将这个符号视为语言吗？这个问题很难回答，因为不了解"在狗的内心"发生了什么。但我们在定义中强调设想的界限，也就是语言由此开始的界限。主体需要认真思考要表达的东西，或者至少清晰地了解所完成的富有表现意义的行为，并且证实他要表达的东西。比如，嘲笑本身不是语言，但没有思想的嘲笑是不存在的。因此在某些条件下，嘲笑可以成为语言。"表达"与"告知"并不是真正意义上的同义词。因此，为了给别人讲述你的想法，不应当将所有可以利用的手段都归到语言中。傲慢者塔克文[①]漫

---

① 傲慢者塔克文——古罗马（公元前753—前507年）的第七个，也是最后一个君主。他以对人民和贵族残忍而著称，对待敌人更是无情地镇压。他的暴君式的统治激发了在罗马的暴动，结果在公元前6世纪末被赶出罗马之后，罗马进入了共和政体时代。

步在公园里，一声不吭地砍掉了所有罂粟花根茎的顶部，他以此行为告诉自己的儿子，他将要如何对付加比城的首领们。当有人连信函都没有拆开就退还给发信人时，就是为了表示自己不愿意与发信人发生联系。这是象征性行为，是行为中的怪现象，不属于语言学范围。语言只有在某个极其简单的行为与某个以此种方式表达出的概念联系在一起时，才显现出来，就好像语言是约定俗成的或者自然的等价物、替代物。比如，我们最常见的词语、感叹词、手势，包括摇头、用手表示符号或者耸肩。相反，象征性的行为需要解释，需要动脑子思考。这就是相对比较容易破解的谜语。这里的界限也不是很清晰，但这种界限不仅存在于事实中，而且还存在于定义中。符号和所指之间的对应在某种程度上是直接的、直性的。这里指程度的不同，而非性质的区别。当象征性行为在一定程度上被所表示的概念同化时，便成为语言元素。比如，我们打招呼时使用的鞠躬动作、手势行为。

这个定义本身很有益。因此，我们应当利用。但它也有一个很大的缺点，即它是一个纯抽象的定义，不对应任何一个准确的表象。因此，我们无法用它达到我们此时提出的目标。为了论述，在什么条件下合理地研究语言，我们必须了解语言本身，而不仅是认识语言表达的概念。这样的定义有助于我们在自然界中发现被视为语言的东西，将一切非语言的东西分离开。但相对于已经论述过的物质，也就是通过感觉理解现象的基础而言，我们对语言的了解并不多。与认识一切与自然界有关的现象一样，了解语言就是要以经验和观察为基础。我们的研究需要以清晰归纳法为基础的经验主义式定义。

纯粹的归纳法要求我们任何时候都不要完全忽略具体事实。我们如果凌驾于事实之上，那么只是为了通过观察或者经过试验的假说推理出获得足够证据的一般概念，比如物理学中的分子、原子、振动。当我们与现实世界失去联系，当我们还没有获得类似于上述概念，最好不要通过概括方式达到这样的水平。这就是我们没有泛泛地论述语言，而是将特别研究它的主要形式的原因。这种形式——我们指的是**口语**，已经得到了充分发展，这是众所周知的。

根据初步构想，我们对这个现象进行描述，可以适度使用我们给出的定义，并且根据语言的其他形式进行相应变化。相对于概念领域中各种抽象的理论而言，这个概念对于了解语言更有帮助。

我们在观察口语时，首先惊叹于它本身固有的特点。在前一章我们已经提到过。它的语法机制包括了某些固定规则，将概念与某些符号及这些符号的语法规则结合在一起。如果用生理心理学的语言表述，大概是这样的：口语是以一系列习惯为基础的。这些习惯促使说话人将概念或者概念组合与通常很复杂的声音构成器官及相应的听觉组合在一起。这些能力在整体上构成了一种工具，使得我们有可能去发现任何一种表达思想的手段。

如果认真地观察，我们还会发现，这种工具可以记录下思想的表现形式。它不仅是人们相互交际的手段，而且还是表达任何一种逻辑思想的手段。因此，语言赋予的理智的完善与语言的完善密切相关。从另一个角度而言，我们发现这种表达思想的手段就是影响思想并且使其具有一个概貌的形式。因此，语言的习惯与规则同时还是思想的习惯与规则，而语法是一种特殊手段，使我们的精神活动付诸实施。

但是，无论语法对于语言和理智的意义有多大，我们都应当承认，语法规则和准则还不是语言的全部。如果考虑到口语语法常常被违反，口语语法远不是固定的，而且是不断变化的现象，那么这个事实已经显而易见。这些变化原则自然也就不可能包含在规则中。习惯、习得的能力本身具有某种惯性、稳固性。

首先，最完善的语法本身并不能构成语言。它只是处于说话主体的控制之下，说话主体按照自己的意志，在理智的支配下利用它。除了使言语表现为相应形式的规则之外，实施任何言语行为都不可能没有主体，需要有主体的意图，他的关注力才能直接参与其中。

除此之外，不难发现，语言不仅仅包括了表现力元素（这些元素的意义是以语法规则为基础的），而且还含有很多直接与主体独立的自发性有关的元素。某些重音、语调特征，在很多情形下还有词序和句子的很多其他特点都是由独特的心理需要决定的，在精神层面上成为言语的补充，只能借助于纯直觉心理层面确定它们的原因进行解释。但这还不是全部。需要强调的是，我们能够观察到的语言，还会引起很多很多现象，它们与语言表现力没有任何直接联系，既不受语法支配，也不受追求自我表现的自发心理生活动机控制。它们的出现与某种心理或者不受理智控制的生理不规律性有关。为了阐述我们的观点，我们只列举一个例子：当我们说某个人"他说错了"时，就会出现这样的情形，因为他将一个词语视为另一个词语或者混淆了不同词语的语音元素。比如，受到 aventurière 的影响，我们常常听到 α vant-couturière 代替 α vant-courrière 的情形。还有绕口令，也就是快速、连续地说出发音困难的词语 panier、piano、piano、panier，让人感到开心，逗人发笑。

正如我们所见，口语是一系列因素影响的结果。而且，我们可以将这些因素分为两大范畴，将相对稳定、规约式的或者有组织的元素，也就是我们所说的**语法元素**与其余的元素——此时我们用一个普通的名称表示的语法外元素对立起来。

现在我们单独分析语言的这两部分，就是为了弄清楚它们在生理心理学中的位置。

这个语法有机体是什么？它的根源是什么，它存在的意义体现在哪里？自然，它是每一个主体适应表达思想需要的结果。学习说话的主体从周围人那里，从他所在的集体中习得语法有机体，但各个时期的集体之所以存在，只是因为有构成集体的成员存在，任何一个倡议必然与独立的个体有关。应当承认，集体创造物是由一定数量的个体的贡献物构成的，大家通过特殊的协商方式，认定这是一种**共同财产**。集体是如何创造某种现象的，又是如何保存和发展集体的创造物的，这正是集体心理学或者心理方面自发的和自然现象的科学急于解决的问题。它们的主体是数量众多的个体，他们一起生活和行动，相互影响。这有些类似于二级心理学。因此，研究语言中的语法元素属于集体心理学的范围。

至于语法外元素，它们不从属于任何规约性的规则，直接取决于说话人的生理心理行为。由于它们离开说话人不可能存在，所以它们应完全遵循生理心理学规律或者人的个体生理心理学规律。

既然我们的理论语言学同时与个体心理学和集体心理学有关，所以，我们能够预测，这门科学应当划分为两个相互补充的学科，其中一种属于个体心理学，另一种属于集体心理学。我们将这样分类。但为了对我们将要确定的语言学这两部分之间的关系，还有每一部分与普通科学之间的关系有一个明确的认识，首先我们必须阐述一些想法，也就是下一章的研究对象。

第五章
嵌入原则

我们将所有人都认可并且应用于自然科学分类中的原则称作**嵌入**原则。根据这个原则,不同科学通过一种科学嵌入另一种科学中体现出来,按照一定的先后顺序分析问题。排列的方式是这样的:解决第一个问题是为解决第二个问题做准备,并为第二个问题提供必要的元素。

这个原则适用于所有科学和整体意义上的各种科学综合体。笛卡儿在自己的逻辑学中对此给予了充分重视。他写道:"第三个(规则)是为了按照一定的顺序将自己的想法进行排列,从最简单的和能够轻易理解的学科开始,逐渐地,一步一步地认识最复杂的学科,而且即使那些在自然发展中没有先后顺序的物体,也要按照顺序进行排列。"[①]

但是,我们不认为,之前有人尝试过将这个原则用于研究理论语言学。我们认为,在这个领域缺乏有序性是导致无序性和错误的主要原因。因为这方面

---

① Descartes René. Discours de la méthod, 2mé partie.(引自俄文版 Декарт Рене. Рассуждение о методе.Соч.в 2-томах.Ан Институт философии.М.Мысль, 1989.С.260)

重要，我们才敢于详细地研究嵌入原则。在研究时，我们首先提出理论基础和一般规则，接着将其运用到我们研究的学科中。

在我们看来，科学需要解释的具体事实总是具有复杂的特性，同时属于不同方面。所以，应当将这些方面进行区分，否则不可能存在任何科学，因为只有从复杂问题中区分出每一个个别问题，才能解决这个复杂问题。但我们只区分现象还不够，因为本质上不仅仅有不同类别的现象，能够对比或者相互交叉，而且还存在一种现象包蕴另一种现象的情形。

犹如某些没有任何表面相似的特殊现象一样，任何类型的事实或者规律首先是由其本身性质决定的。其次还需要借助于环境，使得这种类型直观地得以实现。归纳法的任务就是通过抽象法从一个级别达到另一级别，在认识本质中从比较局部化的现象达到普遍现象；而演绎法是借助于反方向的抽象方法并进行综合。演绎法从最普遍现象，归纳法起步的最后一个级别开始。演绎法构拟本质，按照顺序将不同类别的现象包括在其中，每一类现象首先作为新现象，作为某种在该条件下出现的东西，补充到已有现象中，却无法解释原因。只追求合理地了解一种现象，不考虑产生这种现象的环境，是不可能的事情。

第一种范围最抽象、最普遍，在它之前什么都不存在，这就是人类思想，或者准确地说，它是理解思想的形式及其实质。数学学科的统治地位正是建立在这个基础上的，由此逐渐向更复杂的现实过渡。比如，正因为解决了一系列各种各样的问题，包括一部分自然归属于另一部分的问题，如数学、物理、化学、生物学，我们才得以了解有机物质和生物。在每一种科学中出现了新现象，也就是至今没有出现或者前一种因素完全不需要、隐藏的，但在该范围之外无法理解的因素。生活、化学关系、物质、运动、形式都是这样的现象，归纳法决定了它们的序列性。

无论这种嵌入法存在的意义有多重要，我们都应当将它视为科学知识的一种公理。如果我们认为不同级别具有合乎情理的从属关系，而且是唯一能够使理智同时从事物的复杂性和整体性角度包蕴一种事物的手段，那么这种嵌入法就可以应对一些批评性的观点。一致性本身不是精神认知的对象，根本不会因此在意识中产生从属性或者限制性。

根据构建本质的顺序而形成的嵌入法在现实中是否存在呢？它是否存在于任何事物的起因中呢？难道在其中完全没有任何现实的和绝对的现象吗？或者我们无体系地使用它，就是为了更好地认识事物？这是形而上学问题，我们不感兴趣。只有这个原则在实践中得到应用之时，研究诸多现象的唯理科学才会发挥作用。

根据这个原则，生理科学包括了神经活动生理学，而神经活动生理学又包括了心理学，其中还包括人的心理学。但我们在这里并不打算对它进行系统性描述。

与人有关的心理学有助于我们进行自我分析。我们在客观认识这类现象的同时，可以从我们自身心理生活的主观经验中获得另一种现象。我们可以在某个问题上超越我们之外的、科学正在研究的世界，并且从另一方面研究类似现象。但科学并不因此而改变方法。正如我们已经阐述的，科学仍旧是客观世界的科学，它关注的是客观体现出的心理事实与作为心理事实存在的一般条件之间的关系。

对于这种科学而言，生理心理的平衡性就是公理，而心灵必然被视为有机体的功能。从事物本质上而言，这只不过是一种什么都无法预先确定的方法，科学提供了独一无二的解释：了解常态关系，这就是它的目的。由此得到这门科学的名称——**心理生理学**或者**生理心理学**，但可以简单地称之为**心理学**，这个名称指的是以科学方法，而非以形而上学式的臆造心灵及其特点为基础的，是关于本质的科学。

首先是个体心理学，然后才是集体心理学。我们从研究只与个体有关的现象开始，一直到与社会有关的现象。我们还可以证实必要的嵌入原则的正确性。

社会只有由个体构成，如果社会生活引起的特殊现象是个体生活所不了解的，那么显而易见，社会中的生活事实本身并没有为我们在前面提到的生理心理学本质带来根本的变化。因此，这种本质成为表现集体性的环境。因为集体心灵不存在，所以不可能存在另一种范围，它与新型原因相符合的新型事实形成于个体中，而不是凌驾于个体之上。

确实，当我们从个体心理学过渡到集体心理学时，新事实所处的特殊环境是以前科学完全不了解的。这里没有那种在事实出现时所涉及物质的化学相似性或者有机体生活的秘密。我们将要回归的状态在目前情形下没有意义，证实属于集体心理学的事实与主体-个体的生理结构只有间接关系反而更有益处。人们共同拥有的东西不是有机体，而是思想、情感、意志表现形式。我们将简单地论述**集体心理学**，将其嵌入个体生理心理学或者简单地说是**个体心理学**中。

集体心理学是一门排列在最后的有关本质的科学，是凌驾这门科学之上的人文科学的基础。集体为我们展示了社会上哪些现象是自发的，确实是没有独立个体的意志帮助，但仍然是由于内部决定论的原因所致。在所有社会成员共同拥有的心理需求影响下，集体创作是无意识的，是在没有个体意志的特别干涉下实现的。但是个体不是永远消极的，不能说他是被迫成为很多完全不同主体中的一员。他有能力感受，希望比其他个体更多地去思考，从而对与自己类似的人施加影响。在人类进化和进步中正是因为有敢于和愿意真正地思考的自由个体存在，才拥有了最好的东西。这是新事物，我们用一个共同的名称——**人文科学**（因为没有更好的名称）将研究这项任务的科学及它们的结果、原则和规律结合在一起。比如，这是历史、哲学、社会政治科学及所有与哲学、艺术和宗教有关的一切。

显然，在这个定义中，我们无法捕捉自然科学与人文科学之间的准确界限。随着个体从群体中的逐渐剥离，一种科学缓慢地向另一种科学过渡。因此，可以将集体心理学称作人文学科中的第一门科学、自然科学中的最后一门科学。

就如同我们无法系统描述生物科学一样，我们无意于尝试揭示人文科学的系统。我们在结束之前，坚持强调这些科学与集体心理学之间的关系就是嵌入关系，而且一定是嵌入关系。

集体心理学研究的现象创造了一种个体表现、发展和行动的环境。个体不仅是由这种环境造就的，而且可能在某种程度上，只要付出一定的代价还可以摆脱环境。为了带来益处，留下痕迹，个体应当根据该环境的需求和可能性有所作为，不仅社会政治生活需要从属于这个规律，在宗教、艺术，甚至在哲学中完全的孤立性可能只是陷入绝境。在所有领域中我们都是在环境中，并且通过环境有所作为。只有在人类团结的环境下，最大的自由和毅力、自我奉献、舍己精神所强调的高尚道德行为才可能存在，而且这种团结一定是积极地、有意识地表现出来的。

因此，我们认为，人文科学自始至终，完全是根据同一原则进行构建的。无论从整体，还是从每一个组成部分而言，我们都会尽量揭示构成理论语言学的两个主要学科及它们的分支是如何使得一部分嵌入另一部分中的。首先，我们在开始阐述这部分内容之前，将很自信地有所作为，并有效地提出一个问题，即可以根据哪些特征确定两种科学是相互嵌入的。

我们指出三种特征：

（一）包蕴另一种科学的科学研究事实应是容易理解的。我们不认为这些事实是想象的结果，是置于被嵌入的科学事实之外的。比如，我可以思考自己的身体，而不需要考虑活跃身体的生命力及思考身体的几何形状，不需要考虑它的物质体现形式；可以思考个体，而不需要考虑集体的存在等。同时，反过来却是不可能的。由此，我们可以得出结论，第一种类型的事实永远可以抽象于第二种类型的事实，所有物质都可以从物理或者化学角度进行研究；任何一种物质都可以以其纯几何形式呈现出来，任何社会都可以通过单独形成的个体进行研究；相反，了解物理和化学元素却不意味着了解生命，而认识形式并不等于认识物质；等等。

（二）当自然界给我们提供了属于一种顺序，却独立于另一种顺序的事实时，就已经存在某种嵌入原则的特征。相反，另一种顺序却只出现在与第一顺序事实的组合中。这只是迁移到具体现象中，迁移到只属于物质的精神方面的第一特征本质中。但是，如果第一特征是固定的，而且是必要的，那么第二种特征只是在个别情形下才得以实现。它的存在明显证明了第二个特征已经被嵌入第一个特征中，但如果没有第二个特征，只有第一个特征也足够了。

自然界中不存在没有物质内容的纯几何形式。我们观察到的物体，除了具有物理特点之外，还具有化学特点。相反，有一些现象，在我们看来，只从属于惰性物质的规律。还有一些现象，比如植物，在其中能观察到有机生命的规律，不存在某种心理因素。但如果自然界本身没有发生类似的抽象化，那么在很多情形下抽象化的出现只是由于在这个现象中的突出特征所致。在物质改变的过程中，有些只与物理特点相关的情形。比如，在热效应的影响下物体膨胀、物理教科书中研究的所有现象。具有神经系统的活物质的很多功能只是间接与这种物质的心理生活有关。比如，如果不考虑这种联系，他的饮食、呼吸，或许能够自圆其说。如果星体的运动，准确地说，是借助于数学，而非物理能够得到研究的话，那么这只是由运动的规律性所致，需要对动力的强度和走向进行机械性分析。有关这些动力的本质和起源问题属于另一个领域，但是我们却不能不考虑这个问题。

自然界本身形成了各种现象等级表。在这个等级表中，不同序列通过绝对或者相对简单的形式体现出来。根据顺序，也就是根据自然界提供的顺序解决数学、力学、物理学的问题时，学者们逐渐理解了同时属于几个方面的复杂现象。或许，如果自然界的现象处处都很复杂，那么科学的发展就会慢很多，而人类智慧也不会如此快速发现，一切都可以简化，并且对不同方面问题进行组合，适当地将这些问题进行分类，将一个问题嵌入另一个问题中。

（三）最后，第三点，应当强调，嵌入另一种科学中的科学总是研究比较复杂的现象，而且相对于包蕴它的科学而言，研究的现象更为具体。

第一个特征决定了这些现象的复杂性。当第二个特征没有完全实现时，它们显现出了具体性。第二个特征完全实现时的情形非常罕见。学者们认为，非有机物体与金属一样，拥有与生命相近的特点。植物具有神经系统的某些特征。谁也不知道，科学是否以更深邃的观察力证明一切都蕴含在一切中，证明自然界给我们提供越来越复杂现象的等级表只存在于表面的现象中？或许，在现实中嵌入原则永远只是抽象的，任何具体现象同与所想象的等级表所有阶段有关，直至完全认识某种现象。科学究竟如何掌控这一切，只有经过完整的、连续的各个阶段。

虽然暂时还不是这样，但现在我们可以在很多情形中看到，某种科学为我们提供的理论知识还不足以认识现有的现象。因此，为了更好地理解具体事实，应当根据嵌入原则，将其结果与紧随其后的科学结果进行组合。是否有这样不受物理万有引力定律、摩擦定律、在温热效应下的物体膨胀规律制约的机器？诸如此类。前面提到的现象主要与物理学领域有关，同时在某种程度上与化学有关。物体的分子结构和物体发生化学反应的能力是经常变化的，有时是缓慢进行的，但却是现实的，在温热、光源或者电的作用下完成的。在心理物理学的物质中是否有这样的生理功能，甚至是无意识的，没有受到心理方面因素的影响，没有感受到心理因素的功能？整个现象等级表都是如此，而且对于一种现象的解释如何体现在具体现实中？它的主要原则、重要因素是如何被理智所认知的？另一种科学的参与是非常必要的。这样的事实就是嵌入原则的某种证明。

是否需要证明，这三个特征是在两种我们感兴趣的科学，即个体心理学和集体心理学相互嵌入的情形下才得以实现的？我们已经说过，如果没有第二种科学的研究对象存在，那么第一种科学的研究对象，也就是个体，是不可思议的，而相反却不是正确的。第二个特征也可以实现，因为有些现象从本质上而言属于个体心理学领域。需要列举心理活动的所有形式：感知、表象、统觉和体现在心理物理物质中的情感、精神及其他所有层面的反应。而且显而易见，某种物质的全部心理生活内容和体现心理生活的行为应当在某种程度上受到集体心理学的制约。这种物质的祖先生活在集体中，这种物质可以在与其相类似的环境中，在类似环境的影响下得以发展。因此，如果说对于创建个体心理生活的一般形式，个体心理学的存在已经足够了，那么集体心理学对于合理解释纷繁复杂的具体现象是必不可少的。因此，在这种情形下，第三个特征与前两个特征一起得到了验证。

第六章

理论语言学分为两种科学：一种属于个体心理学范畴、一种属于集体心理学范畴

现在我们尝试对之前论述的与语言研究有关的内容给出我们的定义。我们认为语言是两种类型元素的组合：一方面是属于集体心理学领域的语法元素，另一方面是属于个体心理学领域的非语法元素。

如果将集体心理学嵌入个体心理学中，那么似乎一切都在强调将研究语法事实嵌入语法外方面的现象研究中的必要性。这就是我们要做的事情。

但是，这种情形下是很复杂的。实际上，我们很难将语法元素从语言中抽象出来，只研究纯粹的语法外现象。我们认为，第一个条件就是准确了解需要划分出的元素。只有通过所习得的习惯而形成的中枢神经系统，影响语言的自发的和自由的动因才能发生作用，而合成行为因此而发生了这样一些变化，我们因此还需要了解这些变化的本质和规模。我们指责冯特在只了解一些因素的前提下，就开始研究复杂的现象。我们将他比作一名化学家，还没有思考生活提出的条件，就开始研究机体中的物质变化。这就是觊觎得到原则的想法所致，从中很难找到出路。

　　我们在前面提到了嵌入原则的一般特征，这就为我们指出了正在苦苦寻找的出路。因为语法外元素在复杂现象中不是很容易被发现，我们应当解决，我们能否在某个地方找到纯粹的，或者至少与之相近的语法外元素。

　　首先，显而易见，语法元素不会独立存在。这就证明嵌入原则是正确的，而且我们已经根据与相关心理科学的相似性接受了这个原则。

　　或许，从语法角度而言，还存在完全正确，但是我们无意识说出的句子，似乎也呈现出一种完善的反射类型。与此同时，某种思想、情感或者意志力的行为应当有助于这些句子的应用，只要反射行为进入"被嵌入"状态时，就已经在理智的严格监控之下发挥作用。甚至在非正常的状态下，当某个句子或者句子的一部分，就像留声机的转轴一样自动地转起来时，正是因某种东西，某种情感、联想的影响而出现的。接下来，无论我们做什么，言语行为就是主体一般心理生活的组成部分。因此，认为与思想及语法表现形式没有直接联系的心理现象没有附加到这个过程中，是没有任何道理的。既然任何自发的言语伴随着情感和形象，既然这些情感或者这些形象在自然界中拥有富有表现力的对应形式，那么在某种程度上，它们就可以借助于手势、面部表情、语调等添加到语言中。

　　那是否存在一些缺少任何有机元素、任何习惯和任何语言协议的语言现象？是否存在不受规则制约、完全摆脱了语法的语言？

　　从理论角度而言，我们可以很自信地回答：有。

　　假如有一个人，他需要表达自己的思想，但他却没有使用任何传统的手段。比如，我们想象一下，有人将一个盲童委托于您照看。他不懂您所熟悉的语言。当然，您不能给他解释毕达哥拉斯定理或者简单地给他讲述点什么。但是这并不意味着，您失去了与他进行沟通的任何手段。我认为，首先您要尝试托起他的手，爱抚他，向他表达自己的友好态度。接着，您与他说话，您通过语调、讲话风格让他明白了他所不理解的词语。在其他情形下也是如此。一个人即兴做出表情、手势或者发出声音，他直觉地认为这些最适合于表达他想要表达的内容。如果语言曾经有过开始阶段，那么大概就是这样的。如果没有出现这样的情形，也就是像希望理解类似思想，阐释他理解的富有表现力的行为，赋予这些行为符号意义的人所经历的一样，那么语言性质与主体的意图无关。在两种情形下，语言没有任何规则。如果语言有自己的习惯和规律，这就是建立在说话人机体结构，而非语法规则基础上的心理习惯和规律。思想是自然的表达。

我们将这种语言称为**前语法语言**。既然可以预测存在这种语言，而且可以避开与语法之间的联系去理解其本质，那么显然，我们的嵌入原则已经得到了验证。当我们认为，有组织语言，也就是出于某种目的，包蕴语法元素的语言研究嵌入前语法语言研究中（前语法语言的所有元素都是借自个体心理学的主体），结果我们不仅仅是对比言语中的两个系列因素，还对比语言的连续形式。

我们认为，我们已经对语言的第一种形式研究得非常透彻了，了解了它的功能，并尽可能地解释了它的各个部分，那么我们应当熟悉一种环境。这种环境中的语法在相互同化作用的影响下，由于习惯的作用，作为新奇现象呈现出来，并且继续发展下去。就犹如物质是有机体生命存在的环境一样，前语法语言成为语法的环境。我们发现存在于语言中的语法外元素只是纯个体方面的心理主体，其影响与语法行为同时体现出来。**前语法现象和语法外现象**的区别就在于是否存在与语言之间的联系，就像可以将化学视为有机体生命之外的现象或者可以在有机体生命中观察到的现象一样。生命体现在物质的内部，但并不改变它的物理特性。生命只是为了达到自己的目的去利用这些物理特性。同样，心理物理物质本身创建了语法或者接受了语法，但从性质而言，完全不变化。自然语言从属的所有规律都在起作用，而且只有在不受这些规律制约的新主体改变的环境中才会发挥作用。

但如果这个主体没有找到自己的环境，那么它就无法有所作为。据我们所知，生活是利用物质的物理和化学特性，以目的为出发点而体现出来，而不是相反。同样，语法只是由于前语法方面现象而产生与存在。前语法现象从属于语法，**语法是前语法语言的独特变体**。

集体心灵只是一种抽象现象，不能创造任何东西，语法中的一切都源于个体创作，也就是前语法行为或者在语法中已经变化的语法行为，就犹如被生物吸收并且首先具有生命力的惰性材料一样。但前语法元素的行为任何时候都没有停止，由它们引起的现象经常发生变化。语法任何时候都不可能完全被吸收或者彻底摆脱它们的影响。有些现象是语法不可替代的。比如，注意力和意志力。它们所起的作用是语法无法做到的。另外一些现象对语法而言是有益的补充，而且只能保证大致的对应，与其思想和存在并不相符。这就是之前提到的元素：手势、面部表情、重音的强度或者语调的变化等不断激发形象，唤起情感。正是由于这些元素的存在，言语才显得生动而华丽。最后，还有一些因素，在我们给出的定义中已经谈到过，它们与语法功能相对立，并且妨碍语法功能的实现。受控于理智和意志力的语法与这些没有意识参与的现象，与这些经常由生理方面的原因引起且出现在我们不完善机体中的不规律现象发生矛盾。它应当对抗这些现象，或者努力阻止它们的影响，或者学会适应，从而达到躲避它们的目的。但由于语法全部体现在语句的主体中，因此，不能失去与它所嵌入的整个心理物理生活之间的相互联系。这样我们有可能继续我们在前面提到的对比行为。在前语法环境下的语法生命可以与无机自然界下的有机生命进行对比。而且正是因为无机物质的存在，以无机物质形式存在的动物才得以同化小部分物质，并使其遵循生命的规律。剩下部分是动物的生存环境。在这个环境中，动物同时找到了主要生存的环境、生存的土壤和供养它的物质。还有一些元素为了达到自己的目的，时而助力于它，时而与它作对，但它应当在利用这些元素和抵抗这些元素时，也要不断地去适应这些元素。

当然，如果将这种相似性扩展到细节上就显得有些荒谬，但在主要思想中它是准确的。而且有机物的科学嵌入有关无机物的科学中，为我们展现了存在于语言学两个部分之间的神奇关系。

当我们结束了前语法语言的研究，开始进入有组织语言的研究时，需要做的第一件事就是尽可能准确地确定这种新语言形式出现的点位，这种新形式从产生那一刻起与还没有成为这种形式之间的区别体现在哪里，并且尽可能地发现有利于创建新形式的因素。我们应当尝试像生物学家在细胞中发现有组织生活的开端一样去揭开语法的秘密。似乎开端是不易察觉的，但其中已经包含了一切潜在的发展，当语法的这个原则为众人所知晓，当我们可以掌握并且确定这种蕴含着整个语言组织萌芽的新奇现象时，我们只能跟踪它在前语法环境中的发展，只是暂时进行划分并且认真地分离出与它有关的东西，分离出与环境相关的东西。这是真正的科学方法，是唯一能够使我们避免现象混合和遗漏的方法。我们认为，我们在冯特的解释中已经发现了这些混合现象和遗漏现象。

在论述究竟什么内容与语言学这个主要部分有关之前，我们应当研究，在什么条件下可以在实践中开始研究前语法语言的科学，并且论述它的纲领和方法。

第七章
理论语言学第一部分的纲要或者论情感语言的科学

我们尝试了解前语法科学，也就是我们已经从理论角度论证了它的存在，发现了创建这门科学的基础非常薄弱，无法满足我们的需求。

实际上，正如我们所定义的那样，前语法语言仅表现为抽象的状态。因本能而引发的富有表现力的行为并不属于前语法语言范畴，因为根据我们给出的定义，这些行为无法形成语言。可能，在有意识的物质中不存在与某种思想无关的情感、愤怒、恐惧、羞耻和愿望。但这种思想常常非常含糊，而这些情感引起并且通过血液循环、肌肉收缩体现出来的生理反应与表达自己思想的意图无关。从另一方面而言，这样的愿望只要在现实中体现出来，那么，主体在选择所使用的符号时，习惯特征和规则自然就能显现出来。

实际上是这样的。为了表现自我，主体从自身和与自身类似的现象中借用了他认为与思想和伴随思想的情感相关的行为。比如，喊叫声代表疼痛，威胁般地握紧拳头是表示愤怒的符号。我们选择这样的符号，在理解和表达过程中赋予符号概念意义，只是将以个体或者类型的心理物理物质为基础的本能习惯，直接变为顽固的精神习惯。喊叫声、手势成为概念之后，便获得了固定形式。假如我们认为这些概念已经固定化，这就意味着这些概念摆脱了主观动机的影响，具有了规约性。因此，可以认为，我们掌握了无意识现象与语法现象之间的界限。

因此，我们似乎在自然界存在的现象中还是难以发现完全符合理论中准确定义的纯粹前语法语言。我们并不认为，在某些地方能够发现这种语言。在集体运用的任何语言中，尽管这种语言如此简单，尽管其中的语言手段非常不完善，但一定存在个体相互适应的一些规则和特征。后者甚至在真正意义的语言诞生之前已经存在，因为它有时由某种心理因素引起。比如，无意识的模仿行为并不是为了表达思想。当我们假设某人与一个不通晓我们语言的盲人打交道时，我们在分析所使用的语言时能够发现部分或者完全是规约性的元素，完全不一定因为概念意义的自然属性而使得关系和声调具有了概念意义。接吻、握手在某种程度上是程式化的行为，民族的不同，接吻、握手的方式也不同。

因此，我们必须研究发生在适宜环境下个别行为中的前语法语言表现形式，但这些表现形式之间相互完全没有联系，无法形成完整的语言。作为例子，我们列举一个来自生活中，在我们看来非常典型的情形：

一个六岁的小男孩与父亲一起乘坐火车。小男孩跪在椅子上，看着窗外。突然，从对面开来一趟快车，小男孩惊恐万分地离开了窗户。"你被吓到了？"父亲说。男孩没有回答，而是用手在面前比画，发出"扑哧！"的声音。这个手势准确地对应着所看到的表象，而伴随着表情准确地表达了赞赏和惊奇，而不是恐惧。这一切的意思大概是："我没有被吓到，这一切都是意外所致。"

但这些前语法语言的个别表现形式本身未必能够被科学所用，这些形式不具有从其他一切剩余现象中分离出来的明显特征。我们并没掌握有利于我们清楚地发现隐藏在每一种现象之后的心理因素分析方法。因此，在纯无意识的行为（表现愤怒）和已经成为含有明显规约成分（比如，当我们用手指恐吓时，我们虽然指的是惩罚，但却不是体罚）的语言之间存在一个完整的，而又无法确定界限的过渡区域。

这就是我们必须完全放弃尝试发现作为观察对象和研究科学材料的纯前语法语言的原因。但因不存在这种真正的前语法语言，我们可以局限于前语法元素或者语法外元素占据优势的语言中，因为这是同一种现象，因此具有与语法是最积极因素的语言不同的特征。我们发现，很多科学的研究对象总是表现为相对纯洁的状态。如果这些科学能够以通俗易懂的方式，去呈现与科学有关的事实，揭示事实固有的特点，这一点已经足够了。

我们定义并且处处能够观察到的语言似乎是有组织的整体。我们需要更加认真地研究，从而了解语言规则事实上还不是语言的全部。这一点证明，在我们接触到的语言现象中，语法占据绝对优势地位。语言正是从语法元素中获得了最重要的性质。但与此同时，可能还有一些语言表现形式，随着这种关系发生了变化，语法外元素变得最活跃。因此，语法外特点表现得尤其明显，而语法现象只在认真分析的情形下才体现出来。

哪里存在这些语言形式？根据哪些特征我们可以识别这些语言形式？为了回答这些问题，我们还需要更清楚地确定语法元素，将其与其他元素进行对比。同时，确定直接与语法元素相关的语言特点。

我们已经说过，语法现象是由集体创造、受规则制约的，但我们还没有将这个普遍原则变为一种规律。我们熟悉根据经验发现的外部表现形式，但紧接着我们应当从逻辑上揭示产生这些形式的原因。我们只将语法现象解释为集体产物还不够，因为集体本身并不存在，只能通过组成集体的各个主体表现出来。当这些主体创造了某种属于语法的现象或者某种存在于语法之外的现象时，这些主体的行为是否有区别？应当这样提出问题。我们的答案将关系到之后做出的所有结论。

对于我们而言，答案是单一的：**前语法语言及有组织语言的语法外元素都**

是以情感生活的反应、情感和伴随着思想的表象为基础的。与此同时，一切**语法化的东西**、协议、适应集体的能力都是**以精神行为为基础的**。

我们试图证明这一点。任何一种语言，总是与思维并列存在。这一点源自它的定义。思想处于中间地位，准确地说，是情感生活和精神生活之间的媒介。我们所理解的精神生活就是指一系列处于评价性判断之外的任意行为。理智将感情和情感变为概念，而概念属于情感元素，是情感元素的产物，但并没有取代情感元素。结果，精神活动将"我"与"非我"区分开。在它的影响下，世界成为客观世界，而主体只意识到自己的存在，不接受身外的东西。因此，人们创造了一种精神生活需要的环境。意识到自己的主体能够理解由内而外的行为概念，而自由行为首先嵌入能够产生自由行为的概念中，而且主体永远都是部分意识到这些概念的存在。

言语活动是精神活动的表现形式之一。与我们思想中的一切东西一样，言语活动中的一切源于知觉和情感生活，其中的一切都与行为有关，因为言语活动是人与人之间相互影响的最好手段。因此，不存在没有理智参与的言语，也不可能有，理智的作用在某种程度上非常重要。理智既可以影响表达手段的选择，也可能对表达手段的选择不产生影响。

主体具有两种表达手段。或者主体**创造自己的符号**，或者**利用他回忆起并**视为固定在某个概念中的**熟悉符号**。

当主体创造符号时，是本能行为所致，是自然的情感。比如，因疼痛而喊叫。说话人在周围现象的影响下并没有使用展示性或者模仿性的手势。比如，我们在之前提到的小男孩完成的表意动作。在各种情形下，主体很自然地习得自己的语言，视其为主观灵感的结果。他不需要从外部某个地方寻找这种语言的元素。尽管听起来有些离奇，但可以说当他在创造语言时，在精神上处于消极状态。语言的概念意义意味着与思想之间的联系，而根据其他特征语言又是情感生活的产物。

当主体运用他重复的符号时，则完全是另一种情形。 认可或者接受其他人使用过的或者对于说话人而言习以为常的某个手势、某个语音，这就是概念意义。这就可能是某个以此方式规范自己语言的人表现出的精神行为，是积极的功能。他将与所使用符号相对应的思想补充到说话人表达的思想中，他对自己想说出的东西有很清晰的认识，对某个符号也是如此。他强调他确定的这两个概念之间的联系，结果这个符号从今以后将只有一个意义，而这个意义只有一个符号。符号作为精神行为的结果被具体化。符号被理解为独立存在的某种东西，就像自然界没有主体也独自存在一样。符号再也不是过渡现象，再也不是主体的富有表现力的偶然情态性。符号成为思想的客体，它的性质发生了改变。现在我们用象征取代了符号，**也就是与意义概念发生联系的符号思想**，可以用概念 a= 符号 b 这样的公式表现出来。

这就是第一性行为，任何语法都是由此开始。我们还会涉及这个原则，但现在我们所了解的知识点已经足够回答之前提出的问题。

那么，前语法语言和语法元素占据优势的严格意义的语言都具有什么样的特征呢？

不言而喻，这些特征完全是对立的。

毫无疑问，语言的第一种形式与控制本能表达出情感的心理规律有关，但却不属于任何结构。正如我们所说的那样，在任何一个瞬间，这种形式只是主体的表现形式而已。语言的第一种形式使用的每一个符号因心理的必然性而富有表现力，因符号对于情感或者观者及听者的想象力产生的影响以直观的阐释。符号不能清楚地表达任何概念，与符号相关的概念一样，符号也是根据先后顺序排列。各个符号相互叠加，任何现象都不可能明确、清晰地展现符号相互之间的逻辑关系在表达思想时究竟是什么样的。最后，这种首先是说话主体功能的语言是所有具有同样心理物理结构的个体所共有的。但是，很自然，语言在每一个主体中都有自己的个性化标志，相比有组织语言而言，这种语言同时具有更加概括和更加独特的性质。

语言的另一种形式具有相当稳定的象征。这些象征拥有足够清晰的程式化意义，从整体上形成了一个语言有机体及被众人视为相互协议结果的共同财富。这种语言不是功能，它是创造物、规则。这种语言之所以能够被理解，只是因为属于理智所涵盖现象的范围。

所有这些特点直接与我们所描述的主要现象相关。掌握符号所表示的概念，与类似的概念达成一致，采用一个所有概念共用的符号，在这两个过程之间只有一步，这一步是必须迈出去的。如果符号是习得的，而不是创造的，那么对于符号而言，由于无意识的决定性使得这种和谐本身在团体内部得到实现。正是因为有了既能稳固符号性质，也可以固定意义的思维行为存在，这些经常使用的符号或者象征才具有了稳定性。它们以概念的形式存在，在言语中没有具体的体现，它们所拥有的模式化一般形式成为一种标准，而语言中相应的词语只是一定程度上的准确复制物。正因为符号是固定的，那么或者可以部分程式化，也可以是完全程式化。符号的意义正是因为思维的联想，而非心理的直觉而确定下来。比如，词语"cri-cri"（蟋蟀）。虽然这个词语是拟声词，但却不是完全受制约的词语。这是某个概念常见的表现形式。但这个概念完全可以用程式化的词语清晰地表现出来：le chant de grillon。最后，或许，可以与这些程式化的象征符号一起确立某些规则，确立与语言习惯有关的固定思考习惯。在一切都处于动态，一切都处于自发灵感式幻想控制下的口语中不可能出现类似情形。借助于象征，我们还可以表达一些抽象概念，而且这些概念本身完全不影响情感或者想象力。我们可以创造某些无独立性的元素，用于表达句子中的逻辑关系。因此，当精神因素占据主导地位时，所有语法现象都变为可能。我们再强调一遍，这种语法不可能消除任何可能源于情感生活中的精神行为。相反，语法允许它们的存在，需要与它们具有一致的行为。其他心理动机不可能破坏有利于人类理性、有利于有组织语言的真正主宰者，也就是已经存在、发展、继续发展的语法。这就是精神活动的优势之所在。

理论上我们根据原则发现的两种语言类型，在现实中它们是相互交织在一起的。根据在言语建构中的某种因素——情感或者精神因素，我们得到了在某种程度上接近这两个极端类型中的口语。这样一来，在现实中我们具有完整系列、相似程度不一的过渡类型。它们正是因相似程度而相互区分。但那些已经确定实现了第一种类型的语言形式可能成为一种材料，并且通过研究这种材料去发现并不复杂的前语法方面现象机制。这些表现各异的语言形式正是由于情感因素的存在而获得了优先性，可以用一个共同的名称**情感语言**将它们联系在一起。**情感语言**与**精神语言**，或者，与我们更喜欢的名称，真正意义上的**有组织语言**相对立。

因此，正是这种情感语言成为理论语言学的第一个研究对象。我们列举它的某些主要和最熟悉的形式，展示这些形式确实在不同程度上具有前语法现象的所有特征。

准确地说，动物语言是还没有成为语言和觊觎得到这个名称的现象之间的一种过渡性语言，因为这里有思想及为了表达思想而付出的努力。动物的喊叫声具有固定形式，从一种类型变换为另一种类型。这不是象征，与语法中的程式化符号不同，而是本能的、习得的习惯，与这一类动物的所有其他物理和心理特点一样。它们表达某种简单的情感、一般性的情感。一些动物有两到三种叫声，与两到三种心理目的有关，比如愤怒、恐惧、爱意等。这些喊叫声就是一种功能，不需要任何一种精神上的付出。发出"咕哒"声的母鸡所思考的东西不比一个正在用躯体摩擦翅膀上的翅脉，在草丛中发出"唧唧"声的蚱蜢更多。

相反，一些更具有理智的动物，包括那些声带功能很发达的动物，如家狗，它们毫无疑问受到了人的影响，会模仿人的音调。狗发出的三种主要语音形式（呜呜声、汪汪声、呻吟声）具有各种不同特点，这些通过组合，与表意动作一起表达各种各样的情感生活。这几乎是情感语言的完美形式，因为这种情感受到理智的控制，追求交际性。我们丝毫不怀疑，这种条件常常是无法实现的。当一只狗为了在一个无人之地落难的主人去求助时，它可以成功地得到帮助，这与我们所说的思想和希望被理解相类似。只是狗需要费劲地表达它想要的东西，需要利用直觉去猜测，而这不是永远都能做到的。与任何一种真正的情感语言一样，这是一种完全失去组织性和清晰性的语言。显而易见，狗焦急不安，但它只能借助于表现力强的手势去表达令它着急和不安的现象。比如，它转向要去的方向。

毫无疑问，在人类语言的各种形式中，情感语言最成功的例子就是**简单的儿童语言**。一个儿童富有表现力的哇哇哭声、喊叫声、哭声都是语言。显然，与泪水一样，喊叫声常常是不由自主地，因为疼痛而发出的声音。襁褓中婴儿的哇哇哭声与任何思想都无关。但喊叫声则是由愤怒和急于表达出的愤怒而引起的。至于哭声，那么众所周知，婴儿将哭声作为一种清晰的情感语言来使用，他们懂得哭声的含义。一个非常安静的小孩看到身边的人之后，开始大哭。他以这样的方式求助身边的人关注他。相反，当孩子的情绪很好时，他就会变得很激动，有一种要将自己感受的东西表达出来的需求。他为此小声嘟囔着，使用突然的喊叫、手势。他的整个心理生活都表现在能够准确反映他内心感情的行为中。这是自然流露出的情感生活，同时这又是大致的思想。随着智商的发展，他的思想表达越来越准确。儿童对于他周围的人及与他说话的人具有了清晰的概念，表达思想的需求就会越来越强烈。这在儿童的目光中、表达手势中、抑扬顿挫的声音中都看得出来。他与和他玩耍的人开始了真正的谈话。我们可以像对待刚刚提到的狗叫声一样，去看待他使用的语言。虽然我们非常明白儿童的情绪状态，但我们必须去猜测萦绕在他的小脑海中的想法。

如果儿童从最开始没有受到所听到言语的影响，也就是异己的和人为的元素迅速进入他们的语言中，那么这种小孩子的语言可能是纯粹的情感语言。儿童在自己的哇哇哭声中常常本能地模仿，复制听到的音节。晚些时候，他还滑稽可笑地去模仿他在周围人那里听到的语调、有节奏的句子。很快，他开始使用我们的词语说话，而且赋予了词语与我们所用的意义相似的意义。但是这并不意味着，他已经进入了有组织语言的范围。相反，在这个阶段可以更好地研究情感语言，也就是前语法语言，观察我们的语言在儿童大脑是什么样的，还可以研究他们在第一次模仿我们使用的语言时，具备了语言的哪些特点。

这就是情感语言的特点。

儿童学会了词汇中的某个词语，远早于他们掌握我们使用的句法。他们掌握了我们所用的词语，但却用自己的方式在构建句子。当然，我们不是指儿童借用了整个句子并将其视为一个词语，而不划分为部分的情形。比如，s'il te plaît。这种构建句子的方法是天性所致，直接与心理动机有关。某些思想是一个接一个地表现出来的。至于提到词汇本身，其中有前语法语言符号固有的很多特点。儿童喜欢表现力强的词语，如他喜欢感叹词、象声词、叠词。对于他而言，patatras 是真正的谓语，而 wawa 是名词。在我们看来，我们语言中的很多元素、手势或者喊叫声似乎只是辅助言语手段，我们使用这些手段时不需要思考，但对于他们而言则因为耸肩、手势、感叹这些手段本身固有的表现力而具有特别意义。对于儿童而言，这只是比我们通用的表现形式更容易、更清楚、更有益的词语，而通用表现形式对于儿童来说不能完全理解，他们很难记住这些形式。儿童经常使用感叹词"hou!""hou!"，这是我们通常呼唤某人，每一次当我们想吸引注意力或者为了展示某种东西或者说点什么去呼唤谁时而使用的感叹词。

而且，这类儿童语言常常需要借助于瞬间迸发的灵感、手势和面部表情创造的自然符号来增强表现力。一个小女孩想自己喝牛奶：她用手势推开递给她小碟的那只手；一个小男孩想拿到他无法拿到的东西，他用手指使劲指着东西，用声带发出颤音，伴随着喉音，清晰地表明儿童的紧张和他的愿望。我们可以将小男孩看到呼啸而过的火车时发出的"pfft!"（呜）加入其中，他想表达的思想强烈而复杂，以至于他很难找到合适的话语。这时主观灵感开始发挥作用。

这只是几个一下子就可以领会的例子，这样的例子还可以列举很多。我们对这些例子进行分类研究，指出这种语言的基本特点与儿童后期掌握的语言基本特点之间的不同。这就是针对情感语言理论语言学需要解决的任务之一。

我们继续研究，发现儿童语言句法的起源，这就意味着已经涉及语法领域。所以，我们还想知道，在文明程度不高的民族语言中是否存在这样的语言形式，而且可以将这些形式放到语言学部分进行研究。在所有这些语言中已经有某种非常简单的句法了。当然，这并不意味着这些语言的情感特点弱于我们的语言，而与更有组织性的语言形式进行比较，这些语言并没能提供有趣的和有益的东西。

手势语言还包括一些有助于研究情感语言的重要元素。在很多情形下，手势语言是一种即兴的形式。相比我们的词语而言，手势语言似乎更能受到说话人的直接影响，说话人由于着急或者在主导概念的影响下可以想出很多符号，利用这些符号或者改变符号。但是当这种语言形式成为盲人可能表达思想的唯一手段时，很容易受到某种语法组织的影响并且成为两种极端情形之间的某种过渡类型。准确地说，可以将这种语言形式比作我们之前讲过的语言。我们发现，冯特在研究手势语言的主要形式时，得出了这样的结论：这种语言的句法就是句子逻辑成分的直接顺序（主体、定语、客体、动词），符合心理学[1]的要求。冯特指出，几乎所有手势语言都很容易被不同集体[2]接受。如果确实是这样，我们认为，至少可以根据这些特点确定列举的语言形式属于情感类型。

当手势语言与口语一起使用时，就具有了情感性。手势语言不需要理解句法和意义，因为这属于口语范围。手势语言表达行为和不断出现的情感生活，这种语言中的纯粹本能的元素、无意识的手势或者不由自主地表达着什么，或

---

[1]　Wundt W.Völkerpsychologie, die Sprache, I, S.204.

[2]　ibid., I, S.146.

者像平常的嘀嗒声一样，完全失去意义。手势语言还包括一些程式化元素、通用的和象征性的手势。我们已经列举了这样的例子。但在这两种范畴的手势之间还有很多富有表现力和自然的手势，是真正的前语法语言。整个现象具有一系列典型特征。确实，这还不是完整的语言。

情感语言的理论语言学的另一个研究对象是**表达强烈情感**。这些强烈情感属于掌握有组织语言的主体，可以阻止语言规则的一般功能，完全自然地将这些语言规则还原到自然语言中。在语法上，有组织语言一般性地确认情感语言与还没有完全掌握语法的儿童语言或者没有达到很高文明程度的民族语言之间的相似性，是一件有意义的事情。因为需要准确了解有组织语言，所以我们还无法全面研究我们在言语中表达的情感。但是我们可以发现这种现象的最鲜明特点，展示情感动机并积极渗透到言语背后，探究其发生了什么。

那么，我们看到了什么？句法简化。感叹句既没有从属成分，也没有述谓成分。我们感叹，用简单的限定句型表达自己的兴奋或者愤怒："Quel admirable spectacle!" "Le vilain personnage!" 等。句子可能只有一个词："Misère!" "Bravo!" 等。如果需要表达复杂的思想，我们将使用没有任何句法的系列词语取代有组织的句子："Moi, mentir! L'impertinent! Menteur Lui-même!" 等。

我们使用的词语特点也很重要。它们是自发地，不仅仅在语调的强度方面接近自然界的喊叫声，而且经常在发音特点上也与其接近。典型的感叹词语 "ah!" "oh!" "fi!" "aïe!" 等，当然都具有规约性，因为这些词语在词典中有固定形式，与自然喊叫声很接近。而且语言中其他现象也具有了规约性，它们之所以是这样的，这都是由于在使用这些词语时的情感因素决定性影响所致。或许，我们的大部分象征性手势也可能有类似特点。情感因素，包括活跃的表象，依旧对它们有影响。由此我们得出结论，这些手势很少是完全规约式的，它们的某个意义在多数情形下很容易被猜中。我们耸肩，就好像卸载重物一般；我们持否定态度地摇头，似乎想逃避什么。如果我们用手指头进行恐吓，这意味着在某种程度上想起学校老师手中的戒尺。

情感越强烈，这些特点就越鲜明地表现出来，语法和规则愈加显得不重要，语言越具有个性。因此，完全可以说，如果在表达我们本身都觉得无所谓的一般思想、观点时，我们几乎是在用同一种语言在说话，那么正是这种发出感叹和表达自己最强烈情感的方法揭示了人的独特性。

在所有这些语言形式中，情感因素的决定性影响是通过我们想强调的最后一个特点表现出来的。问题在于我们使用的符号，在某种程度上属于自然符号，因为本身具有表现力；在某种程度上属于程式化符号，因为已经具有相当固定的形式。这样的符号具有失去本身所蕴含的语法现象的倾向。由于情感比思想更能表达符号的内容，符号从属于情感，成为情感的反射式表现形式之后，立刻被纯本能性的行为同化。比如，喊声"aïe!"。这是通过形式被记录下来的词语，因此是程式化的。这个词语表达一种思想：我痛苦。但它完全可以成为某种既不是高强度，也不是低强度痛苦的一般表现形式。这个词语的发音没有理智和意志力的参与，作为情感的简单表现形式，与周围自然界的喊叫声没有什么不同。当然，这个词语在起源上不同于喊叫声，因为喊叫声源于自然界，而词语是习得。但既然我们认可这样的区别，那么应当承认，同一个心理过程既可以引发程式化的喊叫声，也可以引发自然的喊叫声。

因此，我们发现，情感语言从属于情感，而非理智，其拥有回归到最低级的心理生活形式的趋势。语言是一种本能。而且，正如我们在开始时谈到的，这完全是自然的、纯情感的或者前语法语言，是难以捕捉的东西。这是心理活动中一种独特而不稳定的过渡形式。如果这种形式与语法组织无关，那么它就不可避免地降低到纯心理生理机制的水平上。

我们在这里不打算确定完整的研究情感语言科学纲要，我们只列举了其中的某些部分，研究语言的这些形式完全自然地与研究产生这些形式的本能行为

（Ausdrucksbewegungen），研究生理反应和自发行为伴随的主要心理生活现象联系在一起。

这种科学是个体心理学的组成部分。它应当进行有意识的简化，从某些具有程式化的符号中抽象出来，忽略只有集体心理学可以研究的起源、词源学和进化问题，研究已经取得的成果。我们在这里划分出某个独立领域，暂时不去解决这个领域的问题，而只提出问题。在这样的前提下，我们研究这些现象。儿童语言、手势语言、强烈情感语言中的这些事实将有利于我们认识独立个体的心理生理生活。无论在追求做出结论的整体意义上的归纳法中，还是在尽可能解释这些事实的演绎法中，这些事实都是存在的。没有一种科学不希望对自然进行全面而合理的解释。因此，可以认为，在这种现象中存在某种来自之前科学的现象或者甚至本身没有得到任何认知的现象。

在不改变方法的前提下，心理学家可以研究关于情感语言的科学，可以研究它的所有问题，而且在这些问题上他们已经取得了成就。我们只想从实践性角度加以证明。请阅读一下冯特专门描写手势语言、儿童语言的文章，一句话，研究富有表现力内容[①]的章节。你们会发现，除了少数例外情形，这些章节写得都很出色，在很多地方都满足了那些想在导师指导下了解这一类事实的人们的需求。我们在研究这部著作的其他章节内容时，根本没有提到我们发现的现象。在谈到语法问题、有组织语言时，我们总感觉这些问题没有完全提出来，也没有完全解决。

我们试图在前几章中论证这一印象。按照我们的观点，只能说可以着手研究，从而取得更大的成就。现在，我们开始研究理论语言学的另一部分，也就是与集体心理学相关的部分。

---

① 第一章、第二章、第三章（§1 第一部分和第二部分、第三部分）、第七章（论述情感句子的第二部分、第三部分和 §6 中第四部分；论述儿童语言和没有达到很高文明程度的民族语言之间的相似性）。

第八章
集体心理学及其方法

尽管有组织语言科学的研究对象是复杂的，而且存在语法元素及语法外元素，但它却完全属于集体心理学。与一切关系到有机体生活中的现象一样，尽管某些现象与力学、物理学、化学有关，但还是属于生物学范围。同样，在有组织语言中，一切都是科学的研究对象，其中包括语法问题。

但是可以说，生活正逐渐了解这些物理和化学现象。生活并没有消除这些现象，而是以某种方式迫使这些现象适应自己。这里也是如此，所有具有某个名称的现象都属于有组织语言，从属于这种人类活动形式的最高目标：在适应于思想的基础上创造和完善语法工具。只有一切现象和它的组成部分在一定程度上达到这种目标时，才能被理智接受。

纯粹的前语法元素不会有变化。如果主体机体的物理特点和心理特点发生了变化，那么前语法元素可能发生变化，但并不是真正意义的变化。相反，语法在精神性原因的影响下，通过自身行为，尽可能全面地使自己的表达方法适应思想的需要，解释语言生活和语言的发展。语法外元素完全在语言内部，其中精神因素占据主导地位，而且与语法及可能的变化保持着某种联系。了解这些关系非常重要，而且这个问题及有关材料都属于集体心理学。

既然我们已经接触到集体心理学领域，那么在全面研究这门科学之前，我们尽量展示它的研究领域和方法。正如我们试图在其他一系列科学中确定理论语言学的地位，包括情感语言研究的地位一样，需要在它所属的更普通理论中展示有组织理论科学占据什么样的地位。

冯特首先以三个词语"语言、神话和习俗"（le langage，le mythe et la coutume）作为自己研究成果《语言心理学》的副标题。如果我们从最广义的角度接受每一个术语，那么全面列举这门科学的研究对象已经足够了。

我们已经看到，哪个语言概念最流行。神话比神话学要流行。这是我们在周围人影响下习得的信仰元素，这是在某个环境中存在的一种对生活和世界的态度（世界观和生活观）。一方面，神话与在创造的事实中成为这些普通思想的引导者，有时还是捍卫者的语言有关。另一方面，神话又属于可以将信仰表现为一些宗教仪式、习惯的习俗。理所当然，习俗应当从非常广义的层面去理解。有道德层面的习俗、有美学层面的习俗、有宗教或者只是实用层面的习俗。我们不仅应将"质朴而诚实的遵守礼节"归到习俗中，而且还应将宗教仪式、通用的道德规则、人格准则、社会规则、教育原则、品味和时髦规则、文学体裁等也都列入其中。因为所有列举的现象都是因集体的自发行为而产生的，而且个体不仅是在体验这些现象，更是在确定这些现象。我们认为，这里正是集体心理学与人文科学的分界线。

这不是法学，能够告诉我们每一个领域包含的现象，这是一门"感知物"的科学，能解释我们观察和认识的现象中一切与研究对象定义有关的现象。

针对集体心理学的方法，我们还需要做一点说明：集体心理学本质上是演绎性质的科学。我们解释一下。

诸多主体只是集体心理学现象的主体，而且其中的每一个主体都是在独立创造个体心理学现象。当从一方面向另一方面过渡时，只有外部环境不断改变。处于新环境下的同一些主体发挥作用的方式也有所不同。共同生活的需求、希望理解和被理解的愿望迫使人在精神上付出努力，而这种努力是语法产生的原因。只要对语言来说是公正的现象，对于集体心理学其他所有表现形式同样也一定是公正的。在这方面自然界不会再带来任何新东西。如果我们非常了解每一个个体，那么也就熟知自然界的贡献。因为这是每一个人的敏感性、他的理智、他对美学和精神的认识在一系列特殊环境的影响下创造的新性质的现象。

当某种新奇的东西以物质形式、以某种接近于有机体生活的形式出现在自然界中时，这就是一种秘密。这种秘密只有通过自身才能解密，只有通过归纳法，确定了与这个秘密氛围之间的常态关系，才能彻底弄清楚这个秘密。当有意识的生活、情感生活出现在活的有机体中时，就会出现这样的现象，区别在于我们根据与我们的主观经验的类似性已经了解到这种秘密。这是顿悟，而不是解释的结果。

如果我们第一次发现对于集体心理学来说是典型的新现象，那则另当别论。我们还是回到我们熟悉的语言领域例子上：对于说话主体而言，自然符号在客观上是与确定的概念相对应的，换言之，即形成了象征。正如我们所说的，这是语言领域中任何集体创作的语法原则。我们已经解释过这种现象是如何发生的。如果我们的分析是正确的，如果我们利用的概念确实具有科学性，也就是说符合真理，那么对于我们而言，这种现象没有任何神秘感可言，至少没有比个体心理学中的任何一种现象更神秘。在这个问题上没有任何我们不了解的新东西。因此，我们不需要发现新原则并且借助于归纳法在其他科学中突出这个原则。这个原则是由我们熟悉的元素构成，我们掌握一切必要材料，我们可以通过合理推断，从这些材料中得出应当出现的结论或者可能出现的结论。

我了解语法原则，可以在我愿意的前提下，根据该原则构建相对完善的体系，并且在了解人的心理生理机制如何发挥作用的前提下，我可以足够理解说话主体是如何利用这部语法的。

这是否意味着，集体心理学是纯粹先验性的科学，不需要观察事实？当然不是，与在任何一门演绎科学中一样，这里也必须经常对事实进行监控。如果事实与理论原则不相符合，意味着这种科学在某些方面是残缺的。除此之外，可以说，事实可以解决以具体的结果形式而体现出来的问题。科学应当为这些事实找到解释，解释已经出现的现象和应当出现的现象。但在激发科学思维并且控制科学思维时，在这样的正常情形下，事实本身并没有为科学提供任何新原则及任何在集体心理学之前的科学所不熟悉的现象。这种科学除了合理解释这一类现象之外，只能在个体心理学确定的更高规律层次上得以保留。

尽管我们研究的事实性质不同于其他科学中的事实，但仍具有重要意义，我们想再次强调这一点。比如，卢梭的先验性哲学已经过时，已经被属于历史真理且更受青睐的理论已经取而代之。甚至假如我们认为，我们的理智能够使得我们明白自然界提供的如此复杂的概括，并且只在所得结论基础上去考虑某个原则所引发的结果的话，那么我们的努力就是徒劳。因为科学存在的目的就是认识世界，它的主要任务就是一步一步地跟踪现实并做出解释。

因此，集体心理学和其他自然科学之间的区别更具有理论性，而非实践性。与其他自然科学一样，集体心理学以事实为基础，但其中的一切却与研究人类的人所熟悉的原则有关。嵌入集体心理学的其他科学也是如此。在普通的嵌入原则中，这种集体心理学之前的科学与之后的科学之间出现的区别，意味着从自然科学向人文科学的过渡已经实现。

我们感兴趣科学的这种演绎性质对于我们使用的方法来说具有重要的影响。我们可以研究集体心理学，但不需要同时涉及整个领域。在利用归纳法时，我们需要依赖于更广泛的基础。所有涉及规则研究的科学领域都应当受到重视，否则结果是不可信的，因为我们忽略的事实可能意外地推翻已经确立的观点。在利用演绎法时，则是相反情形。我们可以集中在一个问题上，而且前提是提出的问题一定要正确。在表达思想或者信念，或者社会制度方面，集体心理学的研究代表了各种科学。这些科学相互补充，借助于某些相似性相互解释。在很多点上它们是吻合的，甚至相互关联的，但它们之间的关系也并不是密不可分的。每一种科学都是一个独立问题。这些问题拥有共同资料，但也有一些特殊的资料，每一个问题都可以在自然资料的基础上得到解决，与混合性问题的解决无关。

所以，语言科学存在于集体心理学内部，是一门有组织语言的科学，与任何现象都不相关。我们可以继续研究并且声明：我们可以研究更独特的问题。根据一系列条件，从诸多语言学事实中选择固定的一组事实。比如，分节言语的表现形式，我们可以在语言这种形式固有的原则基础上为它找到合理的解释，并且这一切都是在对事实的常态监督之下完成。

因此，我们研究特殊学科，将只论述我们在前一章中界定的口语。这样一来，我们将要阐述的有组织语言的理论语言学研究只适用于有组织语言的分节音形式，我们将这门科学视为集体心理学的独立部分。显然，如果我们能成功地解决主要问题，这将间接地促进语言学其他部分的发展。

第九章

理论语言学第二部分
或者以口语形式体现的有组织语言科学及划分原则

理论语言学各个部分的研究对象是口语，其中主要就是语法问题。我们应在准确了解语法问题资料的基础上，在事实监督之下，利用演绎法解决语法问题。这个问题的本质是什么——分节言语中的语法现象吗？

首先，我们需要熟悉语法**环境**。这是前语法语言，它借助于情感语言的表现形式得以体现。从广义而言，这是人的心理活动，是我们熟悉人的结构和主导人生活的规律。

我们还需要熟悉语法口语形成的**材料**。我们已经说过，语法口语是前语法语言特殊的变体。在特殊情形下，这种变体属于分节音元素，而且我们非常了解这些元素的普遍特征。我们还了解主宰语言创造物的主体。它是一个集体，是包括无数个个体的某种现象。每一个主体不仅借助创造性活动，而且通过接受、改变、适应他人的能力在为共同事业做贡献。这样，一系列来源于不同主体并且相互借鉴的推动性因素成为创造有组织语言的动力。

我们还可以指出语法的终极目标，也是任何一种语言的**目标**——表达思想。我们需要从含义角度去理解"目标"，即人追求传达有意识的生活，理解与他类似的人们感受、思考和希望的东西。

这个主体利用什么**工具**、什么样的心理活动形式能够达到这个目标？我们已经说过：这就是理智。当个体因素成为主要因素时，语法就形成了并且一直存在。情感语言已经拥有某些常规性表达概念的手段，但为了具有与理智不同行为相对应的常规形式，我们还需要再进一步做出论断，表达逻辑关系。逻辑学是已经形成和发展的语法最高原则。

但是，"逻辑学"这个词语具有双重意义。通常，我们认为术语"逻辑学"是标准的理论科学，这并不是没有依据的。逻辑学追求以最完善和抽象的形式记录产生于思维过程中的主要关系，它是精密科学，是数学的孪生姐妹，秉承了常见的自然科学和语言科学之间的相似性。我们可以说，语法中的逻辑学和哲学中的逻辑学之间的关系，与我们在周围发现的形式和运动及几何学、数学中的形式及运动之间的关系是相似的。语法是实践性和实用性的逻辑学。正如某些人所认为的那样，语法包含了逻辑学，逻辑学存在于语法中，语法不能违反逻辑学规律。如果研究语法细节和它的随机表现形式，则可能有例外的情形存在。但如果从整体来考虑，从它的常规性角度考虑，我们有权利接受这个作为原则的结论。

语法是逐渐发展的。理智总是从现有的表达手段中去试探性地选择最佳的、最符合其目标的方式。在理智的影响下，语法逐渐得到完善。当语言找到了实际上适合于它的手段，并且为了达到逻辑上的严谨而去适应理智时，语言为什么还需要理论？但是，既然语言总是追求更适合表达思想的方式，那些没有被认识，但我们已经感受到的逻辑抽象规律便成为语言发展和进步的重要因素。

这就是这个问题的相关内容。我们只有仔细研究经验主义的语言科学所确认的事实，才可能合理地、合乎逻辑地从中发现事实，指出必须研究这些事实的起源，也就是首先展示在发展过程中语法的源头：它的第一步是什么，这种语法如何在促使语法产生的相关因素影响下、所处的前语法环境下发展、丰富和完善。

这种方法是必要的，而且我们认为需要这种方法。但在尝试解决如此复杂问题之前，我们最好研究一下，是否应当将它分解为几个更简单的问题。这也是好方法。与其立刻解决所有的难题，还不如研究一下，其中是否有不需要别人帮助，就可以解决的难题，从而为正确提出问题和解决另一部分一般性问题提供必要的因素。换言之，这里我们需要尝试一下使用嵌入原则。由于研究的现象非常复杂，我们认为需要提前对它进行分析。

通过观察事实，可以在这一点上引导和监督我们的行为。我们回忆一下前面提到的经验性的分节音言语定义，其中蕴含着两个相互关联问题的双重切分原则。

第一个原则是区分合理的研究**语言状态和语言演化**。第二个原则是分别研究语言的**规约成分**、意义及体现在这些规则中的**思想形式**。

这两个方面将有组织语言科学与还不熟悉相关区分原则的情感语言科学进行了划分。既然有组织语言科学忽略了它所研究符号中的程式化现象，将符号本身等同于意义，因此也就无法促进语法发展。

但是，我们应当阐明自己的立场，证实这两个部分的存在。

首先，我们认为，需要区分有组织语言的状态理论科学和演化理论科学。

构成语法的习惯综合体正是有组织语言的特点。多数习惯是集体性的，但有时它们的某个个体也非常典型，存在于说话主体的大脑和机体中。如果我们以心理生理平行性为基础，那么必须承认，这些习得的习惯是以某种方式被记录下来的。所以，可以认为每一个有机体，比如我的有机体就是这样，每一刻都蕴含着某种固定的语法状态。我们还认为，集体语法只是多数个体语法共同的特点组合，借助这些有机体抽象地存在，但与此同时也是实际存在的，就犹如独立存在的马类或者犬类一样。

因此，我们有权利将语法现象视为科学对象进行研究。从理性角度来说，语言状态就是我们在任何一种有组织语言中强调的两种因素的合成形式。这两种因素是：（一）语法状态，也就是习得的习惯；（二）语法外元素，也就是由主体的心理物理结构引起的自发性因素。既然我们已经研究了语法外元素，而且能够全面了解语言状态，那么我们只需要合理地解释其中所包括的语法状态就可以了。

如何解释这种语法状态？毫无疑问，它反映了有机体的心理和生理习惯，而且这种习惯能够在有机体中得以实现。显然，在语言中我将只利用我的发音器官能够发出的语音，而我的句法将与我的思维方法相对应。句法可能是抽象的、纯精神层面的，或者它可以体现出更活跃的想象力。它可能是分析性的或者是综合性的，重视短小精悍、前后相互联系紧密的句子；或者将很多思想结合为一个冗长的综合整体结构。只要是在个体和他们的言语方面正确的现象，在各个民族和他们的集体语法方面也一定是正确的。语言包含了有关民族心理特点的信息，有时还有生理特点的信息。因此，这就是解释原则的本质。但这还不够，因为语法未必是直接、完全源于已经习得语法的个体的固有定向。

语法大部分来自外部。当个体学说话时，是习得语法，不是在创造语法。当同一个人置身于另一种环境，就习得另一些语法习惯。一个出生在中国，汉语讲得很好的人，如果当年来到德国，也可以很出色地学会讲德语。而且，为了在某种程度上掌握几种不同类型的语言，不一定具有独到的才能。这样的一般化事实有力地证明，只指出说话主体的自然习惯和他所讲语言之间的对应性，还不够。

任何语法状态都拥有自己的历史成因。人出生以后，从周围人那里习得强加于他的语言，并根据自己的身体和心理能够承受的程度去掌握语言，成为他所习得语法的积极传播者。但是，经验表明，这种从一个个体向另一个个体传递的语法很快失去了一致性。我们看到，随着时间的流逝，语法是变化的。所以，在我们看来，无论是集体的还是个人的语法现象，都处于时刻变化过程中。

当然，这种变化具有自己的规律。我今天所使用的语言在某种程度上源于我昨天用过，还可能是从周围人那里听到过的语言。这种语言又源于另一种之前流行的语言。这样，从一个时代过渡到另一个时代，一直可以追溯到语言的源头。如果我们认识到这种继承性，了解哪些原因可以影响个体和集体的语言并且改变语言，了解这些原因是如何发挥作用的，就意味着找到了开启全面解释语法状态的密钥，能够回答为什么某个人或者民族在某个时刻使用某种语言的问题。语法中的一切都可以归为历史成因，无论是不变化部分，还是变化部分都是如此。

因此，我们将有组织语言的起源分为两部分。

在第一部分我们单独研究某个时刻的说话主体。如果这是集体，我们可以将它视为代表中立的集休，一个使用普通语法的个体。在这样的情形下，我们将它的语法状态解释为心理生理活动的**潜在方式**。需要展示，在这样的主体条件下，有组织语言的表现形式是符合生理学、心理学和逻辑学规律的。除了所有这些适用于语言状态的个别说明之外，还有一门归纳所有原则，解释在人类语言方面可能存在现象的普通科学。**这就是研究有组织语言状态的理论科学**。这门科学提出的各种解释虽然很必要，但却不完整。

相反，在第二部分我们将个体（或者被视为个体的集体）放到它所处的时代和环境中。一个敏感又活跃的个体只是很多其他因素中发挥作用的一个，我们根据所有决定人类语言未来的规律，从历史角度解释个体语言。在这样的情形下，我们认为，在我们力图弄清楚原因的相关现象中，每一个语言变化的瞬间都是必要的。这样的解释已经足够了，而将所有原则融为一体的科学就是**研究语言演化的理论科学**。

正如我们在前面强调的，第二个原则就是研究有组织语言。这里需要划分

出规则与体现在这个规则中的思想。这是最重要的划分原则。为了理解这个原则，我们必须在概念化方面做出努力。或许，概念化的好处在开始时并不是很凸显。但是，如果我们努力去做到这一点，很多问题就显现出来，很快，我们的智慧就能够接受这个原则。我们将详细阐述这一点。尽管在这个问题上显得有些杂乱无章，但我们试图理顺一下顺序。

我们不认为必须区分生理现象与心理现象，因为平行性的存在无法使我们做到这一点。在语言中我们还没有区分隐性现象和显性现象。我们在前面已经解释了这些术语的意义，批评冯特认为可以这样区分的观点。在分析言语时，无法将所包含的现象，也就是形式、方法与内容、意义截然分开。同一现象的两个方面之间是相互联系的。心理、生理平行仍旧是绝对原则，是我们能够看到的唯一包含两方面的现象。语言学再也不会对没有形式的思想和没有思想的形式感兴趣。如果这样划分，对于语言学而言任何现象都不复存在，语言学研究的对象本身也将被清除。

但如果形式和意义是不可分离的，而且对语言学者而言是一个统一体，这可以与语言中另一个，也就是其本质和作用完全不同的元素相提并论：我们指的是语音、发音元素，一句话，就是体现这种形式的物质。

原则上所有困难都与"形式"这个词语的用法有关。"形式"是偶然，完全出乎意料地获得了两个相反的意义。比如拉丁词语 civibus——这是形式。这意味着什么？是否指结构及与概念部分的联系？这是否指带有格后缀的名词词干？或者是否指这个词干、这个后缀，甚至整个词语的物质性质？从这个意义而言，无论是词干、后缀，还是整个词语都没有形式，它们只有语音。

我们所理解的形式，指在具体语言中对于思想而言是某种自然的现象，就像物体的几何形状对于理解这个物体而言是自然的现象一样。

如果分析这种形式的组成元素，那么这种形式首先是由**说话主体拥有的概念**组成。这些在一定程度上清晰的概念是由与相关象征的表象有关的各种各样概念联系构成，比如词语"马"或者"房子"表示的概念。象征是概念，而概念又是象征。它们在思维中相互依赖，而每一种这样的联系同时又是理智和语法的构成元素。思维和语言之间的对应性正是以相关元素的固有一致性为基础的。

而且，或许这种形式是通过固定符号表现的，可以将这种形式与创造这些符号的偶然的物质特征区分开。

在我们熟悉的奇蹄目动物概念与表达概念"che-val"（马）的两个音节之间没有任何必要的联系、任何的一致性。在实践中，我们的概念世界代替了外部世界。如果不存在相对应的，由具有物质性，但区别很大的词语构成的词汇系统，那么在我们的理智中就不可能存在概念世界。但是，理论上我们可以想象出这种与特殊词汇无关，但同时是语法形式的思想形式。我们假设可能存在另一种词典，其中包括有区别性的词语，但完全不同于已经成为通用的词语。谁也不会妨碍将词语"chcval"想象成另一个发音符号的组合或者甚至完全拒绝这一组合，而代之以代数符号"a"或者"x"，即体现这种思想的某个符号抽象的和一般的替代者。

因此，我们区分词汇的物质、具体、**规约式**方面和抽象的或者代数方面，也就是它的形式。

但语言形式并不是都由词汇构成的，还包括某些逻辑学和心理学的定义，且这些定义与它们在思想中可能起到的各种作用是相对应的。这些定义与句子中的词语结合在一起，使得词语具有了关系意义，从而逻辑思想取代了简单概念。

语法外手段含混地表达了这些定义。概念的顺序、它们之间的关系、情感标志等直接通过词序、重音和语调表现出来，当然，它们只与个体心理学规律有关，不需要某种语法规则的介入。我们因此理解了句子每一部分的逻辑和心理意义。但这里有某种直觉的参与，而这种表达和理解方法完全失去准确性。

这些句法定义借助每一个人所熟悉和理解的通用语法手段和词汇手段清晰地表现出来。

我们需要思考这些**方法**及从我们感兴趣的角度去思考这些方法表达什么。

当然，用**这些方法表达的定义**就是构成思想形式的元素之一。是否论述构成语法范畴的词类（动词、名词、形容词、副词、前置词等）或者论述每一个范畴（时间、态、人称、数、性、用冠词表示的确定形式、前置词、连接词等）的限定形式，这不仅是句子原则，而且还是思想形式的元素。借助它们，表达我们的思维活动并且表现出来。实际上，除了我们的语言逻辑学，我们还不了解其他逻辑学。当我们在论述时，我们只是在运用语言范畴和表达我们思想对象的限定形式。当然，我们是在理智的严密监督下完成语法行为，而我们的理智在使用这种工具的同时，却又完全不受其约束。正是语言及其规则为我们提供了一种形式，使得我们通过这种形式将整个思维活动体现出来。

可以说，这种形式具有相对性，因为与抽象逻辑学一样，形式本身并不是必要的。我们发现，在发展过程中，随着一种语言向另一种语言过渡，在同一种语言的内部，语法范畴和限定形式都会发生变化。一个中国人和德国人发音不同，句法限定形式也不同。由此我们可以得出结论，这是针对思想而随意设置的人为限制，它们的意义是由规则确定的。

如果这是一个很有力的证据，那么我们就可以将其运用到词汇及我们定义的词汇形式中。无论是在形式上还是在语音方面，德语词汇和汉语词汇都不重合。这两种词汇不仅是由另外一些词语构成的，而且还是由另外一些概念创造的。这是否证明，概念的选择与语音选择一样，呈现程式化？而且，显然这些句法系统不是完全自由的，因为在某些部分它们与逻辑的必要范畴（名词、形容词等）是重合的。

我们没有必要知道，一个表面冷静看待事物的人需要什么，而一个想借助自己的语法思考的人又需要什么。正如我们所见，他的词典是思想的组成元素之一。如果思想本身不改变，那么就无法改变形式。同样，如果不直接涉及思想，如何改变思想的物质特性？我们可以有充分的理由将有关这种词汇形式的相关内容归并到句法的精神形式、句法涵盖的所有范畴和限定形式中。对于每一个学会借助语言思考的个体而言，这种语言的句法系统就是个体的思想本身，因此这种句法系统不可能是程式化的，因为规则决定了两种不一定与其他事物有联系的事物可以随意联系。比如，两个音节 "che-val" 和我们用它们表达的概念，这里同时存在两个术语：思想与语法的一致性。

我们还需要了解，如何思考这些用于表达不同限定形式的方法。我们已经讲过，我们没有将这些方法与它们的意义分开。它们也属于思想形式，没有任何程式化的东西。但是，为了鲜明地展示，我们是如何理解这一点的，还是需要适当仔细地研究这些东西。

我们需要研究这些表达方法本身，而且这些表达方法具有不同的性质。如果根据某些基本部分将它们进行分类，这或者是完成某种句法功能的专门词语，或者是复合词、构词规则、一致关系、词序规则，或者是这些方法的各种组合。我们阐述其中的一个规则。比如，最简单的规则之一，复合词构成原则决定语气词 "que" 在拉丁语中的使用。"que" 是后附词的语气词，位于名词 "Senatus populusque romanus" 之后。我们立即发现，这里又可以区分两个方面：首先是这种方法的本质，它的**语法形式**（使用后附语气词），接着是从属于规则（特殊的语音 "que"）的句子组成元素的物质特点。

我们认为，在所有规则中需要区分这两个方面。论述复合词、构词和词形变化的规则并不难，所有这些都是在调整某个词语、某个后缀、某个词尾的使用。至于谈到表达限定形式或者句法关系（比如，希腊语或者拉丁语中的否定词、疑问词等）的词语使用规则，那么显而易见，这里也有物质元素的存在：这个词语的性质成为词语本身的一部分。

我们不是非常清楚，象征在词序规则，也就是在调整某些词语的顺序、考虑词语的意义，而非物质性的规则中究竟起什么作用。比如，根据规则，法语中做主语的名词位于动词前面，而做直接补语的名词位于动词之后：Paul bat Jean。我们可以从心理学角度确定这些规则，指出这些思想习惯的、人为制定的精神规则。在现有的语言状态下，这些规则对于理解言语是必需条件，因此在语法中获得了规律性。它们没有直接将任何物质层面的限定形式固定下来。Paul 和 Jean 之间的区别是纯概念性的，而我们通常称为词语形式，也就是词语的语音意义，在这里不起任何作用。但是，我们需要指出，在有组织语言的内部这些习惯是与某些语法形式一起产生的（我们很遗憾，我们不得不将词语"形式"用于完全相反的意义。最好说成是某些象征）。在个别情形下，这可能是古法语中主语格的古旧形式，或者是无重音代词的形式。因为 il bat 是有规律性的组成部分，是根据与 Paul bat、l'enfant bat 的相似性做出这样的结论。因此，象征在某一个固定时刻可以是创造词序规则的必要因素，但只有这一点还不够。应当承认，象征对于维持这个规则几乎永远是必要的。我们的词序规则之所以存在，只是因为与其他直接以象征为基础的语法规则之间有联系。毫无疑问 Paul bat Jean 与 Jean est battu par Paul 是相互关联的，这两个句子的区别表明主动和被动之分及对某个前置词 par 的了解。这是以词语的某些物质特征，也就是规则、象征为基础的现象。

针对德语中决定动词位置的如此严谨的词序规则，我们将阐述一些想法。毫无疑问，德语动词之所以存在，是由它的意义，甚至还由它的物质形式决定的。在定义时需要将它不同于言语其他部分的词尾特征的复杂综合体包括在其中。因此，如果我们认为这些规则具有纯精神层面的特点，这只是幻想而已。

这就意味着，与其他语法规律一样，词序规律也需要象征，需要物质支撑点。因此，论述与元素的语音性质有关的一切都具有自然性、规约性。在这里我们强调一下之前讲过的词汇。在这些元素的语音和它们所代表的概念之间没有必然联系及任何一致性。比如，拉丁语的 que 和与此相关的连接词意义之间就是如此。我们完全可以研究表达方法和词语的意义，不需要考虑体现词语的语音。词语 dominus 的单数生格可能是 domino，而它的离格是 domini。无论是在拉丁语借助语法表达的限定形式系统中，还是这种语言用于表达这样的限定形式所采用的方法中，都不可能发生任何根本性的改变。这就意味着，通过抽象途径得到的任何语法方法都可以代数方式表现出来，与某种特殊的音位学限定形式无关。

但在真正的程式化元素概念化和消失之后，某种来自方法中的东西及其结构即使不属于逻辑学范畴，那么无论如何也一定与语言心理学有关。这是表达思想的重要元素之一。如果思想本身没有同时发生变化，那么这个元素是不能改变的。思想只存在于这个元素中，并通过这个元素体现出来。当我们因冯特提出将它们分离的观点而对他进行批评时，我们已经在尝试阐述这一点。我们重新阐述这个问题，而且为了更清晰地阐述我们的思想，我们利用了熟悉语言中的一个例子。冯特列举的例子就是借助与人称代词或者物主形容词（porter-moi，mon porter）相似的语气词表示动词的人称，但有一个缺点，这个例子已经超出我们的语言习惯范围了。

显然，从严格的逻辑学观点而言，限定的生格无论以何种方式表现出来，都只是一个概念而已。但从心理学角度而言，却不是这样。我们发现，根据我们使用的各种表达方法，这个概念将有所变化：很多简单语言中[1]的词序、复合词（德语中的 kirchturm）、词形变化（karl's Hut）和前置词（le chapeau de Charles）就是这样的主要手段。我们简短地分析一下，从心理学角度而言，每一种手段所表现的形式究竟是什么样。

如果词序能够使名词具有述谓性，比如，chapeau Charles 是为了表达 le chapeau de Charles，这就证明我们的理智将任何静词都归属到实体范畴或者限

---

[1] Wundt W.l.c.II, s.90. 而且，在小孩的语言中，可以每天都观察到这种简单的表达方法。

定范畴，而且这种逻辑划分之所以被我们接受，正是因为心理层面的区别所致。在前后顺序中一个称名概念是主要的，另一个则是从属的。这个 chapeau 使人想到 Charles，而不是其他，并且在心理习惯基础上，按照词序规则的要求，借助从属成分的前置或者后置得到体现。

在复合词中这个限定意义虽然已经不属于名词类，但个别名词仍然保留了这个意义，成为词典中某些综合体的一部分。德语词语 kirchturm、dampfschiff 就是这样的例子，但是它们的构成原则与词序原则很接近，很容易根据与它们的相似性构成复合词语。我们更喜欢列举 chèvrefeuille（直意是"山羊 + 叶子"）、fête-Dieu（直意是"节日 + 上帝"），但是在最后一个词语中，限定成分源于拉丁语的生格（festa deum 来自 dei），这对于从心理学角度分析这些词的现代意义并不重要。

无论是在第一种情形，还是在第二种情形中，生格都没有自身的表达形式。从心理学角度而言，虽然生格具有心理基础，但还没有形成概念，因为我们还没有找到一个符号，可以清楚地理解生格。词形变化则是另外一种情形。在这种情形下，语言借助某种东西，比如后缀，表现这种将名词-主语或者补语改变为名词-定语的过程。同时，在带有格词尾的语言中，这种限定名词不同于形容词和同位语。整个语法机制参与其中：根据使用生格形式而引起的联想，我们想到人或物体。这些人或物体包括所有实体特征，而且通过他们之间的关系将限定的性质传递给另一个实体。

最后，如果生格是用分析方法表示的，那么我们就是在使用清晰的概念。这个概念不仅存在于与名词一起的连接词中，而且还体现在语法范畴（前置词）与逻辑范畴的结合（前置词）中。语法的限定形式通过每个概念的个体符号，在被记录于词典中的其他概念中占有一定的位置。

与阐述表现在语言中的心理思想形式，包括阐述语法表达方式和相关思维行为之间的一致关系的部分一样，我们在这一章论述了有关语法心理学的内容。语法心理学方面的研究成果虽然不多，但却可以让我们认识言语与思维之间的真正关系。

公式"概念 a= 符号 b"确定的象征是词汇主要表达方式。正如我们在之前阐述的，任何一部语法都源于此。这就意味着，与更复杂的句法手段一样，象征也是思想本身的一部分，是思想的必要形式之一。如果理智的主要行为结果是创造程式化和固定符号，那就意味着这个符号对于它而言是完全必要的。符号是理智的自然产物，是这种行为本身的表现形式。除了符号概念，抽象概念（所有概念的抽象程度各异）是以一系列思想所不具有的具体表象为基础，就像用于表达思想的概念本身一样，需要某种概括性和抽象性的现象。只有象征才是这样必要的工具。也正是针对象征而言，印象和回忆可以组合成为持久的联想，创造清晰的表象。

但要注意的是，表达的内容和用于表达这种内容的行为之间再次出现了心理的绝对等同。为了理解表象的内容，理智并不是在随意利用这个例子，而是建立在以事物性质为基础的内部决定论上的。心理行为（也就是我借助它意识到某种概念的存在）和某个行为（也就是借助它了解或者思考，我是在我认为与此相关的行为中去了解这个概念的符号），这两种行为无论对于他人，还是对于我都具有完全一样的性质。在两种情形下，都有感知、表象、比较、抽象、同化，最后是选择、强制性的最终决定。凡是了解概念是如何产生的人，都应当承认，接受某种象征——这完全是类似的现象。而且，象征并不是具体的和易逝性的符号。但是正如我们说过的，这是有关符号的概念。这足以表明，在用于表达的内容和应当被表达的内容之间具有心理的一致性。

我们在详细分析之后指出，无论我们是否分析表达思想的词汇、它的语法手段及其意义或者行为机制，或者它的主要表达方法，也就是利用用于表达思想的象征，**思想和语法之间具有绝对的一致性**。我们已经指出，**在语法中有规则，也就是只有在需要确定**词汇和语法机制所需要的**词语和符号的物质性时**，

才可能有任意的选择行为。

一定会有人反对我们的观点，指责我们，说我们认为或者假装认为语法——永远是与思想准确对应的，而且在言语流中语法和心理机制完全是同时发挥作用。很多事实证明，这种平行性经常遭到破坏，经常出现对抗性，而不是现实的思想行为和在语法习惯影响下我们所赋予它们的表现形式之间的一种和谐性。

假如我们只指出语法语言本身并不存在，就好像陷入前语法语言和情感语言中一样，语法语言总是被包围的，之后我们并没有去揭示语法和思想的真正深层的关系，那么面对这种反对意见，我们很难反驳。这就意味着，思维远比语法要丰富，因此，根本谈不上现实平行性问题。语法无法全面而且不适合于表达心理活动在情感、表征、概念方面所起到的作用，但可以将思想与阴影进行比较，而在阴影中清晰地显现出被半阴影包围的内核、核心。内核是显而易见的思想，在语法中具有准确的表现形式。准确地说，半阴影对应着一种预感，而不是思想，不是某种模糊的联想产生的概念，不是在非常确定的表象中没有找到表现形式的情感行为。情感因素的影响力越强，精神因素的影响就越弱，这一切引发强烈心理生理动机的机会就更多。心理生理动机不仅与语法动机一同表现出来，而且还深入它们的领域，妨碍它们的行为。这就表明，任何语法形式，至少有可能与其中的一种思想形式和一种心理行为是相对应的。而且当我们利用这种语法形式时，能够促使语法形式形成的心理行为也不是每一次都准确无误地重复着。任何一部以抽象形式体现的语法都是与被构建到说话主体心理和逻辑系统中的内容完全一致的。好好说话和好好思考其实就是好好理解，轻松表达，并且轻松地选择用于表达的词语。而且还有一个原则，即使用的语法系统越完善，表述的内容就越清晰，理解起来就越轻松。

语法变化不仅不违反明确思想和句子语法结构之间的平行性，相反，还可以更好地证明这种平行性。语法变化完全是人的一种无意识，但却是实际努力的结果，人会设法使语法完全适应体现在言语中的心理生活行为。如果语法手段变化了，那么不是为了使语法远离思想，相反，是为了使它们之间相互更加适应。

因此，我们认为，存在有组织语言的抽象形式，也就是思想形式本身，还有实现这种抽象形式的固定语音，就好比用某种材料表现的几何形式一样。语言的这两部分对应着两种科学，我们称之为**普通形态学和语音科学**。

我们可以从状态角度，也可以从演化角度研究这种普通形态学。所以，我们可以区分**静态形态学和演化形态学**。同样，在语音科学中也是一样。语言科学划分为两个学科，当与语言状态有关时，就是音位学；当与语音变化有关时，就是语音学。①

这样一来，我们根据双重划分原则得出的结论就是存在四类学科。这四类学科囊括了以分节言语形式体现的有组织语言理论语言学的全部领域。

但我们只列举这四个学科还不够，还需要清晰地揭示它们之间的关系。而且这样的划分将有助于我们构建有组织的系统，并且在这个系统中按照自然形成的先后顺序，解决每一个不同的问题。

为此，我们需要解决两个问题。

每一个划分原则都可以确立有组织语言科学两个部分之间的区别，而每一个部分都是由拥有共同性质的两个学科组成。根据第一个原则，一方面是研究状态（静态形态学和音位学）的学科，另一方面是以演化（演化形态学和语音学）为研究对象的学科。根据第二个原则，相对应的类别一方面创建形式的科学（形态学），另一方面形成语音的科学（音位学和语音学）。这就意味着，我们首先应当了解，嵌入原则是如何在由两部分构成的每一部分科学中得到运用的。是否需要先研究与状态有关的现象，然后再研究与演化有关的现象，或者相反？语音的科学嵌入形式的科学中，还是相反？我们还需要了解，这两个划

---

① 我们在建议用这两个属于区分静态语音的学科和演化学科的同时，遵循索绪尔教授在课堂上使用的术语。

分原则之间的相互从属性。构成有组织语言理论科学的不同学科的先后顺序显然与这些问题的答案有关。

在后面的章节中，我们将研究嵌入问题。我们在这里想再次简单地谈一谈从属关系问题。

状态和演化之分（Ⅰ）属于思想领域。其中一种科学只为我们提供了不完整的解释内容，另一种科学需要完整的解释内容。**形式和语音之分（Ⅱ）**属于本质方面，形式和语音是语言的组成元素。与这种区分相对应的两种科学相互嵌入，意味着首先单独研究其中的一种元素，接着再将两种元素一起研究。因此，首先，我们先是得到一个不完整对象，然后才是一个完整对象。

如果分类原则Ⅰ从属于分类原则Ⅱ，我们就能得到四个学科，顺序如下：

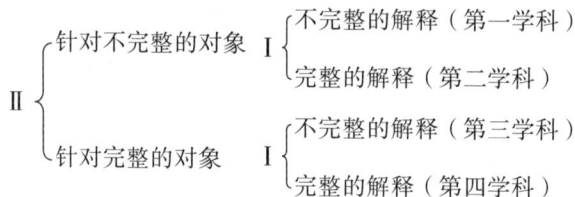

$$
Ⅱ \begin{cases} 针对不完整的对象\ Ⅰ \begin{cases} 不完整的解释（第一学科） \\ 完整的解释（第二学科） \end{cases} \\ 针对完整的对象\ Ⅰ \begin{cases} 不完整的解释（第三学科） \\ 完整的解释（第四学科） \end{cases} \end{cases}
$$

如果是相反的从属关系，我们就能得到相反的画面：

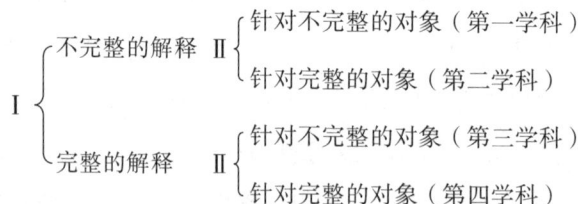

$$
Ⅰ \begin{cases} 不完整的解释\ Ⅱ \begin{cases} 针对不完整的对象（第一学科） \\ 针对完整的对象（第二学科） \end{cases} \\ 完整的解释\ Ⅱ \begin{cases} 针对不完整的对象（第三学科） \\ 针对完整的对象（第四学科） \end{cases} \end{cases}
$$

初看上去，可能觉得两个构成的简图都很完美。但是，事实不是这样。当没有其他途径时，以解释本质为目的的科学应当尽可能地接近研究对象，抽象地进行思考。因此，最好选择第二个简图，能够使我们在具体现实中（第二个学科）研究语言现象，在下一个学科中研究抽象的语言现象也将不再是一件很难的事情。与此同时，按照另一个简图，应当对抽象的、难以察觉的对象进行完整解释的第二个学科则完全可能形成一些难以克服的障碍。

所以，我们认为，形式和语音之分最好依附于状态和演化之分。

我们承认，我们的读者可能认为这种尝试非常抽象，甚至可以说是不全面。目前，我们无法提供其他方案。我们建议他们读完整本书之后，再回到这个问题上来。届时他们就可以用更具体的概念丰富我们不得不使用的概括性术语，从而更好地理解我们的思想。当我们研究嵌入问题，指出理论语言学的结构与纲要时，我们将根据前面确定的顺序，将各个部分相互嵌入其中。如果我们能以这样的方式清晰地将摆在我们面前的任务分解为一系列以自然顺序、一个接着一个排列的问题，这就意味着我们正是以此方式从实践角度证明我们选择的结构原则。

第十章
演化学科嵌入静态学科

我们已经说过，与语言状态有关的学科（音位学和静态形态学）只是部分解释了它们的研究对象。虽然这种解释很有必要，但本身是不全面的。在任何一种语法状态下和在以这种方式创造的语言中，这些学科发现了说话主体 – 个体或是与个体类似的集体心理活动的潜在方法。相反，属于演化的学科（语音学和演化形态学）则提供了全面解释，揭示了有利于在某个个体或者某个集体内部产生某种语言现象的原因，犹如演化过程中某个从属于规律的瞬间一样，一切都是**必需**的。

由此我们可以得出结论，这两种类型学科之间的顺序应当呈序列性，完整解释应当紧随不完整解释之后，这是非常自然的事情。否则，就会产生疑问——既然已经呈现出完整科学，为什么还需要不完整科学？但是，我们需要弄清楚，这不是简单的序列性，而是静态学科的结果，即使这些结果本身并不完美，但对于演化学科也能够得到结果却是必要的。我们需要弄清楚，对于理解正在发生的变化而言，语言状态是必须了解的一种条件。换言之，演化学科嵌入了静态学科中。

首先，我们揭示这一点，正确地进行推理：为了弄清楚演化，首先需要了解，究竟是什么发生了变化。演化就是从一种状态向另一种状态过渡。因此，演化观点不可避免地与某些状态观点有关。如果后者的观点不是很明确，那么前者只能是模糊的。这既关系到语法，也关系到其他任何对象。你们会告诉我，这就是正在变化的语音。我自然会问，语音是什么。不仅如此，我还会问它的物质性质是什么。语音在语法中，也就是在说话主体所习得的所有习惯中存在的条件是什么。同样，如果阐述形态学中已经变化的理论，阐述意义已经变化的词语、已经过时的句法规则（需要注意，我们使用的**形态**是广义的。这是所有与语言抽象形式有关的现象：词汇、词尾和句法都与其有关），如果不从语言元素的定义开始，不深入地研究它们的性质，就无法揭示语言元素在演化过程中发生的变化。这些定义代表了静态学科。

如果我们不了解上述内容，而去观察发生在语言生活中的现象，那么，就只能指出演化的表面现象，几乎是猜测式地预测某种规律而有可能忽略主要现象，看不到现象的本质，即准确的现象定义。如果我们在更换一些零件时，考虑机器运转的状况和工程师要达到的目的，那么，我们就要理解和解释工程师在机器上所进行的改变。任何一个内行人听到我的解释之后，都会说，我不懂这个问题并认为我说得不对。同样，如果没有将演化学科嵌入状态学科中的话，语言学也将面临这样的情形。

如果这种观点正确的话，我们可以很轻松地提出理论依据，揭示这里存在正常嵌入的基本条件。

我们刚说过，演化没有状态是不可思议的，演化表达了状态观。相反，语言状态没有演化是可以被理解的，语言状态只是演化的某个瞬间。这是第一个特征。

确实，我们无法检验以绝对形式表现出的第二个特征。没有一种语言状态是纯粹的、固化的。相反，如果我们研究的是语法的最基本特点，如果所选取的时间段不是很长，那么不难发现，个人或者集体系统的一部分就会呈现出相对稳定的状态，使得我们有可能发现近乎稳定的现象，并可以暂时忽略变化的因素。如果大部分语法学者不去描述类似现象，他们又都在做什么？

最后，这也是第三个特征。相对状态学科的研究对象而言，演化学科的研究对象更接近现实。

我们不说无法做到，那么至少也是很难确定纷繁复杂的语法状态，列举所有规则及形成语法状态的各种概念之间的联系。我们甚至假设可能做到，并且科学确实获得了自己的具体研究对象，但如果我们将时间因素排除在外进行研究，科学也有可能曲解研究对象。存在一个根据各个部分和各个部分之间应有的关系确定出的研究对象，它以抽象概念形式存在，是静止的、不变化的或者就像一台展示型机器一样，被一个正在研究处于运转状态、非现实生活中对象的学者调动起来。

当我们处于时间中，我们便获得了真正现实、真正生活中的研究对象。语法事实不是体现在状态中，而是体现在过程中。我们可以通过主体的心理物理机能去观察语法事实的形成过程，在主体之外，观察主体对理解它的人所产生的影响。正是因为这样的影响，使得每一个个体成为集体语言演化的主体，语法在生成和完善我们在之后将提到的表达方法过程中，自发生成、发展和完善。只有以令人满意的方式为我们解释这种现象的科学，才能完全通过具体现实去研究现象的本质。

第十一章
音位学嵌入静态形态学

现在我们研究一下，分析表达方式的学科是否应嵌入研究语音的科学学科中，或者相反。

为了回答这个问题，我们将分别分析理论语言学的静态部分和演化部分。我们之所以这样区分问题，是因为受到了已经确认的两种学科类型之间区别的启发。我们同时研究两种形态学，就是为了将它们与语音学科进行比较，表明参与比较的两个参与者都具有双面性。在这种情形下，一组相互有联系的学科之间的区别要比它们之间具有的共同点重要。如果我们希望以清晰和便捷的形式将问题呈现出来，没有多余的繁文缛节，那么最好对它们进行区分。虽然我们放缓了前进的步伐，但研究行为因此更可靠。

我们当然是从研究语言状态的学科开始，并将静态形态学置于音位学之上。

当我们提出这两种学科中的哪一种应当嵌入另一种学科中时，我们可以自然而然地回答，形态学应当在音位学之后，因此应嵌入其中，这是我们在叙述描写语法中的材料时保持的传统。在阐述某种语言的语法系统之前，需要了解这种语言中都有哪些语音。我们可以很轻松地受到诱惑，将这种规则延伸到理论语言学中，认为语音是构成语言的物质。因此，我们需要认识这种物质的性质、规律，因为语言结构将受到这种物质的制约。

显然，这种观点包含了真理的本质，接着我们将揭示本质体现在何处。但这样的观点也包含了一种错误：它得出的结论是不准确的，因为不能把语言的语音比作原料，第一类的建筑材料。

相反，我们认为，关于语音的学科应当被嵌入关于形式和表达方法的学科中，语言的形态学（我们从广义上理解这个术语）对于理解表达言语目的的语音性质是不可或缺的。

我们反对一种错误观点，就是将两种完全不同的学科，即作为物理和生理现象的言语和研究有组织语言语音的音位学混淆在一起。从自然科学角度而言，第一类是关于人的普通理论的一部分。这种学科与个体生理心理学、与解释情感表现形式和前语法语言的各个部分有关。这一切都出现在有组织语言之前。相反，音位学的研究对象与语法语言有关。我们认为，应当在研究它的具体音位学之前研究语法现象的抽象形态。

如果在这里使用科学学科嵌入的一般原则，且这些原则运用到其中，那么这个结论一定与前面所列举的状况有关：具体现象的研究嵌入抽象现象的研究中。我们将这个理论称为任何一门从属类学科的第三个特征。不难发现，第一个特征已经在这里清晰地凸显出来。

显然，语言的形式因素，即使用表达方式的一般观点，也完全可以指从作为这个机制的物质基础的固定语音元素中抽象出来的概念。在定义语法形态学的研究对象时，我们已经展示了这一点。我们已经将这门科学与独特的代数进行比较，很快将更加严谨地揭示它们之间的相似度。我们在前面所述的内容足以证明，与形式一样，我们可以在数学中考虑数和运动，不需要顾及自然界中的个别现象。同样，我们也可以从形式上思考语法，不需要考虑体现语法的语音性质。

我们对此保持异议。但反过来是正确的，也就是不考虑语法表达方式，完全可以呈现语法现象的音位方面。

如果我们不考虑句子的意义、语音方面，也就是不考虑它的发音、语调、节奏，那么所有的物质性质是否可以成为研究对象？我们对这个问题的回答是否定的。否则，就是将理论音位学与言语的音响学和生理学混为一谈。句子中没有意义的语音只能是一种噪音，是一种无法理解和无法解释的现象。通过类似于代数公式的抽象方法而得到的形态现象本身是可以理解的，但音位现象只能在语言的最终目标——表达思想方面才能得到阐释。音位现象，也就是我们使用的语音特殊结构之所以存在，就是为了首先让作为思想形式的语法在行为中实现。行为只是因为思想而存在，而不是相反。

最后，音位学是一门有助于我们理解某种表达方法的学科。但是在这种情形下，我们不是在论述象征的抽象组合，而是借助以某种固定方式规范化的行为构成的具体象征。为了使这些象征在语言系统中发挥作用，它们应符合某些条件，而这些条件通过自然的方式直接与被视为语言的抽象现象有关，同时还与说话主体的心理和生理机制有关。

因此，音位学同时以言语学科和关于语言形式的学科，也就是补充到音位学中的静态形态学为基础。静态形态学首先是以个体心理学中的某些逻辑学和心理学概念为基础的，我们将在其他章对个体心理学进行更加谨慎地分析。静态形态学的存在根本不需要音位学。

而且，我们必须强调，我们并没有发现一种学科嵌入的特征。这不是必要的特征，而是第二种特征。从本质上而言，我们无论在哪儿都找不到纯形态现象。在语法中形式和语音是不可分离的。实际上一种现象与另一种现象分离的情形根本不存在，就像在自然界中如果没有体现数字、轮廓、运动的本体，我们就不可能发现它们一样。我们应当事先放弃发现只属于形态方面的这一类现象，或者是绝对放弃，或者在某些特点突出的方面放弃。但我们已经明白，如果缺少这种特征，另两个嵌入特征也足够用。

第十二章
关于有组织语言口语形式的科学纲要·静态部分

　　根据与我们刚刚针对静态学科确定的内容之间的相似性，现在我们应当提出的问题就是，在研究语言变化时，我们是否应当将关于语音的学科嵌入关于形式的学科中，换言之，即将演化语音学嵌入演化形态学中。

　　但是，这个问题非常复杂。它涉及一系列非常重要且有争议的问题。因此，为了全面、清晰地研究这个问题，首先必须很好地了解我们将要阐述的内容。一句话，需要更进一步研究有组织语言的理论语言学的"完整对象"。通过研究静态学科，我们已经对这个对象有所了解，即使不了解使用这个对象的过程，那么至少也是熟悉了它的定义。

　　为了获得这种知识，我们最好确定科学的第一部分纲要。我们试图揭示，所有与合理解释有组织语言，也就是从静态角度已经研究过的与语言相关的问题，如何根据我们已经确定的嵌入顺序，按照从最简单到最复杂的自然级数不断扩大。同时，这个事实还将从实践角度证明这种嵌入原则的正确性，从而为得出有助于我们更好理解科学对象的结论做好铺垫。

当然，这里只涉及纲要。我们并不想深入讨论我们将触及的问题。类似的讨论可能是专门研究的对象。我们只说最必要的东西，目的是揭示这些重要问题是如何提出的，借助于哪些方法可以解决这些问题。在这些章节中和在下面阐述语言变化的理论语言学及其纲要的一章中，我们只需要理解总概要。除此之外，再也不需要做什么。

如果音位学嵌入静态形态学中，如果后者是研究语言状态的学科，而且应当位于相对应的演化学科之前，那么，我们由此可以得出结论，静态形态学是关于有组织语言科学的第一部分，是我们研究前语法语言之后需要研究的部分。这部分是情感语言研究的自然延续。静态形态学作为更高科学中的最低一级，其地位高于理论语言学的基础学科。情感语言研究和静态形态学直接相互关联。

如何体现它们之间的联系，如何实现从一种科学向另一种科学过渡？

为了回答这个问题，我们只需要扼要地重复一下之前我们因其他原因提过的理论。

我们发现，某个集体中的说话人为了达到理解和被理解的目的付出了脑力劳动，完全自然地用**象征**，也就是与其他某些概念有关的符号概念替换了前语法语言的无意识符号。因为只有这些象征的存在，才使得个体之间相互适应。象征的心理学公式为：概念 a= 符号 b。在我们看来，象征是人创造的第一个，也是最简单的语法现象。创造象征自然而轻松地源于与有组织语言问题相关的理论，我们已经在之前的一章（第九章）开头部分列举了这些理论。

但是静态形态学不需要急于弄清楚是哪些心理学过程导致了象征的出现，这是关于象征起源和发展历史的问题，也是关于演化的问题。这里所采用的演绎方法与这些目标并不吻合。这种方法具有抽象、纯理论的性质，并因存在关于前语法语言的学科而具有了符号的概念和定义。静态形态学只是使两者获得了新的理论，即在使用符号时精神因素占据主导地位，而演绎法的结构自然获得了具有某种意义的符号，也就是象征。象征，或者说象征在表达和理解过程中的使用，这就是说话主体的某种功能。静态形态学正是从心理学和逻辑学的角度确定这种功能的一般观点。

象征是这门语言学的基础。我们需要详细地阐述这一点。

我们在前面已经指出，我们所说的象征具有语法的所有特点。象征也具有永久性和相对性，因此，象征可以使得说话人之间相互适应、表达抽象概念，确立永久性规则。如果我们发现语法的所有特点不仅潜藏在象征中，而且永远只存在在象征中，并且通过象征得以实现的话，这个本身很有趣的理论便具有了更大的意义。

这是我们从之前阐述的关于在象征和概念本身之间存在着一致性论点中得出的结论。从定义角度而言，语言、表达思想就是行为，或者准确地说就是一连串行为。为了使得语言与失去清晰和逻辑上连贯思想的概念一致，表达思想的行为要具有意义，也就是要具有固定性。换言之，就是要使得这些行为成为象征或者象征的一部分。

如果可以从符号 a= 概念 b 的公式中发现语法和精神语言，那么，本质上也可以反过来从进行研究的精神语言中发现象征，而且只有象征。象征是潜在的语法：我们利用读者习惯的类比行为，认为象征就是**语法细胞**。

我们试图揭示，"语法细胞"不仅仅是一个形象表述，准确地说它是比内容本身更令人费解的一种表述，而且可以将这种类比运用到一系列重要理论中。

细胞潜含了活有机体的所有特点，同时细胞本身在生命体现的环境中是结构化的物质。同样，针对象征也是如此。象征的最简单形式在前语法语言中（前语法语言是一种只有语法存在的环境）具有句子的功能。当一个儿童用某种语调，伴随着某种手势或者面部表情说出唯一一个词语"papa"时，任何人都可以明白儿童所要表达的思想——当说出这个词语时，外部的环境也有助于理解

::9

这个词语的意义。这种思想可能是 voilà papa 或者 je veux que papa vienne 或者 c'est le portrait de papa、c'est la canne de papa 或者其他某种意思。这就是被我们视为细胞、真正有机体的**象征 – 句子**。

概念只是作为思想的一个元素而存在。语言单位就是句子。句子的组成元素只是作为这个单位的一部分才有意义。但是，象征是句子的最简单形式，通过表达最重要的、心理上具有优势的概念的途径而表现出思想。当然，这是众所周知的情形。但我们认为，由此得出的结论还没有得到阐述。这种情形将现代理论（也就是相对于词语而言，句子是第一位的观点）与之前的理论（也就是词语相互联系，构成句子的观点）融合在一起。确实，除了极个别情况，我们还没有发现，词语是借助于句子划分为具有意义的部分而完成的情形。同时，我们时刻都能观察到，句子是如何吸收了新词语逐步扩大的。词语及由语法确定的意义是分析行为的结果，这是完全正确的。但任何一个句子都是综合行为的产物也是对的。只要是概念、思想，同时又是象征、句子的独立象征存在，我们就很容易融合这两种在我们看来相矛盾的真理。

同样，独立词语"papa"可以表达任何一种思想，在其中，孩子父亲的概念起着主要作用。词语"dodo"适合所有思想，其中主要元素就是梦境。如果我们按照与每一个概念意义对应的方式将这两个象征–句子结合起来，比如，"papa dodo"表示"papa dort"，那么我们使用词语本义组成了第一个句子。现在我们分析一下这个综合体，并且在词语"papa"中发现了物质本质、语句的主体，而根据能否呈现相应的性质或者行为概念，我们使用词语"dodo"表示性质或者谓项。因此，我们创建了原始的语法定义，这些定义只是需要某种物质象征，以便于在语法和思想中固定下来。两个并列词语组成的词因此成为**结构**，也就是**句法**①，这些词语的词源已经证明了这样的结论。这种行为与发生

---

① 薛施蔼使用的词语 syntaxe（句法）不仅指语法的一个部分，而且还指语法现象。

在语言高级发展阶段，也就是当两个从属句借助于综合行为和分析行为变成一个由主句和从句①组成的句子时的情形非常相似。

分析行为创造了词语，而从语法角度而言这个词语成为某个句子的组成部分，但是句子是通过综合行为构成的。构成句子的元素就是象征，它们作为象征–句子形式，作为真正具有生命的有机体而存在。

正如读者猜测到的那样，这一切只是插叙。我们能够深入演化的学科领域，就是为了表明，阐释象征–句子可以弄清楚很多争论不休的问题，而且这种阐释形式是理论语言学中演绎法的最重要环节之一。

现在我们已经清楚，象征–句子这种语法细胞是可以独立存在的。除此之外，我们知道，我们语言中的句子就好比植物或者动物的复杂机体一样，是语法细胞或者象征–句子的组合，至少在复杂的初级阶段，当我们还没有阐述后续内容时，就是这样的一种情形。

正是在这一点上，相似性变得越来越明显。

学者们认为，在越来越复杂的有机体中，细胞发挥着有限作用，同时也在发生着很大变化，与原始的独立细胞之间常常只保留着模糊的和难以捕捉的相似性。在语法中也是如此。我们的语法有机体必须是象征的有机体，也就是概念有机体。这些概念通过已经成为表示这些概念程式化符号的物质元素表达出来。只要我们将任何一个句子分解为有意义的元素，就可以看出，这些元素常常具有相当复杂的特点。只将句子分解为词语——这个过程并没有结

---

① 这就是来自生活中的例子。由两个并列的象征–句子变成了一个新的句子。一个暂时只能说出一些独立词语的1岁9个月的婴儿，听到从街上传来的过往马车的声音，他马上喊出"Coco, coco, coco"（意味着 voici un cheval［这就是小马］），然后认真地倾听，但声音消失后，补充"pati"（也就是 il est parti［它走了］）之后，稍作停顿，用比较小的声音说道"coco"（le cheval［小马］），似乎想以此结束自己的思想。这个词语或者对应着独立句"c'est du cheval que je parle"（我说的是那匹小马），或者对应着句子的主语，其中的谓语刚刚由婴儿说过："il est parti, le chevale."（小马，它走了。）"le cheval（est parti）"（小马离开了）。

束。词语本身就是复杂的有机体，包括我们已经在其他地方列举过的词语变化、构词、复合词语的所有元素。它们在某种程度上相互结合，构成了固定词组（locutions）。根据一致关系原则或者按照词语的"支配关系"和"被支配关系"（通常在语法规则中这样阐述），在不同词语或者词语各个部分之间存在已经确立的微妙联系。除此之外，将词语或者话语分解为有意义的部分之后，我们很快发现同一个元素可能包含了几个意义。比如，一个无法分解为有意义组成部分的结尾也可以表达几个概念的组合。比如，在拉丁语中复数第二格结尾 orum 除了表达"性"的概念外，还对应着格和数的概念。相反，同一个概念可以用诸多分散在词语和句子中各种有时是完全不同性质的元素表达出来。法语中的 nous allons（我们走），复数第一人称是由代词和动词词尾表示出来的。这是一个非常简单的例子，但可以达到非常复杂的程度。在这里还需要研究词语变化的全部情形：并列类型（拉丁语中的五种变格法）、不同表达方式的组合（分析和综合形式）。比如，在法语中的冠词 le、du、au，还有 la、de la、à la，或者法语中的动词 je fais、je faisais、je ferai，还有 j'ai fait 等。最后，还存在一些可能导致情形复杂化的不规则现象。我们的句子还存在某种不同于简单象征的线性组合的现象。而且，从语法角度而言，这些句子是由象征组成，而且只能由象征组成。象征成为句子的一部分，即使不是在深层次发生了变化，也是在表面不断变化着。就像鲜活有机体的细胞一样，适应着自己的功能。

在类似情形下，我们似乎可以这样表述本应该由静态形态学解决的问题：如何借助于发音象征（我们以常见的情形为例）构建与思想和形式的连贯性相对应的某种具有连贯性形式的东西？

为了解决以类似方式阐述的问题，我们首先需要对象征有准确的认识。我们已经论述过该语言元素，但我们还没有论述完一切需要论述的内容。显然，既然象征是有组织语言的细胞，是任何语法结构的原始元素，那么为了理解语法的本质和性质，就需要我们深入了解象征的本质和它的所有特点。如果我们将与语法语言相关的很多问题与它的原始基础——象征联系在一起，那么这些问题看起来就要简单得多。我们发现，心理学者已经试图确定词语概念，在某种程度上进行了类似的研究。在冯特的研究成果中，我们发现了与这个问题有关的有趣内容。其中，他勾勒出了一份联想图式。按照他的观点，正是这些联想组成和确定了词语。[①]但在我们领域的研究成果并不仅仅局限于此。或许，可以针对集体心理学研究成果写出一章有趣的内容，题目就叫《象征意义》。确实，除了语言学象征，还有其他象征，徽章学就是证明。还有程度不同的象征：一部分象征非常接近自然符号，我们已经通过情感语言的例子证明了这一点。相反，另一些象征与包含某些清晰，常常又有复杂思想的概念有关。在日常语言中，词语"象征"表示公平秤、和平橄榄枝等。类似的象征是集体心理学各部分内容的基础。比如，研究信仰和习俗，还有研究不同形式的有组织语言。

认识了发音象征之后，我们可以用演绎的方法构建静态形态学结构。或许，有人反对我们这样做。我们提出这样的问题，意味着从静态学科向演化学科过渡，因为不同的象征组合可能都是一个源于另一个，通过自然顺序，从最简单的现象向越来越复杂的现象过渡。比如，我们已经从由一个象征组成的句子向由两个并列象征组成的简单句过渡。不同的表达方法、不同类型的专门符号及它们形式的变化都是通过源于另一种现象的现象得到解释。因此，静态形态学的构建应当转变为概括性描写演化形态学。但是，这种反对的观点是不正确的。因为如果我们认为静态形态学的演绎方法确立了语言从一种表达方式向另一种表达方式过渡的自然顺序是正确的，那么这门学科也只是研究各种方法之间的逻辑关系。当然，它有助于我们理解，从一种方式向另一种方式过渡是如何发生的，但这并不是这门学科需要完成的主要任务。当我们之前描述从象征-句

---

① 第五章，第二部分（*Psychologie der Wortvorstellugen*）.

子向双部句过渡时，就已经超越了静态形态学的界限，因为我们虽然不热衷于细节，但也发现，借助于某种心理现象，新语法现象才能得以实现。静态形态学应当只是对比两种表达方法，首先确定比较简单的，然后确定较复杂的。静态形态学在描述语法机制的潜力时，还揭示了变化的可能性，即从一种机制可以轻而易举地过渡到另一种与其相近的机制。但以什么方式，按照什么规律，这不是静态形态学需要回答的问题。

我们已经将这门抽象的演绎科学与代数进行过比较。借助于象征，静态形态学构建了相同的思想。这里首先是**逻辑问题**。当然，这里指实践逻辑学，与整个心理生活的形式和条件有关。我们并没有摆脱整个语法所在的前语法环境，将与之前一样，研究自然现象，我们没有权利切断与它们的联系。准确地说，需要将我们的科学比作研究从属于这些抽象规律的天体力学，而不是阐释完全抽象关系的纯数学。促使物质运动的力量产生的效果是数学家需要研究的。在这里也是一样：人类精神借助于符号表达思想的尝试创造了某种现象，成为逻辑学家需要研究的对象。

但是，我们研究的学科之间没有完全的相似性。确实，数学规律就像各种知觉形式一样，出现在自然现象之前，而且后者嵌入前者之中。同时，从与语言关系角度和从自然科学角度研究的逻辑规律又补充到心理生活事实中，或相反，就像嵌入本身环境中一样，嵌入心理生活事实中。

尽管如此，因为我们掌握的事实，我们主观认识了静态形态学需要分析和合理解释的现象，直接了解了什么在心理学中可能存在，在逻辑学中是正确的现象，因此静态形态学具有了经验学科的性质。先验性知识具有的特点与通过数学而证实的性质一样。比如，我们通过几何结构或者代数行为这样的概念，理解了关系代词呈现出的某种表达方式。为了了解这种方法或者分析这种方法，我们不需要某种表面的、经验式的实验。思维和存在的规律本身为我们提供了一切必要的信息。

确实，当我们这样研究语法的潜力时，就可能遵循自身习惯，将只是在心理上潜在的现象（比如，动词前主语的位置）视为合乎逻辑的和必要的现象，因为我们已经习惯了这种情形，而且这种情形在我们看来是自然的。或者，相反，我们认为完全可以论证某种与我们的经验相悖的现象。比如在语言的语法中缺少动词和谓语范畴，是不合乎逻辑的，在心理上是无法实现的。

为了避免出现类似的难题，语言学者应当利用两种互补的手段。第一，他应当严格从科学角度进行思考，以最抽象的论据为基础研究本质，从而摆脱各种无意识认识的偏见。第二，应当赞同某些语言学者的观点。从句法结构而言，他们研究的语言完全不同于我们的语言，所对应的心理类型与我们所习惯的心理类型相差甚远。但从严格心理学角度研究儿童言语和文盲的言语、研究语法错误和句法错误，甚至可能对于我们理解形态学都具有非同寻常的意义。与其他部分一样，在这部分中的理论语言学一定是经事实检验的，而且做出的推测也是以事实为基础的。但这并不意味着，进行科学演绎的原始基础不够牢固。问题在于，因为受到我们的个人习惯和我们智商的限制，我们无法看到大部分可以源于这些基础的结果。而事实为我们解释了这些结果，纠正了我们的错误。

这样提出静态形态学的主要问题，使得我们能够确定回答一个我们之前已经涉及的问题。在讨论语音学嵌入形态学中时，我们认为，并不是语音决定了抽象的语言形式和表达方法，而是相反。我们已经发现，不应当将声学和言语生理学与音位学或者语音学混为一谈。从科学的一般逻辑顺序而言，前两种科学先于形态学，同时后两种科学在形态学之后。言语生理学对于研究情感语言的科学而言是必要的。确实，我们完全可以认为，在研究分节音言语的形态机体时，最好先了解一下产生这个有机体象征的生理功能。如果是这样，那么我们可以得出一个似乎不太令人满意的结论，这就是在同一时间内，言语语音的构成决定了语法形态，语法形态又决定了言语语音的构成。这个结论很公正。我们只是需要对其进行必要的划分。

一个人在学说话的过程中，并没有改变言语的语音。语音的功能不变，只是受到学习的影响，从属于某些习惯。这就是音位学需要解决的问题。那么，功能保持不变的言语语音应以何种方式决定语法的形态机制呢？可能有两种方式——通过它的形式和通过它的性质。

在这里我们运用了哲学意义上的词语"形式"。言语语音形成的形式在时间上体现为直线，这里只可能有连续性的行为。相比绘画语言而言，使用言语语音的语言完全处于另一种环境中。显然，静态形态学首先是形式主义的科学，其中所使用的物质形式决定了这门科学之后的结构。就像对各种艺术形式是正确的一样，这一点对有组织语言也是正确的。雕塑家在一个三维空间中进行创作；画家虽然只有两个维度，却利用了透视法和颜色；音乐家关注的是在时间上相互替换的和谐组合。三者都从原始环境中发现了艺术本身的基本规律。同样，语法从属于形式本身。

我们只需研究被利用物质的性质，也就是构成象征的言语器官提供的可能性。炭笔画不是用笔画出的，大理石不是用石蜡制成的。画家需要遵循他使用材料的要求。除此之外，材料必须是能够利用的，就如同伟大的作曲家用特别粗糙的乐器几乎不可能创作出优秀作品，雕塑家用一块刻刀无法修饰的糙石不可能创作出辉煌的杰作。手势和作为语言工具的发音体现在形式上也是不同的。做手势可以同时发出几种符号，将其在空间进行组合，一个人将头放在左手掌上，闭上眼睛，以此表明要睡觉。同时用手指地，表示死亡的概念。分节音言语不可能使用这种类型的复杂符号。在分节音言语中符号永远是孤立的，将所有特征——音色、声调、强度和长度集中在一个统一的行为中。可能正是这种在资源上的局限性反而使口语组织结构从语法角度而言比手势语言更加完善。相反，对于语法组织结构而言，发音的潜力很大：这就是语音行为的长度、它们的性质区别及其灵活性。正是因为这些潜力的存在，语音行为才很容易获取决定或者伴随语音行为实现的心理动机的色彩。

　　但是，最后一个性质已经与语言演化有关了。对于静态学科而言，只要认识到性质各异，并且以某种速度相互替换的语音象征能够满足人类思想所提出的要求，这就已经足够了。我们科学利用这些材料，通过事实检验，就可以在发音语言具有的形式中确立它的语法模式。

　　如果提出这部著作将会带来什么样的结果，那就意味着我们需要深入研究静态形态学的对象。同时，我们的目的就是在其他语言学科中确定它的内容和它的地位。

　　我们仅提醒一下，在认识语言学现象时，静态形态学利用的合理解释的基础正是语言与说话主体心理目标的一致性。人可以创造或者只能使用与其长期的心理活动趋势相一致的语法。理论科学，即关于可能现象的科学，可以不断研究本身已经处于某种嵌入关系的各种对象。首先，理论科学只是关注人类语言的一般特点，指出全人类语言可能具有的特点或者重视人类语言固有的特点。类似的研究对象很不明确。后来，科学逐渐具有了准确性并接近事实，不是研究人，而是研究民族群体，或者准确地说（因为这里不是指类似于民族学的经验主义科学）是研究某些可能的心理类型，并指出与这些心理类型相对应的语法类型。我们需要特别清晰地指出智力发展水平与语法系统完善程度之间的关系。

　　个体语言是最后一个最清晰和具体的对象。每一个说话主体都拥有自己的语法。个体从其他人的语法中和他自身为语法带来的独创性中习得一切，构成了他本人的语法。任何人语言结构中的典型特点自然与个体的心理导向是一致的，我们可以进行一些非常有趣的研究。比如智商水平不高的人，他是如何说出极其文雅的语言的，或者研究在意识中与某种已经适合于另一种类型的心理类型相一致的语法变化。或许，我们借助于类似研究，可以比之前更准确地确定某些与语法相关的风格特点和主体心理特点之间的一致性，以此为文学评论做出贡献。我们还可以描写另一些领域，比如语法中的异常现象。显而易见，如果个体因某些心理紊乱而引起了变化，我们可以在他的语法中发现蛛丝马迹。

只有当各个阶段的静态形态学在语法现象体现的前语法环境中确立了地位之后，才能解释语法现象。正是因为有前语法环境，语法现象才得以存在。一般的人类语言、某个民族的语言或者个体语言因此作为语法表达手段的使用呈现出来，而且这些语法表达手段适应了说话主体的目标并且成为主体的富有表现力手段的补充。某具体时刻的具体人的语言被解释为心理动机、精神行为和意志力行为的合力，可以通过自然的目标和习得的语言目标同时体现出来。

如形态学与形式之间的关系一样，音位学与语言形式的物质规约性元素之间的关系也是如此。

语音为了有效服务于有组织语言的目标，应当遵循某些条件。我们借助于语音表达出来的语法机制和心理主体的本质确定这些条件，心理主体的功能之一是语言。

主要的，也可能是唯一的条件就是可以根据发音和其他特征轻而易举地识别语音。所以，不仅需要拥有某些语音，而且还要拥有之前已经熟悉和相互区分清楚的语音。这个条件与从物质方面研究的象征思想本身有关。确实，与静态形态学的研究一样，音位学研究也需要以有组织语言的细胞——象征为研究起点。

我们需要理解语言的象征并且与其相关概念（因为象征是对应着某个符号的概念）进行比较。在这个精神行为之外，任何理解约定俗成符号的方式，甚至有组织语言都是不可能的。因此，不是象征内部固有的性质重要，而是这个性质与其他象征之间的关系重要。性质也很重要，能够同时将象征与非象征的现象区分，将其视为一切在语法上等同于它的现象。象征的物质特征应当容许这两种行为的存在。所以，象征应被分解为具有明显固定特征的音位单位。为了明确确定这些特征，需要以与象征一样的概念类型，而非具体的、暂时的行为表现出来。如果在一种情境下有过多这样的概念，而且对于每一个词语而言都是新的，那么这种情境就无法实现。这时，从音位学角度而言，我们的词语就类似于某种书写出的汉字。每一个词语都独立存在、互不相像。相反，词语需要由有限数量的共同元素构成，不仅词语的性质不同，而且这些元素的组合也不同。

任何一种语言都有**音位系统**，也就是与语音相对应的概念综合体或者语音表象的综合体。音位系统是语言的语法部分，与习惯的心理定向相对应。

音位系统的存在就是一种特殊的语法表达方式，但这种方式在很多方面与所有其他方法相类似。最后，音位系统成为语言中任意思想的载体，正是因为系统的存在，象征才存在，才拥有了自身的性质。系统还构成了我们所指的"形式"，因为可以以代数的形式呈现音位系统，可以用同样数量，保持个性，而非物质性的抽象象征替换构成系统的30个、50个或者100个元素。

这样，形态学和音位学之间就出现了问题。音位学的主要任务是为音位学系统的存在提出依据，而这意味着需要研究形态学的问题，因为音位系统只是利用言语语音的语法表达方式，是被视为心理定向综合体的语言形式元素之一。

我们认识了这种方法，就可以研究音位学。作为唯理论的科学，音位学将为我们呈现音位系统中的潜在现象。

从我们所了解的人类言语语音中，我们知道这些语音的音色特点与发音、重音也就是强音、声调和数量有关。在四个特征中第一个特征较为重要，因为这一特征提供了各种可能性。因此，语音的特点就是发音，我们可以将其他特征视为补充特征。语音"a"① 可以重读或者略重读，或高或低，或长读或短读。

真正的音位学首先应当告诉我们，语言音位系统中可能有哪些发音。为此，音位学应当以言语和听力生理学材料为基础。为了保持语音的存在，只有正确

---

① 我们将记录括号内的所有音位和语音音标。有关我们所使用的专门符号的解释，请参阅我们在目录前列举的符号表。

的发音还不够。首先还能对听到的语音相互进行区分。显然，这是需要训练的。但是，即使在这个领域，也是有限度的。任何一种人类语言都具有自身的发音系统。对于语言的口语形式而言，这种发音系统的作用，几乎等同于字母对于书面语形式的作用。比如，在法语中有一定数量的元音、唇音和齿音构成的一定数量的辅音等。

我们发现，尽管我们知道如何发出单独的"a"或者"f"，但这并不意味着我们能够全面描写语音的发音。语音在言语中形成序列性，而且可以快速相互替换。元音和辅音的组合形成音节，音节构成词语，而一组词语构成句子。根据发音部位，任何发音都拥有独到的特点。在某种程度上，与相邻发音之间的关系决定了发音的性质。在音节的开始、中间或者结尾，直接位于该发音之前或者该发音之后元素的性质——这一切都对该发音产生了影响。语音"p"在 pas 中"pa"的发音不同于在 hanap 中的"anap"的发音，语音"k"在 qui 中的"ki"的发音不等同于在 comme 中的"kɔm"的发音。而组合 ast 中的"s"在以清辅音为基础的 pasteur 中不等同于在 assez 中的"asę"，也就是两个元音之间的"s"。

这样一来，以生理学为基础，并且考虑到所有发音条件的理论音位学，为我们描写音位系统和它们的用法及其说话主体可能的活动类型提供了所需要的一切。至今为止，音位学研究借用了形态学中的主要原则，在发展过程中完全取决于生理学，但还不清楚，为什么在开始研究音位学之前，必须在静态形态学领域进行深入的研究。但我们还没有指出，它们的生理方面是纯物质性的。当我们面向具体的现实时，我们就会发现，其中的一切还是与语言生活环境有关，因此也与被使用象征的情感意义相关的心理性质基础有关。

比如，根据发音对于理解象征的重要程度，根据伴随着实现发音的注意力程度，发音的清晰度也有所不同。我们再次阐述一下这种对于语音学而言具有重要后果的现象，但这种现象的基础是音位性质的，与活言语中发音元素的某个用法有关。在这一类现象中，我们需要重视那些借自印度语法传统的共同术语**连接音变现象**。这里的连接音变现象是指该词语的最后一个元素在下一个词语的第一个元素影响下形成的发音方法。比如，当说出 une grande table 这些词语时，词语 grande 中的语音"d"与词语 table 中的语音"t"发生同化：yn grãt table，这就是连接音变现象。类似现象的意义远超于我们的想象，它们对语音变化和词语的发展（与词语的结尾语音有关）具有很重要的影响。其中还包括了通常被称为"黏合力"（liaison）的现象。同时，连接音变现象与句子的形态学直接相关。确实，一个词语的第一个语音元素影响到位于这个词语之前的另一个词语最后一个元素，而且这种影响直接关系到词语之间存在的联系。这些词语与它们在表达思想时的意义之间的联系越紧密，这种联系也就越密切。

即使我们在这里没有指出与静态形态学有关的理论思想，但我们也可以发现，构成我们语言中句子的词语在某种程度上都是密切相关、相互融合在一起的。它们融合的程度也不一样：从完全融合，也就是看起来就像一个词语的两个部分（比如，法语的 afin de=á fin de[①]），一直到程度最低的固定组合，也就是经历了不同的过渡阶段之后，组合的凝聚性等同于零。我们谈到的有关词语的内容，对于构成我们言语有意义的元素、符号同样是正确的。正如我们从梵语构词规则中了解到的内容一样，存在一切内在的连接音变现象。因此，我们的发音经常是无意识地受到形态环境的制约。这些已经引起了我们的关注，但看起来似乎是完全不重要的事实，只有当我们在语言变化领域发现这些事实所引发的结果时，它的重要意义才显现出来。放弃研究前者，意味着放弃对后者的解释。

但是，为了全面解释发音在语言中的作用，音位学还需要继续发展，展示

---

① 在这种情形下，前置词 á 与名词 fin 发生融合。

一切可能的语法外元素是如何影响到这些发音的。音位系统本身的定义表明，每一个构成系统的元素，比如法语中的"a"或者"f"只是作为一种类型、一个概念存在。每一次，当我们发出这些音位的音时，我们只是需要以我们个人的方式，正确地实现这种类型。我们不仅拥有个性化的区别，而且首先还有一定的自由，在允许的范围内改变语音；其次需要使音位与本身类型的同化，还有使理解象征（象征的一部分成为音位的组成元素）成为可能。当由于注意力的减弱或者心理失常，来自理智的监督不再发挥作用时，在这些框架下，语法外的因素获得了全面的行动自由，指定的界限很容易受到破坏，而发音失真或者因不可控因素的推动而发生变化。这里还需要研究某些在语音学中产生重要结果的现象；只要我们在研究语言的语音之前，了解它的形式，也就是语音所表达的语言与思维的关系，那么相对于之前的现象而言，我们就可以更好地理解这些现象。

我们阐述的发音还具有其他三个特征，也就是重音、声调和数量。但是，考虑到这些语音在语法中的作用不是很明显，或者最好采取倒序方式进行研究：首先将这些语音视为语法表达手段，借助于发音象征伴随语法的表达形式，然后展示这些特征如何被列入语言的音位系统。

以重音为例，我们来说明这种方法的本质。重音的作用就是适应无意识动机，使得句子的每一个部分具有心理色彩，而且这种色彩与属于句子的色彩相对应。因此，可以从这个角度研究重音，而且这样的重音，纯修辞性的，在某种程度上存在于所有语言中。

但是，我们需要强调一点，与任何自然符号一样，重音可能具有本身的意义，因此在语法中所起的作用是规律性的。在这样的情形下，在所有具有独立重音的词义中，重音的位置是固定的。比如，德语中的重音可以位于意义完整的词根上，这时重音的作用就是将这个元素与后缀、前缀区分开，或者在拉丁语中重音的位置与词语中音节的数量和性质有关。相反，这种综合性重音加强了重读词语的完整性。在一组构成言语的词语中，用于区分重读词语和重读词后词的重音是一种补充形态学内容的现象。没有形态学，就无法理解这种现象。

无论德语词语源于何处，August（八月）和August（奥古斯特，人名）之间的区别却完全是规约性的。重音的位置是词语的物质特征，与它的语音构成①一样。我们提到"重音的位置"，因为这种性质是相对于整个词语而确定的。高强度保持了独特的心理意义，与此同时重音仍旧是词语的性质，这个词语一定有重音，而且只有一个重音。与其他元素一样，为了成为音位系统中的元素，重音应当只属于具有重音的音位，几乎就像送气音属于它的伴随辅音一样。在构建象征时，可以随意使用重音或者省略重音。在某种程度上，重音并不会丢失固有的性质。语音的其他特征则相反。众所周知，数量可能成为语言音位系统的重要因素。

还有一些问题，我们只能阐述几点概括性的观点，我们并不打算研究这些问题。最后我们只强调一点，理论音位学研究言语语音的不同特征和它们的用法是如何对语法产生的影响，之后还应当研究这些特征之间的关系。比如，语音的强度或者长度对发音可能产生的影响。但是这里要强调一下，在生理上受到制约的自然性质的现象及一些以习得习惯为基础的其他现象，它们的存在就是语法现象。在开始研究语音变化之前，我们了解一下这些关系是很有好处的。

音位学在研究语言中的潜在现象时，与形态学一样，可以研究与人类语言相关的一般性问题及与某些心理、生理类型，或者与个人目标相关的专门性问题。另外，在这里还需要揭示对应规律。

音位学和生理学之间的联系具有直接而明显的特性。主体利用的发音元素的性质取决于言语和听觉器官。因此，每一民族团体都拥有适应于本身类型的

---

① 在希腊语中多数情形是这样的。重音并不固定在某一个针对所有词语，由某种共同规律确定的位置上。在某种限制范围内，任何词语都有自己的重音规则，在开始时，希腊语重音是乐音，也就是适合于升调，而不是特别用力呼气。但后来，重音的性质改变了。

音位系统。是否还可以确定音位系统和主体心理倾向之间的因果关系？如果存在这样的联系，那么这种联系自然会更复杂和更精细。而且我们认为，我们有权利预测它的存在。系统内的内容多少取决于个体区分众多元素的能力，取决于这些元素因心理倾向而导致的多样性或者一致性。音位系统可能将我们之前列举的特征放到自己的目录和不同比例的组合中。颇有意思的是，从心理学角度而言，一个民族团体使用强力型重音，而另一个民族团体则使用悦耳的重音。一种语言利用语法规则调整长度，而在另一种语言的音位系统中就不包括这种特征。在系统中使用的发音性质也可能受到心理原因的制约。在类似于意大利语这样的语言中首先使用发音清晰的元音，另一种语言则会扩大了辅音的数量，轻松地将音节中的悦耳元素排挤到第二位，比如在德语中就是这样。为什么是这样？我们能否认为，这样的现象是与这两个民族的不同精神思维方式相关：对于意大利人而言，他们周围人的生活更重要，他们喜欢颜色及一切影响情感的东西。德国人更喜欢事物的主观精神方面。假设这两种心理类型首先取决于生活条件、气候、周围的自然现象，这并不能改变问题的本质。如果我们的假设是正确的，那么音位性质的事实就具有心理性。在这种情形下，只是需要证明这种联系就可以，因为对于科学而言，简单的直观感觉对应性的存在只是通向科学的第一步。但对于科学人士而言还需要发现这种对应规律。

我们不应当忘记，音位学规则具有规约性，受传统制约，所以，从音位系统中使用的语音性质得出关于说话个体或者说话集体心理类型的结论是不正确的。但是，当规约现象在音位学中占据主流时，比如，强力型重音以某种方式确定下来，即使不是永远，但在多数情形下，其结果就是产生了某种内在的动力因素。根据集体使用的音位学系统，至少系统的某些特征，我们可以从整体上认识这个集体的心理目标。犹如在形态学中一样，对应关系没有直接的性质，只有思想形式和语法形式的一致性。当思想形式表现出变化的趋势时，这就导致了语法形式的变化。个体的心理类型一定体现在个体的形态学中，但心理类型在个体使用的语音中并不是直接表现出来的。在这里我们使用了语言的规约性元素，心理行为和物质行为之间的分歧并不妨碍思想的表达和理解。

相反，心理取向导致了音位系统的变化，直接通过可能受到非语法元素影响的语音、它们的发音和其他特征体现出来。正是在这个有限的区域内，我们需要富有成效地研究心理因素对语言的语音影响。正是因为这样的研究，我们才能合理地接受语言的所有具体表现形式及这些表现形式与其物质特点之间的联系。就犹如在形态学中一样，我们发现了语法元素——音位学系统及非语法元素的合力。与此同时，我们还得到了用于解释语音变化的所有必要材料。

因此，犹如之前在音位学中一样，我们在形态学中已经接近静态学科与演化学科的区分界线。我们按照顺序研究静态学科的纲要之后，还对这些学科进行了一般性描述。我们基本上了解了演化学科给我们展示的语言状态，从本质上来说，这些状态被视为常态变化。

在研究这门学科之前，我们还要指出最后一点。读者可以问，我们刚才描述的静态学科是如何与集体心理学发生联系的。我们经常涉及逻辑学、个体心理学、生理学，但是我们完全没有涉及集体心理学的研究对象，也就是集体活动家、个体相互之间的行为及他们的反馈行为。

显然，事情是这样的：静态语言学与集体心理学是通过研究对象，而不是方法发生联系。有组织语言是集体活动家的产物。因此，任何一种研究语法的科学都是与集体心理学相关的，但静态形态学和音位学本身不能全面解释它们研究的现象。这种情形源于一个事实，也就是静态学科在将时间关系剔除研究领域的同时，也将集体活动家从中剔除。我们在开始研究语言的起源和演化时，又重新以更全面、更接近现实的形式研究语言的对象。我们果断地进入集体心理学领域，将从现在起利用它的方法。

第十三章
语音学嵌入演化形态学

在阐述演化语言学的纲要之前，我们需要探讨一个问题，之前适用于静态学科的嵌入原则在这种情形下是否还是正确的。对于语音学而言，我们是否应当认为演化形态学是第一性的。

因为两者之间存在相似性，似乎我们只需要重复我们在第十一章所述的内容，做一些相应的改变就可以了，然而事实并非如此。这个原则的基础与讨论重要的问题密切相关。如果我们不竭尽全力深入地研究某些问题，我们就无法反驳我们接触到且无法回答的观点。因此，我们必须用篇幅很长的一章阐述这个基本问题。

我们只要指出语音学嵌入演化形态学的原则是源于前面阐述的、与静态学科相关的简单逻辑结果，就可以确定这一原则。如果可以将任何语法形式比作由规约元素构成的代数公式，那么，似乎我们可以用一种公式替换另一种公式。或者，至少理解这种替换的原则，忽略所使用元素的性质。除此之外，如果音位学的任务首先是通过由形态学确定的形式服务于语言，那么似乎很明显，音位的变化应当从属于形态变化。

但我们需要通过更加详细地分析现实为我们提供的语言演化现象，才能证实这种抽象的演绎式结构。在这样的情形下，我们就可以发现，是否存在科学的嵌入特征。

显然，相对于形态变化的研究意义及其表达方法而言，从语音学角度研究的语言变化是比较具体的现象。因此，在这里我们很容易发现第三个嵌入特征。但证明前两个特征的过程相对复杂一些。确实，似乎即使没有任何的形态变化，语音也会发生变化；似乎即使没有形态变化，我们也可以理解语音变化。因此，我们提出的所有理论结构都是错误的。比如，替换位于辅音"u"之前，与前一个元音一起形成二合元音的音节结尾的古法语中的"I"（古法语 talpe> 现代法语 taupe[①]）。显然，这样的语音变化不一定与发生在某种句法规则中的变化有关。但问题不在这，我们认为，一类变化不可能独立于另一类变化，这只是幻想。如果我们研究物质的本质，那么这种幻想也将随之破灭。在我们看来，形态变化具有独立性，可以独立存在，即使没有任何语音因素的参与，我们也可以理解。如果不研究形态性质的原因，从整体性和源头研究语音现象，那么一切参与语法规约元素变化的东西都将无法得到合理的解释。

这个理论的方法分解为两个独立部分。我们在一部分中研究形态变化，在另一部分中研究与语言的语音有关的变化。

第一部分：形态变化

我们认为，在没有语音性质的因素干预的前提下，我们可以理解形态变化，而且甚至无法预测的形态变化原则上其实是伴随着某种语音变化的。即使语音不发生变化，这些变化也会出现。

---

① 在现代法语中二合元音只保留了拼写形式：taupe "top"。

新的语法表达手段是如何产生的？只是通过随意推断的方式吗？当然不是。说话人为了让别人理解自己的想法，总是急于使用一切能够使人理解的表达方法，也就是能够被集体所接受，存在于语法中的表达方法——我们在这里放弃了语法外表达方法，因为使用和理解这些方法是建立在另一个原则基础上的。如果在个体语法中还含有某些特殊元素，集体所不知道的特点，那么这绝非他所愿。我们可以随意想出某个规约性元素，但是有条件限制而且只存在于词汇中。一个人可以想出、造出一个新词，在第一次使用时对这个词语进行定义，但在句法中这绝对是不可能的。由此我们得出结论，任何一个与语言"形式"有关的新现象都从属于一种规律，这就是**无意识新现象规律**。

当主体很积极，当他在言语中使用了他习得的手段时，这样的新现象不可能出现。在这种情形下，主体可能只是从属于构成语法所习得的指令，同时常常从属于自发语言的情感因素。如果他的思想很深奥、很独特，他的言语一定保留了这样的痕迹。而且，言语的所有元素都将来源于这两个方面，正是在两者的组合中独特性得以显现。在一系列语法规约性元素中，任何纯正的创造行为、新现象首先会令说话者本人感到震惊。他本人尽量去改正，就像逃避混淆词语意义的错误一样，尽量避免这种新现象。

相反，当主体在接受过程中很消极，或者至少认为自己很消极，那么完全有可能出现这种无意识新现象。这种消极性具有相对性。听话人经常利用自己的智商，分析听到的内容，并针对每一个部分给出意义。他不仅需要理解符号，而且还要掌握这些符号，进行区分，使每一个符号与自身的语法概念具有相似性。但这种分析的结果是否一定与说话主体思考的内容一致，在说话主体的意识中归属于每一个句子的形式是否永远是这些句子所具有的形式？我们甚至假设被理解的全部意义与所述内容的全部意义是一致的，但也不一定是这样。因为在每一部分具有的意义中可能出现一定的区别，而且如果这种区别触及与句子元素之间的相关关系的概念时，那么，通常必须借助于一个或者很多补充性的变化，才能达到逻辑的平衡。

如果与句子相关的分析行为不一定符合促使句子产生的综合行为，那么这个句子的所有元素，无论具有什么样的性质及起源，都可以具有语法功能。音位元素、原本没有任何意义的象征元素、顺序关系、语音及因语法外元素的无意识影响而产生的语音和重音，这一切都可被视为象征。这些象征与某些意义，也就是隐含了所有听话人所理解的全部思想意义相对应，而不是与说话人借助于自身的语法手段所表达的意义相对应。

我们注意到，为了使符号具有语法意义，为了在符号中发现象征，在我们的语法中不一定就存在这样的象征。我们创造语法，如我们所认为的那样，我们在他人言语中识别语法元素，我们认为他已经掌握了语法。这就是直觉现象。然后，我们使这部从根本上而言也就是我们自己的作品——语法去适合于自己，而且还要以某个人的威望为基础，也就是根据我们自己的意愿，认为他已经掌握了这些语法元素。我们认为，既然某个人这样说，那就意味着"大家都这样说"。

下面几个例子，能够向我们展示这是如何发生的。

法语成语"il ferait beau voir"，起初的意思是"这是一幅美丽的画面"，voir 在这里起着名词的作用，beau 起形容词的作用。有一次，有人听到这个成语后，在其中发现了无人称动词 faire beau 的用法，其逻辑主体 voir 重新获得了动词意义，而代词 il 成为与之相对应的主语。这个人根本没有想到，他已经在创造某种新现象，而且他成为即使不是唯一的，但也是句法变化的第一个倡议者。我们认为，这个变化如今已经被多数说话人接受。

在古法语中还有"de part le roi"与现代形式"de la part du roi"（直译是"从国王角度而言"）相对应。在词语 part 之前缺少冠词和使用 le roi 的间接格形式表达第二格意义是完全符合旧的使用规则的。从某一个时刻起，我们在不改变一般意义的前提下，开始完全以另外一种方式对这个成语进行分析和解释：

de part（从……角度而言）变成 de par，类似于 dedans 或者 dessous[①] 的合成前置词，而名词 roi 支配这个前置词。

在其他情形下，句子中往往只有一个词的意义发生变化，而且词语意义与句子其他成分之间的逻辑联系并没有变化。当我们听到"ils étaient à table"时，我们明白，说话人想表达的思想是"ils prenaient leur repas"，那么我们就可以赋予词语 table 意义，这个意义可能是之前没有的。这是词汇学（我们强调一下，按照我们的观点，词汇是语言形式的第一个元素）领域的形态学新现象。句子形式和一般思想之间的关系发生了变化，象征本身与无法直接表达这种思想的元素，也就是"吃饭"的思想相对应。

相反，也有语法外元素变成象征的例子。有一次，某个人听到句子"viens-tu?"（直译是"走……你吗？"），便认为句子中的词序是问句的典型特征。开始时主语和谓语的词序与说话主体的心理动机因素有关。根据个体心理学发现的可能原因，有必要区分出在这样词序下获得重音的主语。在多数情形下，疑问句中的代词位于动词之后，因此在"viens-tu?"中我们发现了带有专门问句意义的复杂统一体，这样就产生了新的语法规则。

如果我们研究单数第三人称代词，将其作为主语，那么，我们就会发现更有趣的和更复杂的现象。有证据表明（我们将在下面提到），在 vient-il 形式中不仅代词后置，而且还与整体上起着词形变化后缀作用的全部音节"-t-il"一起构成了疑问句的象征。我们发现，这个新后缀不仅由代词，而且还由音位元素"t"组成，后者因位置相邻而被列入完全陌生的新象征中。

这些例子具有概括性，因为我们可能只是假设性地确立了发生在旧语言状态和新语言状态之间的现象，并以假设的、完全合乎条件的事实形式呈现出这种演化现象。同时，在事实中这种现象受到很多其他不太合乎条件、不是清晰

---

① De par 作为前置词由前置词 de 和 par 构成，类似于 dedans=de+dans, dessous=de+sous（最后两个复杂前置词通常用在现代语言中，没有从属的名词，因此常常被视为副词）。

确定的，但是有着共同目标的现象的制约。在实践中需要放弃从历史角度构建类似变化的起源与发展的观点，应当保留与之前图式相类似且完全能够合理解释的图式。

因此，我们得出结论，一个人以某种方式构建的句子，另一个人则以另一种方式理解的句子，而这两句可能是同一个句子。从语音、语调等性质而言说出的内容或者听到的内容，总是一致的。之前列举的例子："il ferait beau voir.""de part le roi.""ils étaientx à table.""viens-tu?""vient-il?"，表面上这些句子完全没有发生变化，它们只是走完了从说话人到听话人那里的路程而已，但是句子形式却是异样的：象征的数量和意义、象征与在句子中表达的思想部分之间的关系改变了。

我们看到，从本质上而言，即使句子的物质元素没有发生某种变化，形态变化也会出现。我们的问题就是：之后发生了什么。因为我们只研究变化的起点，而不是变化的全部。不难想象，对集体而言，必然出现的语法变化是以什么方式出现在类似的个人分歧中的。一个人以此方式创造象征或者规则时，认为在言语中发现了与这些相类似的象征与规则，从而像掌握其他语法部分一样，掌握了这些象征或者规则。这些象征或者规则与这个人的其他语法指令成为一类。这个人在说话时，首先使用这些象征或者规则。

正是因为存在这种使用方法，我们才发现，这些象征和规则是客观上可以观察到的现象。我们继续分析示例：一个按照新方式理解词组"il ferait beau voir"的人，不会说出"il ferait bel être à la montagne"。类似于他在说"un bel être，un bel esprit"（直译是"智商很高的人"），但不会说"il ferait beau être à la montagne"，或者更简单地表达为"il ferait beau à la montagne"，因为形容词 beau 确实已经不需要依赖实体化的动词不定式。这个说话人受到类似的某些无人称短语的影响，比如"il est beau"，也就是受与之前有前置词"de"（il est beau de mourir pour sa patrie）的动词不定式组合的短语影响，因此他便很轻松

地说出 "il ferait beau de voir que…" 等。de part 变成了 de par 之后，意义和用法也有些变化，因为说话人自然倾向于使用 de par 作为前置词 par 的同义词。所以，比如，他会用 "de par la force des choses, de par la tradition" 代替 "par la force des choses, en vertu de la tradition"。

当我们认为词语 table 具有 "饮食、吃饭" 意义时，我们毫不费力气地说出 "faire des excès de table" "avoir une bonne table" 等。由于创建了形式 "aime-t-il?"，剔除了更古老和更正确的 "aime-il?" 的事实，从而发现了我们在谈到形式 "vient-il?" 时提到的后缀 "-t-il"，在民间使用时，这个后缀具有的疑问意义甚至与任何人称和数无关：我们听到过类似于 "j'ai-ti solf?" "nous avons-ti bu?" 这样的句子，还有文学性的形式 "voilà-t-il pas?"。

说话人在言语中表达了语法中的形态规则，从而再将这些规则提供给他人。自然，在很多方面每个人的语法是相互矛盾的。有时相互矛盾的特征可能同时存在，而且并不妨碍相互理解。但有时也需要相互同化。如果个体与整个集体是对应的，那么他立刻就能感觉到偏离了队列，并立刻改正，回到队伍中来。但有时相反，由于各种情形偶合，同一种现象在很多地方被创造多次。这样一来，为了避免与集体的惯性发生碰撞，个性化的倡议相互助力，相互依赖，最后战胜了各种阻碍：语言中引入了新规则或者新形式。

所有这一切活动都是无意识发生的。从心理学角度而言，一部分联想的形成和破坏是因为更强势联想的影响所致。除了一些清晰的概念之外，我们还拥有一定数量的类似于轮廓式的概念。这些轮廓式的概念是以与其他模糊联想相对立的模糊联想为基础的。但在一定条件下，在某一刻这样的概念可能成为准确、清晰的概念。这不仅对于一般性概念，而且对于语言而言都是正确的。任何象征都是某种语法概念，就像存在的模糊概念，也就是思想的萌芽一样，存在着某种精神目标，与每个 "语法萌芽"、还没有诞生的语法概念萌芽相对应。

当我们按照新方式分析听到的句子，我们经常只是将在某种程度上已经存在、等待机会出现的联想现实化和清晰化。如上面所说的那样，我们分析了短语 "il ferait beau voir"，而且这种分析使我们想到 "il est beau de mourir" 等，也可能想到的意义是 "il fait beau temps" 的 "il fail beau"。通过这些事实，我们在词语群 "il fail beau" 中发现了无人称动词。除此之外，显然由于心理原因，在多数情形下借助于主语和谓语的倒序表达问句，这个形式和这个意义之间出现了潜在的联想。我们只需要稍作努力，就可以将这种自发的联想变成代表语言规则的语法联想。

在分析句子时这种变化会出现，然后会逐渐加强并且因在个人言语中新规则的使用而呈客观化状态。之后，在与其他规则接触及竞争中，这种变化不断经历着考验，从而逐渐弄清楚这种变化是否有能力成为集体中不可或缺的东西。

这就是形态变化的机制。我们需要阐述一下它的主要原则。这个原则的本质就在于形态系统越来越巧妙地适应语言的精神目标，使得系统的类型、性质与利用这一系统的共同体心理类型相适应。共同体的语言应当随着思维的变化、进步而变化、进步。我们不止一次说过，形态学是思维本身固有的一种形式，除此之外，思维中不存在其他形式。但是思维是一种行为，有时是很复杂的行为，可能还没有完全融入语法系统所呈现的形式中。从逻辑角度而言，这个系统常常是不完善的，无法满足的精神需求只是作为一种趋势与系统共存，最主要的是系统无法传达心理生活的所有内容及其各种复杂形式。所有这些现象都是借助于语法外元素自然表达出来的，但缺乏特有的精准性。而且，与其他现象一样，这些现象需要找到常规的、清晰的语法体现形式。曾经促使人去创作语言的动力至今还在发挥作用，一切存在于人内心的东西都在追求成为有意识的东西，并在象征中固定下来。

因为言语活动的存在，在数千个诞生并且消失于人的意识中的模糊联想中，在我们阐述的这些精神和语法的萌芽中，人自然更喜欢符合精神或者情感生活最迫切需求的东西。所有联想都很强势，完全可以通过上面所述的途径成为个人语法的一部分，与个体的心理取向相适应。我们已经普遍使用的联想凌驾于所有竞争性的联想之上，对于所有语言共同体而言是不可或缺的。这些联想之所以取得成功，占据上风，是因为联想所表达的思想形式与已经掌握了这些联想的集体心理取向之间有着直接密切的对应性。比如，上面列举的"de part le roi"变为"de par le roi"中只是更普通类型变化的个别情形而已。语言从属于精神性质的动机因素，倾向于分析形式。冠词是词语的必要伴随元素，只有借助于前置词 de 才能表示第二格。确实，一般用法长期保留下来，至今为止还保留了一些不符合新规则的短语。虽然在语言中经常有限制或者取消这些短语的情形存在，但发展的历程很缓慢。我们不可能研究存在于这个过程中的所有手段。正好有这样一个例子：一个结构完全不符合语言句法规则的语句，通过某种词语游戏、模糊理解的途径得到了新的阐释。在其他所有例子中也是如此。类似变化任何时候都不是随意出现的，使用中必然发生的各种变化形成了完善的语言，促成了语言的演化。

正如我们所知，听话人直接将以抽象形式体现的句子形态结构理解为思想的表现形式。如果我们注意到语法强加于我们的思想形式与心理生活的真正内容之间可能缺少相关性的话，如果我们研究另一种更加符合我们想表达的意思的潜在结构，那么我们就能得到开启形态变化的密钥。我们在这里论述的与句子相关的内容同样适用于语言的整个系统。随着语言系统不断适应新要求、新倾向，语言也在不断变化着。

因此，我们指的是关于形式的科学。这种形式与语音性质无关，因此完全是独立的。但是，我们不能就此认为，思想是根据自己的意图改变了语法，新形式是不受任何现象制约（除了它们应当满足的思想需求之外）而自发出现的。而且也不能认为这些形式是随着需求的出现立刻就出现的。不是这样的。主导形态变化的心理动机只是在某些领域内才拥有自由，但这只是一种自由而已，因为我们无法压制住这些动机，它们迟早会占据上风。形态变化不是永远直接与这些动机有关，但至少可以从属于这些动机，而且只能从属于它们。

这样一来，我们认为，在利用新的表现形式时，出现的心理性质倾向在新形式中只是拥有相对的表达自由。我们论述的内容已经很清楚地呈现出这一点。根据某种规则，在语法上构建的句子只能根据其他规则进行分析。除此之外，我们需要这样分析句子，句子的元素允许暂时还是模糊的联想存在。这些模糊的联想只要有机会，就会以更清晰的形式表现出来，成为重要的个人心理联想。因此，形态变化从已经变化的语言中借用了所有元素。也可以这么说，语言的现状就是以后变化的**物质原因**。任何形态变化的发生只是因为某些有利的环境所致。这种变化不是自发地出现，而是由于某种原因所致。这就是我们根据前面阐述的无意识新现象原则得出的结论。

但是我们发现，在现代语言状态下，形态变化一方面取决于语法外元素，另一方面与其语法"形式"有关。我们可以完全脱离**规约性**语音的物质性质来考虑。显然，如果"il ferait beau vori"这样的语句有完全异样的发音，但由意义相同的词语构成，这就完全可能发生变化。而且后缀"-t-il"的音位性质不会影响我们刚刚讨论过的词语的命运。在这种情形下，我们需要从更广义的层面理解词语"形式"，将所有概念之间的联想，存在于说话主体和听话主体意识中的不太明显的联想都包括在内。确实，我们发现，这些模糊联想，有时难以捕捉的联想就是所有语法新现象构成的材料。比如，需要将法语 part 和 par 之间的相似性，引起概念之间的联想，进而引起相互同化的相似性都视为语言的"形式"元素。

我们再分析另一个例子。希腊语中的复数形式 βιβλία（《圣经》）在拉丁语中给出了所有现代语言承袭下来的阴性名词形式：Biblia、la Bible、die Bibel 等。除此之外，这种变化是以心理性质的原因为基础的（即以圣经的统一性概念为基础的。这个概念比圣经的区别性的概念先出现），是因为结

尾 ① 一致性而产生于中性的复数和阴性的单数之间的自然联想所致。这就是占据优势的思想找到了体现形式的情形。

我们一直认为，类似的联想（无论是词语 part 和 par，还是两个词形变化成结尾 - ă）完全可以脱离作为语音基础的语音物质性质呈现出来。即使在最后一个例子中的语音"i"或者语音"o"出现在语音"a"的位置上，心理和语法现象也丝毫没有改变。我们只对两个元素的一致性或者它们之间的相似性、针对说话人思维而言的类似情况所引起的结果感兴趣。我们认为，两者构成了语言"形式"的各部分。这不是言语的物质元素，而是心理元素。

任何时候，当历史描写语言学阐述某种在语言学中固定下来的变化时，它都应展示，语言状态是以什么方式提出了形态变化理由的。但我们只有借用形式理论科学中的材料，才能够确定之前的情形，揭示这种情形的不足。除此之外，我们还需要揭示哪种语法表达手段更好地符合说话人的要求。最后，指出这种语法表达手段是如何借助于哪些心理行为，通过已经发现的原因替换了旧语法手段的。

参与语言变化的不同心理行为数量不是无穷尽的。因为我们熟悉心理活动的规律和有组织语言存在的条件，所以，我们可以在观察的同时，针对确定所有形态变化的典型形式和主要手段做出结论。在下面的一章中，我们简要谈一下这门科学的纲要。在这里我们只是想揭示，形态变化现象的原因及规律与构成语言形式的现象有关。因此，这些现象与语音变化无关。它们存在于语音变化之外，但即使与语音变化没有联系我们也可以理解这些现象。

---

① 我们没有必要指出这种联想与现代语言学者认为的两种结尾意义的原始一致性无关。根据施密特提出的假想，结尾 ä（u, e, ə）起初构成了具有综合抽象意义的阴性名词。希腊词语 φύλλον 和 φύλλα 之间的关系类似于法语词语 feuille 和 feuillage 之间的关系，只是后来这些具有抽象意义的抽象名词作为复数形式列入中心名词聚合体中。这些曾经以 α 结尾的形式的最后遗迹就留下了一条规则，在希腊语中根据这条规则这些形式与动词单数形式 πάντα ρεῖ 连用。但对于创世之后的希腊语和拉丁语而言，这已经是偶然的相似性，使得联想，进而同化变为可能。

形态变化的独立性常常受到语言学者们的质疑。他们通常认为，这些变化的规律与语音性质的某些变化相关。很多语言学者指出，需要在确定语音变化的规律中去发现在句法中观察到的某些变化的原因。由于这些规律的行为，词语区别特征的某些元素，也就是载体失去了表现力，因此必须创建新的表达手段替换已经失效的旧的表达手段。很快，我们就会发现现实中的语音规律。在这些语言学者的认识中，语音规律的行为是必然的。我们只是强调一点，以类似方式呈现出情景，意味着提出与我们的无意识新现象原则相对立的假设。我们是否可以想象一下，当人们在说，语言创造了新的表达手段，从而替换另一种已经不再使用的表达手段时，这意味着什么？这就预示着某种存在过，而且留下痕迹的空缺思想，预示着需要寻找周密的探索手段去填补这种空缺。两者与心理学的真实性是对立的。

而且事实本身是与类似理论相矛盾的。这些急于求成、表面的解释完全说明不了什么。提出这些解释的理论学家们在研究一些很相近的现象时，得出了完全相反的结论。我们现在举例说明。

我们通常认为，罗曼语结尾上的非重读音节脱落的规律导致了静词结尾格的消失，从而创建了新的句法手段：使用固定前置词和针对动词而言的主语及补语顺序。

但谈到前置词用法时，每一个人都很清楚，前置词用法的存在远早于结尾的脱落。在古拉丁语中使用过前置词，而且它们的运用是与格的运用结合在一起的：只是在民间拉丁语中某些需要代替格的前置词用法逐渐常规化。比如，de parte 与 patris，ad filium 与 fillo，in tempore 与 tempore。由此我们得出结论，虽然词形变化作为形式的系统存在过，但它的作用只是在徒劳地复制本身已经清晰表达格关系的前置词。由此，我们很快得到了表达同一个格，通常是宾格的所有前置词组合。曾经有一段时间 de patrem 与 de parte，cum patrem 与 cum patre 是同时存在的。在这个时间，一些一知半解，效仿古典作者的人混淆所有格的形式，使用第二格、宾格、离格①，根本不考虑结构的差异。在关于拉丁语各种间接格的回忆消失之前的很长时间里，这些间接格的意义已经失去了自身意义。前置词完全效仿了它们的作用，也正是使语法过渡复杂化的无用的各格导致了它们的消失。②

因此，在所有间接格中只有宾格保留了下来。在罗曼语中只保留了一个变格法和两个格：主格或者主语格，宾格或者直接补语格。但即使这种退化的变格法也面临着消失的威胁。两个格的存在使得句子中的主语和直接补语区分开，两者都是用名词表示的。但这是很复杂的表达方法，因为词形变化的形式还不是很有规律性、逻辑性。罗曼语用另一种更简单和清晰的方法替换了这种表达方法，即主语位于动词之前，补语位于动词之后。

这种变化是如何实现的？我们在法语中可以很准确地跟踪它的历史。在这种语言中一种方法替换成另一种方法的情形出现在14世纪的文学作品中。我们发现，还在非常遥远的时代就已经确立了这种规则。根据这一规则，动词位于第二位。后来我们发现，语言拥有两种可能的词序："补语、动词、主语"和"主语、动词、补语"。这样的语言首先倾向于第一种词序，然后平稳地过渡到第二种词序，最后成为多数情形下很常见的词序。这种变化没有涉及词形变化。13世纪作家茹安唯尔（Joinville）已经能够正确地将名词变格。而且根据统计，他将补语放在动词前面的情形有11%。这就意味着，倒叙现象已经很常见。在茹安唯尔之后，很快在当时作品中就出现了词形变化的结尾脱落现象。这首先是随意使用直接格和间接格，忽略它们的意义所致，后来是因为宾格形式之后的主格形式消失。当然，我们只能在书面语中直接观察到这种现象，但当变格消失的那一刻，替换形式已经出现，这样的结论并没有因此而受到质疑。当然，相比普通民众而言，由于文学传统的存在，作家能够更长久地保留已经确定的

① Brunot F. Histoire de la langue, Française,vol.l.P.91.
② Meyer-Lübke W.Grammatik der romanischen.III.Leipzig: fues.1894.S.57-61.II.1893.S.29.

形式，但是他们并没有完全理解其中的意义。考虑到这种区别，在使用这些形式的基础上我们可以得出与大众语言相关的结论，并且预测，当主格没有必要存在时，主格便从此消失。

为什么新表达方式——词序代替了旧的表达方式——格，成为通用的形式呢？显而易见，从逻辑学角度而言，较为适宜的方式就是简单统一。而且在多数情形下，在心理上适宜的方式优于唯一规约式的，在用法上更加复杂的另一种方式。虽然我们的思维不需要根据一些不是很合乎逻辑、不是很清晰的规则在直接格和间接格之间进行选择，但我们并没有因此失去什么。形态的发展完全能够解释这种变化。除此之外，我们发现，变化的决定性因素是无法确认语音原因。因为我们发现，在主格和宾格之间的区别消失之后，语言还保留了单数和复数之间的区别。罗曼语研究者非常清楚，相比宾格单数 le roi 和宾格复数 les rois 之间的区别，主格单数形式 li rois 和宾格单数形式 le roi 之间的区别不是特别明显。如果语音"s"在这些形式中是隐现的，那么同样，在缺少这个后缀的情形下，冠词便成为明显标记。这样一来，如果两种形式 li rois 和 les rois 的命运完全不同，那么从形态学角度而言这只是因为它们存在的环境有所不同：一种形式是必需的，而另一种形式却不是。[①]

或许，有人不同意我们的观点，认为如果语音变化不能决定形态变化，那么它们至少可以促使变化，有助于形态变化固定下来；他们还认为，在我们所讨论的例子中，正是后缀"s"弱化才使得这两个格相互区分，促使说话人或者听话人更加注意词序，并赋予其语法意义；最后当这个"s"完全消失（顺便说一下，即使现在，也不完全是这样，因为在连接时这个"s"还保留着）之后，我们已经完全不可能利用之前的表达方式。我们无法认可语音学对形态学的侵犯，即使是以很委婉的形式都不可以。确实，我们还不能证明，在13世

---

① 有关这一点请参阅 Meyer-Lübke W., op.cit, III.S.832, ff.

纪或者14世纪，结尾"s"在很大程度上已经弱化，却并未得到推广。但我们认为，如果这个音位变弱了，那么它在形态上也一定是弱小的。

还有一个例子也是描述这一现象的。拉丁语时代的人将呼格中的两个词语组合成专有名词，说出了"Jupĭter"（朱皮特），而希腊人这时说出了"Ζεῦ πάτερ"（宙斯）。这个复合词表明，与具有非重读音的希腊语字母"α"相对应的元素，可以根据一般的语音规则变成"i"。而且可以认为语音"i"是复合词的标志，并将这个词语固定下来，不再变化。正是因为这个语音的存在，复合词语的第二个元素与处于独立状态的拉丁语对应形式"pǎter"（父亲）之间的相似性受到破坏，从这个词语角度而言已经没有完全的相似。因此，词语"Jupĭter"成为一个更紧密的统一体。

相反，我们认为，语音变化"α>i"之所以出现，只是因为形态变化，也就是在说话人意识中两个元素的结合完全被接受所致。为了阐述地更清楚一些，我们不再认为"α"向"i"的过渡是形态原因的语音结果，这类变化具有很多难以确定的原因，我们在后面将尽量阐述。我们只是说，当这个复合词语还没有在说话人意识中确定下来时，尽管这个复合词语的第二部分发生了某些语音变化（当然某些当时涉及词语"pǎter"本身的变化除外），但还是需要保留与词语"pǎter"之间的相似性。下面，我们针对相似程度说几点意见。熟悉这种力量威力的人很清楚，小的语音区别不会危及这种力量。如果说话人认为词语"pǎter"和词语"Jupĭter"的第二个元素之间存在现实联想，那么该元素一定具有本该有的语音性质，世界上任何力量都不可能妨碍说话人做到这一点的。如果这样的还原行为是适宜的，那么我们就要还原这种性质。如果说话人没有做到这一点，则意味着他忘记了同化行为的存在，而是以新复合词语的综合意义取而代之了。在这种情形下，复合词语已经是一种实现的事实，而且语音变化并不会给词语本身带来变化。只能说，习以为常的变化从此成为句法演化的一部分物质原因。如果某个主体因概念联想而尝试恢复这种变化，那么这种变化只能使得一个元素与另一个元素之间的同化行为变得复杂。

在我们刚刚描述的情形下，形态变化**致使**某种新的语音事实出现。这种现象正好与另一种现象相反，即语音变化的实现从此为发生的句法变化创造了必要的物质条件。比如，名词 part 中结尾"t"的脱落使得 part 与前置词 par 发生同化。在这两种情形下，第一种现象促使第二种现象的实现，但却不是后者实现的先决条件。但同时作为形态现象，无论是出现在语音现象之前，还是之后，本身都能够得到理解从属于形态性质的决定性原因，而且是完全可以理解的原因。针对形态现象而言，语音现象无论是什么样的顺序，都是由一系列很难区分出的原因决定的。在我们努力确定的这些原因中，就有形态性质的原因。

确实，正确阐述的主要问题是这样的：说话主体是否已经对自己的语言失去控制，导致了象征的物质形式发生了变化，甚至涉及了语法机制，以至于更加难于理解这个主体的言语。换言之，他的语言是否受到在他身上出现的个体语音变化的影响，或者他只是没有注意到这些语音变化，视其为微不足道的现象？是否需要将这些与说话主体的形态概念并存的个体形式强加到拥有与个体形式等同的形态概念的集体中？或者不需要掌握这些个体形式，因为说话人和受话人之间已经出现了某种不和谐。这种不和谐即使在所习得的目标中不存在，也至少在他们的喜好中是存在的。我们认为，说话主体的言语任何时候都不会发生语音变化，危及语法，任何这一类的变化都应被集体所接受，而且这个集体只选择有利于语言的终极目标，也就是表达思想，或者至少与思想并存的现象。

这个问题具有原则性。我们是否可以认为，理智可以放弃凌驾于语法之上的权利？我们已经得出结论，理智作为语言需要征服的对象可以改变语言，但只是逐渐地、根据相关的条件完成这样的改变。我们不认为，以语法形式呈现的语言，除与适应思想形式的原因有关之外，还有可能与其他原因有关。我们否认这一点，否则我们将会使动摇语法机制的因素获得自由，我们因此不再理解，言语是如何为思维所用的。正是因为思维的存在，才产生了言语，也正是因为思维的存在，言语才得以存在。而且言语通过各种形态变化，在表达心理生活的同时，真实地反映心理生活。显然，这还不足以证明，只是精神性质的原因在这些变化过程中起决定作用。

我们总结一下。形态变化的第一个现象——听话主体对听到的句子进行分析，而且这种分析与说话主体的意图并不对应，这种现象与任何一种语音变化无关。形态变化的主导原则和决定性原因本身是显而易见的，而且借助于语言形式与思想形式相适应的规律能够得到理解。形态变化的物质原因体现在具体语言中，只有抽象的形式对于这种演化才有意义。与静态形态学一样，形态变化同样与所使用语音的受制约性无关。在语言的历史发展中，形态变化伴随着某些语音变化，是比较独立的变化，不从属于语音变化的规律。相反，则可能导致语音变化的出现或者促使语音变化的出现。

这就意味着，为了依附于研究语言的物质本体，解释语音变化，重视具体性，忽略抽象性的科学，从事类似现象研究的语言学需要拥有一切必要的特点。但是，我们提供证明的目的就是要发现形态变化的真正性质，而且还应当包括某些与语音学相关的问题。我们的目的就是发现，是否只有语音学范围的现象被嵌入形态性质的现象中时，语音学范围的现象才能得到理解，这种说法是否正确。

第二部分：语音变化

语音变化现象比较复杂。为了研究这些现象，我们必须详细研究这些现象之间的区别。

存在两种类型的语音变化，即突变式变化和渐变式变化，两种变化不能混淆。我们在现实中见到的变化通常是很复杂的，这两种变化时常相互交错在一起。可能有人认为语音变化的两种形式之间存在着渐进性的过渡，因此，可以将它们联合成为某种更高级的变化。但事实并非如此。如果我们以两者的基本原则为基础，那么很容易看出，在我们面前是两种清晰区分的类型。

突变式变化无法改变语言形式中发挥作用的音位规律的任何东西。词语的一个音位元素被现行系统中的另一个音位元素所代替，其中的原因有待研究。比如，我们更喜欢将中部法语中的 toussir 说成 tousser。我们在一个形式中拥有语音"i"，在另一个形式中则是"e"，这两个元素同属语言的音位系统。意大利语借用了拉丁-希腊词语 melancholia，以 malinconia 形式体现出来。如果我们说 melancolia 也可以，而且所有人也确实这样说，但 malinconia 这种形式之所以出现，并不是因为无法保留更正确的形式，而是由于某些原因导致"e"替换成"a"，"a"替换成"i"，而"l"替换成"n"。音位因素从词语中消失的情形并不罕见。古法语 je parol（e）变成我们现代的 je parle，而晚期的拉丁语 flēbĭle（m）很早之前就已经换成 flēbĭlem，产生了现在的 faible。也可能有相反的情形：辅音或者元音出现在之前什么也没有的地方。比如，在古法语中各种形式不断替换，如 fortece（拉丁语 fortĭcia）、fortrece 和 forterece（现代法语中的 fortcresse）。无论在哪种情形下，在语言音位系统中一切都没有改变，系统本身仍旧是稳定的。实际上只是使用方法在改变，只是词语在改变。已经存在的发音类型以不同的方式同化了词语的不同部分，但系统仍旧没有变化。

相反，在渐变式变化中，音位系统类型本身发生了变化，通过几个过渡阶段，逐渐过渡到其他音。词语的元素通过这样的方式发生了变化，但词语不变，因为词语的不同元素和音位系统的相关类型之间的对应性没有被破坏，只是类型本身发生了变化。

我们以古拉丁语 dēbēre 为例，如果暂时放弃最后的一个元素——非重读音"e"，我们在相对应的法语词语 devoir "dəvwàr" 中将发现拉丁语的所有元素，但是多少有些变化的形式：语音"d"和"r"几乎还是原样，第一个语音"e"变成了"ə"，第二个语音变成升调的二合元音"wà"，"b"变成唇齿擦音"v"，但如果我们忽略这些组成部分的变化，那么词语本身并没有什么变化。

如果音位系统的每一个元素都是以同样的方式在变化，给出了一个不同于系统中所有其他元素的音位，那么在同一个词语的两种形式之间，在同一种语言的两个先后状态中，则存在着很简单的元素对应，两种象征的形式一致性则通过它们的不同物质性质体现出来。

实际上，一种事实掩盖了这种对应，也就是在音位的演化过程中，根据不同条件，同一种类型分解为两种不同的音位。我们已经谈到这些与音位学相关的条件。在这里我们看到了它们存在的重要性。在我们列举的例子中，词语 dēbēre 中两个"e"的命运是不同的，因为这些元音具有不同的重音。具有弱重音的第一个音节中的元音变成了"ə"，另一个具有主要重音的元音成为二合音，在12世纪古法语的文字中表现为"ei"，然后是"oi"。后者经历了整个系列过渡音（"ei""ɔi""ɔɛ""wɛ"等），最后成为我们的二合元音"wà"。在古拉丁语中，不是任何的"b"都能在法语中变成"v"，而是只有位于两个元音之间的语音"b"，也就是位于有利于变化的某种发音条件下的语音"b"才可以。在其他位置上，"b"按照规律保留下来，即 fabat>fève、cŭbare>couver、hībernum>hiver 等，但 barbam 变为 barbe，ŭmbran 变为 ombre，abbatem 变为古法语的 abet，即现代法语的 abbé。

在详细区分原始等同的元素时，不仅可能出现替换或者保持音位的情形，而且还可能出现音位消失的情形。词语 dēbēre 中的"d"常处于词头或者辅音之后（dūrum>dur，ŭndam>onde），在两个元音之间消失。vĭdēre> 古法语的 veeir、veoir，现代法语的 voir 这个例子就很明显。这种情形经常出现在结尾的语音中。我们发现，在从拉丁语向法语过渡过程中，除了"a"之外，最后一个音节中的所有非重读元音全部消失。比如，在 devoir 中就没有对应词语 dēbēre 中的结尾"e"。还有大部分曾经是拉丁语中的尾音及已经在罗曼语时代也是尾音的辅音消失。

由于受到条件限制，同一个元素拥有了不同的命运。除此之外，还有语音元素被两个元素所替代，或者两个元素合成一个元素的情形。比如，在晚期拉丁语中词头的"s"变成了"i"，然后变成了"ẹ"。拉丁语中的 scūtūm（盾）在古法语中是 escu。也有相反的现象。拉丁语的语音组合"al"还在11世纪就保留了下来，比如 mals（拉丁语的 molas）。后来在辅音之前的位置上出现了二合元音"au"，然后是简单的"闭合音 o"，书写为 au：les maux "lɛ mọ"。

如果语音变化的实质并不能令各种起源，在发音方面相互接近的所有元素发生同化，那么新语音的分化和产生一定会导致已经形成的音位系统类型的大幅增加。拉丁语的语音"b"或者长"e"可以发生不同的变化，但这是可以解释的。因为法语的"v"或者"wà"对应着不同的拉丁语元素，而且每一个这样的元素都是通过自己的方式在新的单位中达到融合。除了 devoir<dēbēre 之外，还有 lever<lĕvare、neveu<nĕpōtēm，其中法语的"v"起源于拉丁语的"v"或者"p"。同样，在下面的例子 tēctum>toit、strĭctum>étroit、nĭgrum>noir、glōriam>gloire、crŭcem>croix、nauseam>noise 中，我们拥有二合元音"oi""wà"，这些二合元音虽然来源不同，但对现代语言的音位系统而言却是一致的。因此，音位系统因为分化而变得复杂，同时因为同化而变得简单。通常，新系统中的发音类型并不比在原始系统中更多或者更少。

需要强调的是，在前面描述的音位类型变化过程中，词语的外形发生了很大变化，但词语的元素和音位系统之间的关系在这种情形下并不是随意变化的，而且在任何一个阶段都不会出现第一种变化类型中的突变式替换。词语之所以变化，是因为它们所依赖的系统发生了变化。

我们现在探讨一下刚刚分析过的两种变化类型，从语法和心理[①]双重角度

---

① 我们不去阐述直接与被确认的物质原因相关的渐进式变化或者突变式变化，比如一位少年正处于变声期，或者一个人的几颗牙齿被拔掉了，那他就很难发出某些语音。这些变化可能具有个性化特点，而且更重要的是这些变化并没有影响到作为目标、认识和概念系统的语言有机体。以抽象形式存在的音位系统与这些变化无关。一个不能说出 r 的说话主体可能比其他人更难听出这个语音，但能听出来。一个人即使不能区分将 s 与在书面语表达 ch "ʃ" 的语音区分开来，但也能意识到这两个语音的存在，利用这种认识，在倾听时或者阅读时区分它们。类似的变化与语言学无关。这是另一类现象，属于言语器官的生理学和病理学。

分析一下这两种变化类型。在条件许可的前提下，我们尽可能确定产生变化的原因。

关于突变式变化，我们必须再区分一点。一部分突变式变化是以概念联想为基础的，另一部分突变式变化与**其他语音的影响有关**。在开始阶段，我们将只研究第一部分。

在这些变化中我们区分出**类比变化**。这些变化与思维行为有关，可以将这种思维行为视为比例式的第四项。

之前在法语中这样说：je treuve、nous trouvons。这里出现了语音交替：eu "ø" —ou "u"，在其他动词中也有这样的语音交替现象。但是根据与诸多动词之间的相似性（也就是词根的元音都是一样的），人们创建了新形式：je treuve、nous treuvons 及 je trouve、nous trouvons。17世纪时这两种形式都存在，但是只有后者流行开来。或许是因为，带有 "u" 的词干在开始时比较多，而且更经常使用（通常在不定式、形动词、未完成时中所有带有重读词尾的形式在词干处都有 "u"），这样就可以构建下列比例式：

$$\frac{\text{nous poussons, passons…}}{\text{je pousse、passe…}} = \frac{\text{nous trouvons}}{\text{je trouve（比例式的第四项替代了 je treuve）}}$$

toussir（拉丁语的 tussire）被 tousser 代替也是类比的例子。根据常见的构词类型：le souffle—souffler、le chant—le chanter，或者 la marche—marcher、la bave—baver 等，最后一种形式是由名词 la tous 构成的。

但还有另一种与概念联想相关的突变式变化，我们将这种变化称为逻辑倒错型变化，从而用一个名词表示语言学者描述的所有类型。通常在有关语音学的论文中这些类型与类比变化是并列存在的，我们称之为**缩略、感染错合、民俗词源**等。这些变化同样需要借助与词语及词语各个部分相关的概念联想进行解释，与类比变化不同的是这些联想具有偶发性，缺乏历史依据。

比如，我们将词语 photographie 缩略为 photo，这是因为词语的全部意义与前两个音节发生联系，我们轻而易举地放弃了结尾部分 graphie，整个词语变得简洁明了了。

两个不同词语引起的概念之间的联系如此紧密，以至于混合在一起。而且这种混合的结果就是象征本身在一定程度上完全同化，比如，法语词语 haut 来自拉丁语的 altum，在古法语中词头保留了"h"，被视为是拉丁词语与德语的 hoch（古高地德意志语 hauh）的感染错合。而且这种感染错合拥有更充分的依据，因为语音"h"本身具有表现意义也就是具有加强语气的特征，可以将感染错合变为象征中的重要元素。比如，法语词语 hérisser、hideux、héros，每一个词语都包含着逻辑倒错型的送气音。词语 provigner 来源于名词 provain（拉丁语 propagĭnem），可能受到了词语 vigne（拉丁语 vīneam）的影响。在这种情形下，感染错合近似于民俗词源。术语本身并不需要解释。人们通常说 choucroûte，而不是 soucroute，是因为人们错误地把这个词语视为 chou 和 croûte 复合的结果，同时这是一个根据法语形式变成的德语词语形式 sauerkraut。词语 cordouanier（来自 cordoue 和 cordouan）替换成了"cordonnier"，就好像这个词语来自 cordon 一样。很多这样的例子，我们就不一一列举了。

逻辑倒错现象还表现在其他形式中，但我们现在不再列举这些形式。这只是事物内部的变化而已，其主要原则还是保持不变的。

我们是如何看待突变式变化、类比变化或者逻辑倒错型变化的？在我们研究完所有例子之后，其实不难回答这样的问题：它们的主要原则是形态性的。我们之所以能够理解这些变化，只是因为语言是作为表达思想的方法所行使的功能所致。这些变化促使语法形式适应需要表达思想的心理内容。

类比是更为普通规则的应用。这种规则能够修正较为特殊的规则，或者准确地说是阻止特殊原则发挥作用的行为。这完全是逻辑性行为。类比在句法发展中起着重要作用。由于类比的存在，在演化过程中偶然发展起来，不是永远符合实践目的的语法表达方法却拥有了合理化的趋势。其中，类比能够经常简化词形变化系统，消除难以理解的不规则现象，这既包括固有的现象，也包括因语音变化而产生的不规则现象。物主代词的重读形式聚合体，如 mien、mienne、tien、tienne、sien、sienne，这些代词的复数形式是简单而有规则的聚合体，是根据与唯一的形式 mien（拉丁语 měum）的相似性构成。与此同时，通过相应音位的逐渐变化，由相应的拉丁语词语形式（meos，mean）构成的形式并不是统一的，某些形式保留在古法语中（moie=* 来自 měam 中的 mēam，tuen=* 来自 tǔum 的 tǒum 等）。

逻辑倒错型变化与历史上形成的以符号之间的关系为基础的规则相矛盾，因此根本上就是错误的。因为有这样的变化，虽然之前没有任何共同性，但在一定程度上与相互类似的现象接近。而且，这样的变化是语言适应思想，因为从历史角度而言，引起这样变化的概念联想并没有根据，但却存在于说话人的意识中。因不同元素的偶然相似性，导致了言语和思维的各个元素之间产生了各种各样的联想，这就是逻辑倒错型变化产生的原因。有时，在一些必要条件下，这些模糊的联想变得清晰，找到了表现形式。与所有其他形态性质的变化一样，对于说话集体而言的逻辑倒错型变化成为必不可少的现象。从这一刻起，已经确定的联想在语言中固定下来并且因为新现象的存在而保留在语言中。我们只能借助历史分析，才可以将这些人为的联想与其他联想区分开来。从这个意义而言，我们完全可以认为，词语 provigner 来自 vigne，而 cordonnier 源于 cordon，同样 bourgeonner 由 bourgeon 发展而来，而 sabotier 与 sabot 有关。

在我们面前还有一种类型的形态变化，这种变化的基础、物质原因隐含在语言的原始状态中。假使很多人的意识中没有词语 hauh，那么就不会有人想到将语音 "h" 添加到词语 altum 中。假使这个词语的拼写法并不是这样的，那么这个音位就不会合并到词语 héros 的词头中。在词语 provaigner 和 vigne、 cordouanier、cordon 之间偶然出现了发音上的类似，从而使它们更加接近。但这些偶然产生的联想和由此而产生的现象原则上是纯精神性的。有些词语尽管非常相似，但永远都不会混合在一起，因为它们的意义妨碍了任何形式的混合。

与在所有其他形态现象中一样，当词语 provaigner 和 vigne、cordouanier、cordon 进行组合时，我们感兴趣的是词语的相似性，而非辅音或者元音的具体性质，变化可以以代数公式的形式抽象地呈现出来。但是，根据我们提出的假设，在没有送气音"erǫ"的词语 héros 变成带有送气音 h 的词语"herǫ"，词语 aitum 变成古法语的 halt 时，我们并没有考虑到词语的专门性质"h"，但这正是由这个词语的自身表现意义所致。我们因此进入了前语法语言领域和情感语言领域。重要的是要强调，象征中的规约元素完全是中立的。

这类变化与我们在前面提到的形态变化有何区别呢？从本质上而言，没有区别。它们之间的区别只是假性的：这种区别就存在于这种现象和通常被称为词语的不确定的语言单位之间的关系中。我们可以想象一下，词组 je suis venu 由于各个部分联系紧密，因此被视为统一的词语（比如，je suivenu）。这样，某一个人可以根据同样被视为统一的词语（j'aicouru）的组合形式 j'ai couru 的样子猜中 j'ai venu（j'aivenu）。这时，一些人就认为，这种变化是语音演化的组成部分，没有句法基础。有人会问我们：谁可以这样严肃地思考问题？这就是那些将语音的渐变式变化和突变式变化视为语音学相关变化，并从整体上将形态语言学和句法语言学对立起来的学者们。换言之，假如语法学家们坚持他们需要遵循的原则，那么，他们就是这样的学者。

如果我们不研究词语，而是研究象征，将句子中任何一个尽管很小，却是意义载体，并且允许有概念联想的元素视为象征的话，我们可以发现，形态变化的目的永远是掌握某些象征，无论是否拥有根据，都赋予它们某些意义，然后在这些意义的基础上确立象征在句子中的合适用法。

对于将 provainer 替换成 proviger 的人而言，这个词语的词根元素完全等同于词语 vigne、vignoble、vigneron 词根中的象征。对于他而言，这种等同性是显而易见的。因此我们可以大胆地预测，在类似变化过程中听觉先于言语。我们提到的那个人，他在说出"provigner"这个词语之前，认为他已经听到了这个词语。与在形态变化中的任何一种现象一样，决定语言不同元素之间某种密切关系的目标对所听到句子的理解产生了影响。逻辑倒错型变化的起因就是我们称作语法起源的现象。至于说到词语 haut，那么预测在某些瞬间，在某些人的意识中存在的两种形式 alto（m）（我们记录了民间拉丁语的预测形式）和 halto（m）就不具有超凡脱俗性。最后一种形式与日耳曼词语 hauh 的富有表现力的意义相关，表达的意义更有效力。因此，语音"h"本身是一种象征，或者是语法外性质的富有表现力因素。这是情感语言所拥有的部分受制约的元素之一。在我们的语言中，当我们在词语 héros 中迫使自己听到"h"，我们观察到某种类似的东西，希望赋予我们的语句表现力。最后，halto（m）代替了alto（m），正是因为前者具有表现力。

通过这样的方式研究完问题之后，我们可以得出结论，逻辑倒错型变化和类比性的突变式变化完全应当被视为形态变化现象。它们是关于语言形式和语言表达方法的学科。如果没有将这些变化与纯粹的语音方面现象，也就是我们接下去要研究的现象混淆在一起的话，我们不会有机会研究这个问题。

在我们开始研究**与语音影响有关的突变式变化**，而忽略其意义时，我们已经进入与形态学没有直接关系的全新领域。如果不涉及形态性质的原因，我们就不可能通过它们在语言中表现出的形式去理解类似现象。我们尽量展现这一点。

我们首先需要研究这些发生在语境中的变化。这些变化发生在言语过程中，某种违反思想和它的语法表达之间的自然平衡性成为变化的诸多原因之一。某个音位元素本应在所需要的位置上出现，然后消失，但其提前是应出现在言语中并表现出来，或者追求先于时间表现出来。或者相反，出现之后，我们以回忆的形式保留下来，成为打乱言语平静的始作俑者，但这个元素本应消失。

　　心理学家可以很轻松地解释类似现象。相互替换的连续性行为组成了言语，每一个行为都要求有时间进行准备，之后留下某些残余现象。假如这里只有纯反射现象在发挥作用，那么由于习惯所致，这个过程借助调整好的完美无缺的机制而表现得极度精致。但理智和数千个产生于意识当中不可预测因素的干预常常使清晰的言语功能复杂化。有时准备过程过于迅速，某些残余现象过于滞后。说话人常疏忽大意，精力不集中，犹豫不决。在这方面言语与任何一种人类有意识的活动很相像。因此，刚刚发出的语音和即将发出的语音，有时在说话人的意识中占有重要地位，影响到当前的发音行为。如果这些语音没有替换那些本应发出的语音，那么至少也会对它们产生影响，这种影响的力度不仅取决于说话人的心理定向，而且还取决于语音之间的自然相似性。

　　我们虽然不去详细研究这种影响，但这种影响体现在两种基本形式上——同化和异化。同化使发挥作用的语音和感受到影响的语音非常接近或者完全吻合[①]；相反，异化确立了两个语音之间的清晰区别。这两种效果可能是**进化的**（在言语语流中一个语音对后面的语音产生影响）或者**退化的**（语音提前影响到前面的语音）。这种影响常常在直接接触中表现出来，通过没有受到任何影响的其他发音来实现。只要懂得一点语言学的人，应当理解这些事实。所以，我们将不再详细描述这些事实，让读者去阅读专门的著作吧。在冯特的著作中我们还可以发现与研究同化问题有关的有趣内容。[②]我们只列举这种现象的一个例子，在之后的阐述中还将用到。这里的同化指的是倒退性状态的同化。在古法语中使用过由拉丁词语 cīrcāre 构成的 cercher "sɛrʃɛr" 的形式。我们将这

---

① 应当强调，从现在开始我们将使用词语同化的两个意义。我们已经了解了心理同化，也就是在理解过程中将所理解的元素比作它的思想的心理同化，现在讲一下语音同化。
② B.L.S.424-444.

个词语变成 chercher "ʃɛrʃə"，这样一来，ch "ʃ" 就影响到之前的 c "s"。

下面讲的是突变式变化。在这种变化下，音位系统中的一个语音（与硬音 "s" 相对应的 c）被该系统的另一个语音代替（ch，喴音卷舌硬音 "ʃ" 的表示法），同样，词语 toussir 中的语音 "i" 被词语 tousser 中的 "ę" 取代，或与 provain 的词语有关的 provaigner 中的 "ɛ" 被 "i" 取代。但在我们所指的情形下，作为语法象征的语音虽然触及变化，但它们的功能没有丝毫改变。显然，这里指心理现象，因为语音 "ʃ" 影响了本应作为 "s" 实现的语音发音。但在这种现象中，没有任何精神层面的现象，因为这种影响之所以能够实现，只是因为理智和意志力丧失了对言语机制的控制力。似乎我们可以在静态形态学和音位学之外研究这种现象。确实，语音的性质恰好是重要的，因为语音 "s" 和 "ʃ" 具有使发音变得轻松的自然相似性。形态变化是如何与类似的影响能否实现发生联系的呢？

形态变化还是与这样的影响有关，但是初看起来并不明显。为了理解这个事实，我们不仅需要考虑形态变化的任务就是创建比旧语言形式更适合于表达思想的新语言形式，而且还要考虑确定这种创造物，控制它，甚至决定保留必要形式的力量和规则。低级心理动机的存在导致语言的解体，这样的心理动机数量众多，而且如果没有注意力和理智形式不断坚持，那么这些动机很快将使言语丧失任何效力。

我们已经说过，创造和改变是同一种现象，还应将第三个术语加入其中，指出创造、保留和改变只是一种活动的三个方面。将两个相互对立的概念，即保留和改变结合在一起可能看起来很奇怪。假如保留是惯性的同义词，有可能就是这样。但当这个概念遇到了抵抗，遇到了不希望丧失所创造的现象的情形时，显然，保留就是另一类现象，与其他在形成现象时体现出的积极力量一样，和它们一起向目标迈进。在语言中也是如此。人类智慧创造了语言，促使语言发生变化，同时还必须尽量使得所掌握的语言不丧失任何表现功能。这种精神因素的保护行为是任何进步的必要条件。如果重新创造的语法表达手段和语言形式毫无阻碍地受到了来自我们低级的、非精神因素方面的缓慢破坏力的影响，那么演化就是不断修复的过程。这应是原地踏步的行为。

认识到这一真理之后，我们可以严肃地对待我们所研究的问题。毫无疑问，应当承认，在一部分个体生理心理学规律框架内，我们可以解释受到其他语音影响的现象，而且这种现象不包含任何精神性的和形态性的东西。但除了在有组织语言和语言发挥作用过程中存在这种现象之外，我们只需要注意之前提到的具有保护目的的对抗行为，就可以理解这种现象在语法中产生的结果。在它们与心理因素之间的关系框架内研究这些结果，语法有机体因此得以产生、存在、演化。语法现象的产生是语音相互影响所致，因而与后者相比，具有不同的性质，这种情况与我们在音位学看到的现象很相似。发音（与言语器官相关的现象）及发音与控制发音的神经中枢之间的相互关系是生理心理功能，与语法没有任何共同性。但语法科学告诉我们这些功能，强调这些功能服务于语言的这门科学，应当嵌入静态形态学中。

我们想强调一点，需要使用某个术语，将这些论断与我们阐述的科学一般嵌入原则联系起来，指出理智与语言形态衰落的对抗就是语音相互影响所致。没有理智的许可，什么都不会发生，在个体或者集体语言中任何现象都不可能永远固定下来，也不可能成为语法元素。

Nous cerchons 可以替换成 nous cherchons，为什么 serre chaude "sɛrʃɔd" 没有变成 cherre chaude "ʃɛrʃɔd"？这种发音错误一定出现过上千次，但是语言始终没有接受它。原因在于，说话人每一次都是记住了这个双词词组中第一个元素的意义。如果词语没有受到语音 ch "ʃ" 的同化影响，那么与词语 serre 所有其他用法之间的联想及词语框架内象征的性质便阻止了其物质形式改变。当这两个词语完全融为一个词语，并且由于相互之间的密切联系，构成词语的元素完全脱离了在另一种语言中那些在起初阶段与之等同的现象，那么任何东西都不可能妨碍同化现象的发生。

正如读者所见，当我们从心理角度分析类比变化和逻辑倒错型变化时，我们发现了与已经确认的事实几乎一致的事实。我们在研究这些现象时，发现了能够引起某些词语外部物质形式变化的思想联想。在研究语音影响时，我们需要考虑妨碍类似变化的思想联想。一个语音影响另一个语音现象的首要原因就是语音性。因此，我们处在语音学科的范围内。但这种现象本身在形态上是受制约的，所以我们将其嵌入关于语言形式和语言表达方法的科学中。

现在我们终于可以研究构成语音演化的最重要部分——**渐进式变化**。最重要的，但同时最难的任务就是在研究形态性质的条件下如何揭示研究这些变化的成效性。

这些规律性变化令语言学者感到震惊，他们尝试使这些变化具有像自然规律一样的意义。因为这种诱人的类比性的存在，他们轻而易举得出了结论：语音规律是具有决定性意义的元素。

之前我们研究了词语 dēbēre 的每一个语音所经历的变化。对于所有在性质上和位置上等同的音位元素而言（无论这些元素出现在哪一个词语中），这些变化在某个地方、某个时间内都是一样的。因此，任何类似变化都从属相应的规则或者规律，经验主义语音学的任务就是列举某个时间段在某个语言团体内发挥作用的规律。在从语音学角度研究法语起源的著作中我们看到，词头的 "d" 保留下来（例如：dūrum>dur、dĭgĭtum>doigt），拉丁语中短 "e" 或者长 "e"，甚至位于次要重音之下的 "i"（如果词语的第一个音节没有主要重音，那么就具有次要重音）在开音节中成为无声的 "e"（例如：sĕrēnum>serein、nĕpōtēm>neveu、mĭnaciam>menace、vĕnire>venir 等）。我们已经阐述过与元音间 "b" 相关的关系原则，因此继续研究针对词语 dēbēre>devoir 中每一个语音的规则是多余的。如果在某一个历史时刻，我们在语言中发现了违规的情形，那么语音学应当记录这些违规情形，如果可能的话，加以解释。比如，根据常规形式 je croi（s），tu crois 创建了 nous croyons（拉丁语的 crēd-ūmus），从而取代了预期的（确实在古法语中存在）nos creons 形式。

人们常常认为，犹如决定物体坠落的规律一样，这些规律具有神秘性，不可避免。因此，语言语音方面的演化似乎关系到与突变式变化现象相关的这些规律行为。与此同时，突变式变化具有心理性质的原因，而与语音规律有关的变化似乎是因某种未知的隐性力量自发地出现，是人类意识无法控制和影响的。在这个理论中术语**语音规律**不是语音变化需要遵循的规律，而是与语音相关的规律。

假如是这样，我们不仅可以研究这些规律，而且还要创造一种环境。在这种环境下，演化形态学规律、语言的精神基础总是产生一定的结果。在这样的情形下，我们指的是低级现象，它可以与发声的言语生理学并列存在。因此，必须将科学的嵌入顺序变成逆向的。

之前我们试图证明这种现象的不确定性，但我们从来没有机会证实，语音规律可以以这样的方式将自己的条件强加于语言的精神形式上。我们只需要展示，语音规律并不总是自发的，在某种程度上永远都受制于形态学，甚至只是因为形态学才存在。

我们起初认为，这种促使语音变化的特殊的未知原因充满了神秘色彩。我们认为，在还没有证明它是否存在之前，我们就有权利质疑它的存在。确实，这样的现象可能出现在词语 dēbēre 的第二个 "e" 中。随着时间的推移，它以势不可当的架势首先变成 "ei"，然后变成 "ɔi"，最后变成 "wà"；或者，在这个词语中的另一语音 "b" 力量减弱，变成 "v"？我们可以想象出这个问题的答案，但很困难，而且不同地域的语音规律是不相同的。

况且，这正是语言之间相互区别的主要原因。意大利语的 devere（与其并列的 dovere——根据 potere 而构成的逻辑倒错形式）不同于法语的 devoir，因为拉丁语词语的不同元素在托斯卡纳语所经历的变化与在伊勒–德–弗兰茨语中不同。地理位置是如何影响音位的内在性质和潜在的变化能力的呢？

我们是否需要解答，变化的原因不是在语音本身，而是在说话人的有机体中？是否需要解答，法国人、意大利人、加泰隆人或者西班牙人的喉腔在某个时刻是为类似语音变化而存在的？语音学家有时这样解决问题。但在生理学家还没有发现这种原因，没有解释清楚这种原因是什么、如何发挥作用之前，我们无论如何都没有义务接受它。这种原因只是暂时模糊的、假设的概念。它存在的唯一意义就是填补我们知识中的空白。同时，如果我们满足于类似的解释，而不研究其他形式，就意味着与事实背道而驰。而且我们认为，按照常理，可以发现其他一些理由充足的解释原则。

我们认为，常规性语音变化的原因是非常复杂的。在每一种具体情形下，很难满意地确定这种原因。但是就基础而言，这种原因是清晰而合理的，按照我们的观点，这就是解决这个问题的方式。

语音本身并不变化，是说话的主体在改变语音。我们不是在导致语音"e"变响亮或者产生另一种专门效果的言语器官的某种取向中，而只是**在无数的，通常是难以捕捉的，说话主体针对他在言语中所使用的音位所做的变化中去发现这些变化的基础。**

我们发现，音位在现实中只是作为思想或者概念而存在。这是一般类型，所有听到的语音都与其相似，是说话主体在发音时坚持使用的类型。因此，语音围绕着这种类型时而向一个方向，时而往另一个方向摇摆变化。它们的性质、调性特点和数量都发生了变化，而变化的程度只是局限在语言的要求之内。因为言语必须清晰、音位必须保持一定的区分特征，才能用于分辨由音位构成的象征。这种限制语音变化的情形就是第一种形态学干涉语音变化的事实。

我们继续提出问题：发生这些变化的最基本原因是什么。存在各种各样的原因，我们只列举我们认为重要的那些原因。

之后，我们立刻发现，音位类型只是作为在具体言语中实现的某些发音之间的媒介，本身并不能保证自身的稳定性。但这是纯粹的消极原因，只有这个原因还不够，还有若干个积极原因。

我们首先需要回忆一下，语法语言及音位系统永远只是在语法外语言界限内使用。与生动的言语本身一样，生动的言语中的任何一个音位都是几种倾向的合力。除了语法性质之外，任何一种音位都具有情感性质的语法外特征。它的发音可能比较清晰，比较快速。我们还需要面对一种可以思考的现象，只是还需要研究言语与思维的关系，而不仅仅局限于心理方面的言语。语法外元素参与发音，直接引发某些变化。但是这种参与可能引起成为前一部分变化残余的其他变化。词语 âme 中的语音 "α" 发音的强度不一、长短不一，这与我们所希望的修辞效果有关，但这可能违背说话人的意志，引发其他与发音或声调相关的变化。因静态音位学的存在，我们发现了在语音的不同特征中间存在自然的或者说话人已经掌控的联系。

我们在其他一些可能影响变化的因素中特别区分出相邻语音的影响。说话人关注力越弱，这些变化就越容易出现。渐进式变化和突变式变化在这方面相互接触，但并没有混合在一起。我们发现，另一个语音的影响可能妨碍音位的同化，因为相邻 ch "ʃ" 音的存在，导致 ch "ʃ" 取代了 c "s"。在我们的意识中这样的发音概念已经存在，而且言语器官已经做好了发音的准备。但这种影响可能不会很大，只能是类似于 "s" 而稍微远离一般的类型，却又如此接近 "ʃ" 的类型。可能说话人和听话人无法发现这一点，两个人都认为，一个人发音，而另一个人理解为 "s"，两种情形之间的清晰界限正是在这里出现了某种偏离标准的现象。在现实中相邻语音的同化或者异化成为很多语音规律的生理性原因。如果词语 dēbēre 的语音 "b" 在两个元音之间弱化，成为响音 "v"，那么，显然这是因为它与元音的性质相似所致。相反，如果辅音之前的词头 "s" 导致了补充元音出现（正如我们在拉丁语 scūtūm> 古法语 escu 例子中看到一样），这是异化的效果：第一个辅音与第二个辅音清晰地分开，形成了新的音节。这些语音规律的起源与语言的一部分语音对另一部分语音的影响有关，我们丝毫不怀疑这一点。同时，这些语音规律还与因这些影响导致的显著变化有关。与我们在前面提到[①]的突变式变化一样，这些变化与形态学有关。

我们发现，引发突变式变化的心理因素可能并没有产生预期的效果，只是在它所影响的音位范围内引起一定程度的变化，但说话人完全没有意识到这些变化。虽然从语音相互影响角度而言这一点是正确的，但相对于类比变化和逻辑倒错型变化，这一点就是错误的。在词语和句子中并不存在这种情形，但由于概念联想所致，对说话主体意识中出现的语音却产生了影响。想象一下，我想用词语 Octave "ɔktav"（屋大维）表示罗马皇帝，在说出这个专有名词时，在我的意识中出现了更常用的名字 Auguste（奥古斯都）。因此，我发出词语的第一个语音元素 "ɔ" 就有可能失去清晰性，从词语 Auguste 获得闭合音 "ǫ" 的特征，但不是这个语音的所有特征。我们可以发现，ou "u" 在副动词 couvant 的发音有时比在名词 le couvent 的发音要长一些。显然，这又与 couver 的变化形式 elle couve 的影响有关，其中的这个语音就是长音。还有一个例子，在法语词语 un ami "ynàmi" 中，元音之前出现了 "黏合"（liaison），而且阳性冠词的音变成阴性冠词 une 的音。但 un parent "œ̃parã" 的发音却完全不同。在这两个例子中冠词的发音有很大的区别，而且这种区别是有历史根据的。[②] 但根据类比，"œ̃" 的发音到处都得以恢复。鉴于语音 n 在词语 œ̃nami

---

① 我们强调，在某些情形下，与语音相互影响有关的突变式变化是有规律地实现的。拉丁语中 l 和 r 的异化就是例子。试比较下列形容词，一方面是 naturalis、auguralis、saturnalls、mortalis，另一方面是 vulgaris、singularis、popularis、insularis。由于 l 属于这个后缀的原始形式，我们在没有 r 的异化影响（natalis、venalis、aestivalis、aequalis）的地方遇到它是不足为奇的，对于以 al 和 ar 结尾的中性名词而言也是正确的。从词语 pulvinar、lupanar、calcar、Luqualis 和词语 animal、vectigal 等的对比中可以看出，我们用 caeruleus 取代了 caeluleus。这些例子与很多例子一样，允许我们阐述规律的某种相似性，突变式变化和渐进式变化正是在这里发生交集（但不是混合在一起）。

② 在法语发展过程中，元音与鼻辅音的组合变成了鼻化元音。元音之前的双音位组合保留了下来。

中的黏合性，那么根据 un parent 的模式我们还可读成 un ami。但是我们很容易发现，在言语流两种可能的形式中的"œ̃"和"y"的发音不是永远清晰的，但因为两种形式同时存在于意识中，那么，通常发"y"音时，在一定程度上接近于发"œ̃"音。

我们之前列举的变化原因指的是心理因素的干预。我们认为，存在与某种长期的或者过渡性的自然趋向相关的语音变化。类似变化的存在与我们的纲要并不相悖，因为我们只是暂时涉及类型范围内的不稳定音位，而没有涉及与不稳定性相关的类型本身的变化。我们的理论还不成熟。如果必须承认所有不稳定性与自然原因有关，那么我们并不能因此认为变化与形态学无关。

但是，我们在继续阐述之前，需要提一下最后一个特殊的变化原因。这个原因不是自然性的，因为这里指言语器官所习得的取向。与其他原因一样，这个原因也不是心理性的，因为它并没有体现在言语和思维的关系中。当各种语言进行接触时，我们论述各种语言之间的相互影响，显然，同一个体不可能同时讲两种语言，也就是利用两种音位系统。这样，他更习惯的系统影响到另一个系统，通过某种程度的同化改变它。该事实随处可见，因此我们不需要详细讲述。当然，也不排除相反的情形。比如，一个人从童年时就掌握了两种语言，而且他对两种语言都非常熟悉。一种语言固有的发音习惯可能，甚至应当影响到另一种语言固有的发音习惯。这种因素带来的结果不同于其他因素行为的后果：这种因素自然地，常常是采取同一种方式改变说话人使用的音位。在这个意义上，可以将它比作发音中难以摆脱的顽疾。常规的习惯与生理取向是一致的。一个人因为腭部的自然缺陷不能发出法语中 joli "ʒɔli"中的语音"ʒ"；另一个人因为从来没有学过发这个语音，在这两种情形下，不可能的程度实际上是一样的。

正是因为这个因素及其他因素的存在，部分类似的和错误的发音开始流行。在具体的语言，在我们听到的言语及我们生成的语言中充满着这样的发音。

这将导致什么样的结果？语音因此将如何变化？这就是我们应解决的问题。

我们来分析一个例子。因为同化效果所致，拉丁语词语 něpōtem 中语音"p"与其周围的元音一样在某种程度上变得响亮。它与"b"很接近，然后变成了真正的语音"b"，最后在进一步的同化中，因与在词语 dēbēre>devoir 中"b"的变化相类似，使得被研究的语音变成"v"音（古法语的 nevot，现代法语的 neveu）。每向前走一步，每一个更加全面的同化行为在开始时都是个性化的、孤立的、偶然的事实。可能，由其他反方向因素制约的简单变化似乎没有在语言中留下痕迹。在这样的情形下，我们提出两个问题：第一，我们想知道，这种孤立的个性化事实是如何成为常规的、普通的事实，从而被语言共同体掌握；第二，我们需要认识，为什么在多数情形下只触及个别词语形式的现象却成为与音位元素相关，而与它所在词语无关的语音规律。这些问题都是相互联系的。

当然，无论我们的语言如何变化，这种变化是否涉及形态现象或者语音性质的事实，都只能由集体来实现，而且要借助于任何语法新现象必须的相互适应来实现这种变化。与词汇新现象或者新的句法规则一样，说话主体因为事实的存在而提出语音变化，为那些倾听他的人们再现语音变化。在这个集体环境中，语音变化经常遇到彻底毁灭新事物势力的抵抗，迫使它的发明者回到所有已经接受的用法中。相反，在其他一些情形下，各种情况的汇合成为变化的基础。这些情况有利于它去抗衡已经接受的用法或者其他竞争性的变化。在某个方面是否发生变化，完全取决于在集体中占据优势的力量倾斜的方向。这就是现有力量的抗衡。

但为了实现语音变化，还有一个必要的条件。在这里我们已经涉及第二个问题。语音变化不仅要出现在孤立的词语中，而且要同时出现在所有含有同一个音位元素的词语中。换言之，语音变化只能以普遍使用规则的形式而存在。为什么？道理很简单：常规性是保留音位系统的重要条件。为了理解语言，系统是必不可少的，而人类智慧通过无意识选择的途径抵制所有可能威胁到理解这一点的东西。

我们暂且假设，每一个词语物质方面的变化与其他词语无关。显然，如果无法将词语的元素与某些类型相比，那么就无法识别词语本身。所有个别变化将导致新音位系统类型的出现，一个语音"a"变成"e"，而另一个语音在同样条件下变成"o"，最后，出现了包含每一个被理解象征的两个词语。但只有这些还不够，我们还需要考虑过渡阶段。在语言中所有语音"a"同时并且独立地在不同方向发生着变化，语言的音位系统将会发生什么变化？如果只是保留了一些小的区别，音位系统因自己的复杂性有可能完全崩溃。

因此，我们认为，在理论和实践中只有两类明确区分的语音变化，即突变式变化和渐进式变化。

如果古法语词语 femier（拉丁语 fīmārium 来自 fīmus）在某个时刻因相邻语音同化了语音"ə"而得到了 fumier，那么这个"ə"在变成"y"之前，毫无疑问经历了诸多变化，处于"ə"和"y"之间，但在每一个这样的时刻，无论是说话人，还是听话人，都将这一变化或者比作处于同样环境下的词语 femelle 中的语音"ə"，或者词语 fumée 中的语音"y"。或许，正是与最后一个词语的感染错合改变了这两种同化类型之间的平衡，倾向于如今公认的第二个语音。比如词语 devoir 中的二合元音"oi"却是另一种情形。从13世纪至今，二合元音"oi"在成为现在的发音"wà"之前，经历了一系列变化。在每一个阶段同化的性质都是不同的，我们在前面列举了这个语音元素具有的某些相互替换的语音性质。在所有语法条件要求变化的情形下，比如在词语 devoir、toile、croire 或者任何一个词语中，如果音位类型都经历了同一种变化，那么就可能发生这种现象。

无论在哪种情形下，完整的音位系统通过不同的途径保留了下来。除此之外，如果我们轻易就能理解突变式变化的机制，那么也就不难弄清楚，音位类型的渐进式常规性变化是如何实现的。

象征因为分解为某些音位元素而得以确定下来，并被人认识。语言的任何一个发音元素之所以存在，只是因为某种类型的同化所致。当词语框架内的发音元素发生变化时，就出现了二者择一的情形：或者元素根据类型发生变化，回到原始形式，或者类型本身不得不根据元素进行变化。但在这样的情形下，它将该类型在所有其他情形下的表现形式纳入变化过程中。当有利于类似变化的力量凌驾于与它相对抗的力量时，这种情形经常出现。

我们在前面讲述了，在很多情形下相关类型范围内的音位具有不稳定性，进而成为导致语音变化的因素，在很多情形下，还具有心理性。现在，我们得出了较为重要的新结论。我们认为，**因为精神行为**、理解和被理解愿望的干预，**语音变化成为常态，具有了规律性**。

我们指的是具有保守倾向的例子。我们在论述与语音相互影响有关的突变式变化时提到过这种倾向。这种倾向与创造服务于思维目的的语言推动力很相似。这些推动力迫使语言发生改变，使语言适应于这些推动力。在个别情形下，如果这些因素没有促进发展进程的话，那么这些因素至少也阻碍了衰变进程。

与音位学嵌入静态形态学中一样，静态形态学研究发音需要遵循语法**表达方法**，从而符合有组织语言的目标。同样，与语音学嵌入演化形态学一样，演化形态学告诉我们，在语言行使功能过程中，当诸多力量追求破坏这种方法时，我们如何让这种方法保留下来。

还有最后一个问题，语音变化的基本主导性原则是什么。我们说过，语音变化因主导力量的干扰所致。而且语音变化利用某些有利的条件之后，变体占据上风，在语言中成为必要的形式。这些有利的条件是什么？为什么某些力量占据了上风？

关于这个问题，我们可以给出一般性质的答案。如果之前我们针对音位学公正地预测过，在说话主体的取向和他们所使用的音位系统之间存在某种心理和物质对应，那么显而易见，某种程度上的完全适应将永远是自然的演化结果，因为有这种适应存在，音位系统将与集体经历的物质或者精神性质的变化一起改变。

这样极度宽泛型的答案还不够，还需要深入。我们在下一章阐述理论语音学纲要时，再回到这个问题上。在这个阶段我们只能限于已取得的成果。

确实，如果我们阐述的语音变化原因和心理制约性是正确的，那么我们认为，在这个系统中只有人类智慧允许的现象才能实现。我们需要得到许可，需要得到同意。理智服从最高规律，无论我们是否认可，这就是语言的基本规律：追求理解和被理解。一切明显违背这个目的的现象都会受到抵制。这意味着，思想"形式"本身也是思想，不需要遵循与言语器官和听觉功能有关的某种本能动机确定的规律。相反，与用于实现思想形式的规约性语音行为有关的一切，却需要遵循思想形式的要求。这一点正是需要确定的。

最后，我们说一点意见，以证明提出的观点，有助于更加详细地解释我们的观点。

似乎，当我们现在认为所有语音变化基本上受到理智的影响时，我们可以更好地理解存在于不同变化之间的真正关系。现在，我们认为，语音变化是有利于语言实践的目的的，这些变化面临着竞争的境况，其中一部分变化可能征服另一部分变化。

在现代语言中，我们可以看到这种不同语音变化之间的竞争。比如，因为文学和各种文献的存在，法语一类的语言可以给我们提供大量在很多个世纪内的生活证据。我们并没有发现，我们在使用常规性的语音规律时，必须具有个体无法控制的自然现象固有的准确性和必然性。关于某个词语的发音或者某个音位的发音，语法学家和不同的作者常常观点不一。而且，我们意识到，如果习惯性最后在两者之间进行抉择时，可以发生变化，正是在这一刻可能出现各种影响选择的干扰因素。根据个体年龄、出生地、文化水平的不同，不同的个体利用了不同的发音类型。语言史证明，最新的或者最普及的发音不是总能胜出一筹。这就证明说话人可以控制语音的使用，在它们之间做出选择。我们观察周围的现代语言，看到了很多竞争的例子，尤其在城市里，各种方言与来自学校、剧院和教堂里主教的讲坛上的纯语主义影响相抗衡。在日内瓦和其他有些地方可以听到阴性形动词中的结尾 ée 至少有三种发音方法：最古老的地方发音"eʝ"，词尾是软音。来自巴黎的发音——简单的"ę"，就好像无声的"e"不存在一样。过渡性的发音很普及，因为既不是方言音，也不是完全受净化主义制约发成"ę："的音，也就是发出长长的闭合音"e"。

在具体情形下，针对一个词语而言，理智的影响、概念联想、词法，或者形式主义的拼写法，或者追求保持完全清晰而表示出的象征形式常常终止用于其他情形下的语音规律行为。为此，在某些条件下变化的音位元素在其他条件下只需要保持原有的形式就足够了。而且，针对词语中违反规律保留下来的语音，我们在音位系统中可以发现与这个语音相似的类型。类比或者逻辑倒错（如果我们可以使用逻辑倒错这个术语）将终结其他现象。在这种情形下，我们面对的是渐进式变化和突变式变化的特殊组合。有很多这样的例子。众所周知，在法语中大部分结尾辅音脱落。"e"之后的结尾"r"消失，我们将 chanter、officier、premier 发成没有"r"音的 ʃãtę、ɔfisʝę、prəmʝę。但是，单音节词语 mer、fier、cher "mɛr、fjɛr、ʃɛr" 保留了尾音，而且还影响到开放式语音"e"的性质。除此之外，如果说 amer "amɛr" 形式可能是因为与 mer 这个概念之间的联想而出现的逻辑倒错现象所致，那么在"i"之后的语音"r"曾有消失的倾向。17世纪的语法学家认为，以 -ir 结尾的不定式在这方面与以 -er 结尾的不定式一样，词语 finir 发音与"ʃãtę"一样，没有"r"："fini"。根据现代人[①] 提供的某些证据，语音"r"重新发音是因为一些说话人的原因，他们根

---

① Thurot Ch. De la prononciation française depuis le ⅩⅥ siècle, d'après les témoignages des grammariens. Paris: Imprimerie nationale, 1888, vol.II.P.162.

据与第四变位法动词，比如 dire、conduire "dirə、kɔ̃dʮirə" 的相似，构成了 finire、mouirire "finirə、murirə"。因为法语中绝大部分以 "ir" 结尾的词语都是不定式，那么类比现象的干预完全终止了语音规律的行为，结尾的 "ir" 保留下来，取代了 "i"。名词 l'avenir、le désir 也遵循这个新规则。

如果我们研究类似现象，那么可以轻松地得出结论，某些形态性质的因素尽量保持必要的结尾不变，不仅可以部分停止某种语音规律的行为，而且可以完全妨碍它实现。由此回到我们的结论中，我们认为，在语音变化领域不可能出现任何能够危害到语言 "形式"，也就是表达思想的现象。一切涉及语言现象的长久变化都可以在实践中接受形态学的要求。某种语法表达手段因为象征的物质方面经历的变化而受到破坏，这意味着，这种方法已经死亡，而且语言为它找到了替代物。

第十四章
有组织语言的口语科学纲要·演化部分

我们需要强调，我们如何在个体心理学、关于情感语言的科学和理论语言学的静态部分这些已经形成的学科基础上构建演化学科系统。我们将根据已经确定的相互嵌入原则，逐步解决越来越复杂问题的自然顺序，并对这些问题进行排列。

如果能够做到这一点，我们就以这样的方式确定理论语言学纲要。

我们发现，静态形态学应从确定和研究被我们称作有组织语言细胞的象征开始。如果我们使用某种原则，而且根据这种原则，起源和演化本质上表现为同一个现象，那么我们因此便可以得出这样的结论：**演化形态学**的第一个必要任务就是研究**象征的起源**。从心理角度分析这些现象，就是为了发现科学的逻辑架构中的原始元素。

当然，在这一部分，演化形态学与研究符号起源的前语法语言有关，与从象征的抽象形式和物质性质角度定义的静态语言学有关。我们在开始时研究的作为形式的科学很重要，这种科学只是研究用代数定义表达的象征：

$$概念 a= 符号 b。$$

但我们没有必要强调这一点。在这里我们采用了某研究者[1] 不久前倡议使用的分类。他建议将所有语言学问题分为三类：**个体起源**、**个体-系统起源**、**系统起源**。我们暂时使用这些听上去很吓人的术语。在我们的阐述中，这些术语对于概括某些我们已经熟悉的概念很有用。**个体起源**涉及的事实或者行为发生的原因都与个体、说话主体有关。**个体-系统起源**研究的现象与孤立的个体受到一个或者若干个说话主体影响有关。最后，**系统起源**指的是几个主体完成的集体活动所导致的现象。这些主体相互影响、相互作用。

正如我们所知，自然产生的符号是一个个体的产物。因此，与此相关的问题属于个体起源，而且所有关于情感语言的学科并没有超越这个领域的界限。

符号是如何产生的？显然，与所有以形态变化为基础的无意识新现象有关。正是因为每个人尽量弄清楚他人的语言，解释他们使用的自然的前语法符号，才在第一次通过某些语音或者某些手势认识了与某些概念相对应的客观和常态化现象。符号变成象征，产生了语法。在这里我们面对的是孤立的，但受到了其他几个主体影响的主体。我们处在**个体-系统起源**领域内。

但我们只是解释了个体所掌握的象征起源，我们还需要了解，这些象征是如何通过某些相互协议或者适应已经成为集体的共同财产而产生的。这些象征通过相互协议具有了稳定性，从而取代了清晰的概念，供两个理性的人在交际时使用。

显然，摆在我们面前的是两个相互有联系的问题。集体使用的象征由于这种使用而具有了有效的稳定性。作为个体财富的象征可以改变，完全不需要来自外力的妨碍就可以消失。而且，这种阻碍不可能发挥效力的。个体坚持自己

---

[1] Dittrich Ottmar. Grundzüge der Sprachpsychologie, B. I. Halle, 1904; 请参阅 Einleitung, §142 和作者在 a также краткое изл Archiv für gesammte Psychologie, B. III. S.66 所作的阐述。

的习惯，他还要因为新动机的出现而改变这些习惯。相反，如果没有来自其他人语言的干涉，他既不能改变，也不能忘记所有人使用的众所周知的象征。已经成为共同财富的现象因此很难改变，或者完全不变。从另一方面而言，个体使用的象征形式越常态化，意义越清晰，越符合象征的理论定义，其他人将有更多机会习得。

这些现象是如何产生的？它们诞生于个体语法之间的竞争中。集体语法既是一个合成单位，也是一个平均数值。考虑到阐述的内容与象征有关，我们就不再重复前一章提到的与形态变化有关的内容。我们正是在研究完一系列基本学科之后，最终进入**系统起源**领域。换言之，进入集体心理领域。我们简单地阐述了对于这类科学比较典型的问题。这个问题涉及从语言角度，用最简单的术语合理解释任何一种由集体创造的自然新事物。我们做到了这一点。

我们只需要解释清楚，象征可以借助哪些连续的心理现象表现出来；一个认为在他人语言中发现了象征的个体又是如何理解它和使用它的；最后，语言团体如何在掌握过程中接受这个象征的。在此基础上，我们可以理解象征的意义是如何发生变化的。确实，象征的稳定性总是相对的，在任何时候都不能将这种稳定性视为长期的和不变的。由于预先的精神行为所致，产生于意识中的象征是模糊的，也正是从那一刻起，一直到这个象征走过漫长的道路，从人类语言中消失，让位于挡住该象征去路的竞争性象征为止，这个象征一直都在发挥作用。使用象征的人从外部得到这个象征，通过一系列与象征出现之前相类似的个体-系统和系统现象再提供给他人。每一次，当一个人使用象征，并且被另一个人接受时，就可能实现无意识新现象，也就是被听话人接受和理解的象征不完全等同于说话人所使用的象征。每一次出现的个性变化都要接受集体法庭的审判。就像推翻或者接受诞生的象征一样，集体可以推翻或者接受这种变化。

这样，如果我们了解了象征是如何起源的，并可以做出合理解释，那么我们还将掌控象征的命运和象征变化的关键。

除此之外，我们获得了开启形态变化的密钥。我们试图揭示，形态学完全可以作为一个象征系统呈现出来。

但是，我们需要进行必要的区分，而且不能操之过急。我们需要遵守以下规则：在解决简单问题时我们需要必要的材料，确定被研究问题中的未知单位。因为这个规则的存在，演化形态学必须研究起源和变化状态的象征，也就是从**最简单的、真正的，没有任何复杂形态的象征角度**进行研究。

我们将这样的象征比作最简单的细胞，含有所有生命特征、不太成熟的有机体，它存在于语言中。我们称之为**象征-句子**。前面我们指出，这个级别的语言演化通常出现在固定年龄段儿童语言中。在精神语言领域他们做出第一次尝试，借助于孤立的象征表达思想。与由喊叫声、手势和面部表情组成的儿童自发性语言相比，他们所掌握的不多的词语或者规约性手势显然是经过认真选择的。其中不仅有概念，而且还有思想，也就是用于表达的论断、愿望或者情感。这里具有广阔的观察和研究领域。认真研究这些现象之后，我们可以发现儿童是如何习得象征的，他赋予了象征何种意义，这种意义是如何随着经验的增多和智力发展而发生变化的。很遗憾，儿童语言是一种特殊现象。借助于儿童语言，我们可以研究象征-句子的起源和演化，将这个问题与其他现象区分开来。儿童经常受到成年人言语的影响，他不能发现真正独立的语法新事物。第一部分的实际研究对象就是独立的，处在与不成熟的、几乎无形态的语言相吻合的智商水准上的儿童集体言语。

这是想象出来的、在自然界中无法观察到的对象。但是，我们认为，研究语言变化的第一学科，也就是演化象征，其存在的权利与现实是否为我们提供准确对应这门科学的研究对象毫无关系。很多科学的研究对象应是从现实中抽象出来的，它的出现只是因存在于自然界中的现实对象的任意简化形式所致。演化象征现象以相对纯粹的形式体现在事实中，而以观察这些事实为基础及得到类似观察检验的可靠心理性结论就是第一学科必要而充分的基础。

演化象征的结果和方法可以直接应用于语法句子中，但前提是必须涉及这些句子的意义，因为句子本身作为孤立的象征处于演化过程中。短句就是这样的。这些句子常常是表达疑问、愿望或者形式上的省略，用于日常语言中的感叹句。比如，"Je vous crois"这是简单的肯定句；"A qui le dites-vous?"这是一个问句。两者都用于确认刚说到的事情，只是语气不同。"Que dites-vous là?"可以表达吃惊或者愤怒。事实上，演化象征是指根据句子与情境失去某些自身的意义，去适应整个句子和情景获得派生意义的句法表达手段的转义用法。用于表达恐吓的假定形式"si"非常清晰地表现出这一点："Si tu le touches!"或者担心："S'il faisait un faux pas!"或者奇妙的想法："Si nous lui faisions une niche!"等。某些句子成为固定表达手段。因此，如何保留它们的原始意义已经不重要。"S'il vous plaît"就是这样的情形，如果没有成为表达礼貌的固定模式，那么一定是经常用于讽刺意义。这种例句的意义发生了根本性变化，堪比句子-象征意义所遇到的变化。

当论述作为句子组成部分相互关联的象征可能遇到的意义变化时，问题就复杂得多。这些象征存在于特殊环境中。我们将语言中的句子比作活跃的有机体，在这些有机体中每一个象征都获得了某种专业化特征，结果就像植物或者动物细胞一样发生变化。就像在多细胞有机体内，每一个细胞形式和功能都受制于其他细胞，只是作为这些细胞的补充一样，在句子中任何一个象征都与其他象征保持联系，拥有形式特征（我们指抽象形式）和与这种关系相关的语义特征。句子不同部分之间的相互联系是存在的，如果不考虑这种相互联系，这些部分的意义变化就不可能实现。在这种情形下，根本不能将变化的象征视为某种孤立的、独立的现象。它是某个整体的一部分，与这个整体是一体的，与之密切相关的。当象征发生变化时，它的变化是有原因的，结果在句子的其他部分显现出来。

尽管这个新问题很复杂，但我们已经掌握了解决问题的所有资料。我们将演化象征的方法与静态形态学结合起来之后，可以采用已有的术语来重新阐述问题。正因为有静态形态学，我们才了解了语法句子的组成部分和在具体语言中存在的条件。演化象征为我们提供了心理分析方法。由于静态形态学的存在，我们了解到所有在语言中产生和发生变化的语法现象都可以合理地划分为三个阶段。这三个阶段对应着三种相互替换的条件类型，为了方便起见，我们称这些条件类型为"个体起源、个体-系统起源、系统起源"。

在这里还出现了起源和演化的混合情形。受静态形态学逻辑结论操控的演化形态学需要揭示，孤立的象征是如何转变为句子的一部分的；象征又是如何依照越来越完善的句法表达手段，经过不同阶段，走向更精准的专业化时期的。演化形态学同时揭示，这些新象征在受控于较为复杂的形态学条件下是如何成为相对固定的新事物的，而这些新事物因导致其产生的力量而又不断变化。

在有组织的句子框架内的意义变化理论是一种很著名的科学研究对象，有大量的语言历史学家、心理学家的研究成果涌现。这一理论我们称之为**语义**，甚至可以称之为**语义学**。

语言学家们厌烦了寻找语音规律，意识到这些规律只是语言的浅表层，于是尝试深入地理解语言生活的奥秘，研究"词语生活"。而且，在这个领域观察到的事实完全能够唤起研究者们的好奇心，从而进行透彻的解释。后来，心理学家研究了这个选题。我们发现了冯特在他书中倒数第二章专门研究了这个问题。

但只是通过研究词语意义的改变去限制语义领域，意味着过于降低它的作用。词语是复杂的，没有特别清晰确定的实质。据我们所知，句子最终并不是被分解为词语，而是分解为象征。**象征意义的变化**——这是真正的语义研究对象，而且解决这个问题意味着解决与演化形态学有关的所有问题。如果语言中的句子能够表达思想，只是因为句子是象征的组合，那么显然，任何形态变化可能导致构成句子的象征的某种语义变化。

为了展示形态变化是如何实现的，在上一章我们利用了某些例子，如"il ferait beau voir""de par le roi""viens-tu?""ils sont à table"。我们认为，这些象征群在保留一般意义的同时，也改变了个别部分的意义。某些象征失去了旧意义，出现了新象征。因此，我们面对的是几种语义现象。

而且，语义学并没有解决演化形态学的所有问题。在上面提到的例子中，不仅象征的意义发生了变化，而且它们之间的关系也发生了改变。比如，il ferait beau voir 中的形容词 beau 在起初只是表示 cela ferait un beau spectacle，之后才变成 il serait beau de voir。如果我们只研究 beau 这个词语本身，那么可以说，这个词语失去了形容词的性质，变成某一个其他词语。于是我们立刻对这个"词语进行定义"。但还可以在其他元素的关系中研究 beau 这个词语，阐述这个词语不再是 voir 的定语，而与动词 faire 一起成为谓语不可分割的一部分。因此，它中断了与 voir 的联系，与 faire 确立了联系，句子的内在结构发生了变化。所以，在意义发生改变的同时，我们还见证了句法的变化。**语义学与演化句法学**是相辅相成的。这两门学科共同构成了**演化形态学**。

显然，如果我们只分析象征-句子，这个问题就非常简单。在演化象征中句子和象征是一样的，而且同时变化，任何东西都无法破坏它们原始的统一性。当句子和象征发生分裂，考虑到问题与象征和句子之间的依赖关系，该问题以两种不同类型呈现出来；象征可以改变**意义**。句子原则上保留了原有的意义，但是改变了结构。相反，当句子结构不变，意义改变时，我们所遇到的问题与演化象征相类似。我们在前面讲到了这一点。如果是这样，两种现象在组合中发生碰撞，也就是句子既改变了结构，又改变了一般意义，那么我们需要将这种复杂的事实分为两种不同的事实。其中之一就是改变意义，属于演化象征范围；嵌入前者中的第二种事实就是改变结构，属于普通演化形态学。

如果我们现在分析演化形态学及其他两部分——语义学和句法学，那么就会出现一个重要问题，语义学问题和句法学问题之间的关系究竟属于哪种类型。

正如我们所认为的那样，研究语义学的学者根本没有思考这个问题。显然，原因就是他们不理解这两类问题深层次的相互依赖关系，这与他们过于狭隘地理解语义学有关，即只研究词语的命运，而不关注象征的命运。

而且，显然这样勾勒出的语义学范围具有随意性和不确定性。比如，你们研究法语名词 travail 的历史，这个词源于古代死刑的名词（拉丁语 trĭpalium）。动词 ravir 的历史是这样的：两个意义"赞赏"和"偷窃"都是与拉丁语的 rapĕre 有关。前置词 chez 虽然也是由拉丁语 casā 演变而来，但却具有较广泛的意义：Chez les Grecs il n'y avait point de théocratie、J'ai lu chez quelque auteur 等。我们继续研究，发现了类似于前置词 de、à 或者连接词 que 这样的词语，随着时间的推移获得了哪些意义，起到了什么作用。但为什么要研究这些，难道格的意义问题，比如第二格或者第三格，或者动词的时态与我们借助这些方法解决的问题不一样吗？当这样理解时（我们必须这样理解），我们发现了句法和语义规则是如何相互依存的；发现了存在于静态和演化中句子元素的意义和结构意义之间的密切和恒定关系。我们直接去解决刚刚提出的问题。

我们迫切需要解决的问题，就是针对每一个词语区分出蕴含在其中的代表性概念，也就是区分情感接受的物质内容与表达关系的概念，区分象征意义本身与该象征相对于其他象征而言的意义。我们以 cheval 为例，词语的意义含有与想象有关的元素，在我们面前出现的是一般表象。除此之外，它还具有以一种精神形式体现出的"名词"特征。这样的表象存在于形容词 chevalin 中，也存在于动词 chevaucher 和副词短语 à cheval 中，但因新元素的存在而变得复杂。因为名词的逻辑形式是不同的，因此，可以说，这里的变化指的是语义变化。我们如果抛开 cheval 的原始意义，便得到 un remède cheval 这个短语，用于表达强劲的药物，或者使用 un moteur de dix chevaux，利用这个名词来表达力量单位。当我们涉及逻辑形式时，变化具有了句法性质。因为没有含有名词

cheval 的合适例子，我们就列举一下常见的其他动物名称的形容词表示法：

Le plus âne des trois n'est pas celui qu'on pense.

理论上类似的解决办法似乎很简单，但语法中并没有这样的区分。静态形态学的研究成果清晰地表明了这一点。我们的研究不得不局限于能够证明我们刚刚提出的几个观点，而无法全面研究。

首先，我们认为，如果需要划分不同的意义类型，那么应划分出三类，而不是两类。它不仅是通过情感而获得信息的代表性概念、具有精神性质的关系概念，还有另一类概念，即情态概念。这些概念对应着不同的意愿范畴。情态观就是主体表达对被思考对象的态度。疑惑、肯定、让步、疑问、祝愿等都可以作为例子。

在这样的前提下，我们发现，每一种语言中的句子结构主要受语言中已经确定的不同词类之间的区别的制约，而且通过构词、词形变化、复合词① 规则的组合确定词类。等等。确实，按照固定的、成为唯一和恒定指数的象征进行划分的词类是罕见的。比如，法语中的性质副词后缀 ment（naturelle-ment、complète-ment）。在多数情形下，我们可以借助于它在句子② 中从属的大量规

---

① 我们在讲述语句的形态方法时，已经使用过术语 **"复合词"**。可能需要提醒一下，相对于通常所说的术语而言，我们所说的术语是广义的。每一次，当一个词语与另一个词语连用——定冠词与名词、助动词与形动词连用时，在它们之间就存在词的复合现象。通常被称为词的复合现象时，就是指综合、融合。

② 请读者注意一下这个重点，在这里我们无法详细解读。在阐述静态形态学之后，希望我们所做的证明更有说服力。而且，我们尽量清晰地表述我们的想法。比如，在法语中名词因可以与冠词组合，因此可以使用复数形式，甚至还伴有与名词保持一致的形容词。具体特征构成名称，而非"名词"的抽象性质引发这些特征。任何一个词语，无论是形容词、动词还是副词，只要从属于这个词类的规则，就成了名词。这样一来，应当说"变位的词语是动词"，而不是说"动词变位"。从这个角度研究现象，意味着使用真正的科学方法，从具体的现实中得出通用的概念。相反就意味着将现成的概念强加于与之相对应的现实中。按照冯特的观点，这就是研究者落入"庸俗心理学"的个别情形。我们常常可以看到，当没有使用规则，就将词语归为词类是不切实际的。比如，短语 cet objet est bon marché（这个东西便宜吗）中的词语 "marché" 属于哪类词？

则来确定词语的类属。因此，句法全部体现在规则中。因为所有规则，甚至我们在之前提到的词序规则都要求使用一个或者几个象征，那么句法本身也是以这些象征为基础的。无论这些象征的性质如何，都表示与前面提到的三种类型是一种相关的概念。几个例子就足以说明这一点。

我们首先研究词语变化。当词语变化成为区分阴性和阳性的标志时，词语变化显然与典型概念是相对应的：marquis—marquise、cuisinier—cuisinère、paon—paonne、aîné—aînée。

我们认为，词语性之间的区别源于原始时期存在的尊严等级及受尊重的程度。这样一来，我们其实指的是情态区别。但这还不是全部：当我们研究短语 un beau palais、une belle maison 中的词语性用法时，应当承认，形容词在形式上的不同与某个概念是不对应的。某些象征只有一个纯语法意义。

动词命令式，比如 viens，表愿望的假定式 vienne（ton règne vienne），这就是用于表示情态概念的词语变化例子。还有很多表示关系概念的词语变化的例子，比如格、人称、时间、主动态和被动态的区别、形容词和副词，都可以用词语变化的手段表示。

针对复合词也是如此。我们知道，在法语中河流、国家和山脉的名称与冠词连用，如 la France、la Seine、le Mont-Blanc，但城市名称并不需要冠词，如 Paris、Genève。这就是以典型概念为基础的句法区别的例子。相反，疑问结构的组成规则如 "viens-tu?" "Pierre viendra-t-il?" 等是与情态概念相对应的。同时，与句子中词语之间关系相联系的纯逻辑性区别成为控制相关联的代词-主语和代词-谓语，如 je te le donne、je le lui donne、Nous nous amusons 等词序的规则。

因此，将句法归为第一类元素的同时，我们应当承认，句法根本不是以逻辑性区别为基础的。

从另一方面而言，可以说，与合理区分词语意义中的典型元素和表达关系的元素不同，词汇并不是以完全典型概念为基础的。如果去除词语中具有句法性质的一切，取消影响词语的类属或者词语的语法作用的一切，那么我们便获得了表达概念的基础，而这些概念对于与其同根的词语而言是共同的。但是这些基础还表达了所有三种类型的概念，大部分与各种各样客体的概念相对应。比如，cheval、chevalin、chevaucher、la marche、marcher、marcheur、marche! 但还有一些与表达情态概念相对应，如：peur、épeuré、faire peur、de peur de、désir、désirer、désireux，或者与表达逻辑关系相对应，如：cause、causalité、causer、à cause 等。①

无论我们的态度如何，我们都无法像确定与两种类型概念相对应的两种类型语言事实那样，明确词语和句法的界限。

我们认为，以经验论原则为基础，真正确定与句法现象相对立的语义现象其实要简单得多。区别在表达方式上，而非表达内容上。如果我们使用对应公式：

$$象征\ a= 意义\ b,$$

这样最简单的形式研究基本的语法表达方式，那么这样表达的事实，它的所有变化都与公式的右半部分有关，属于语义学。

如果我们研究更复杂的表达方式，也就是意义不仅需要由象征，而且还要由确定结构和这个象征在句子中的位置的某一规则来决定，这时我们就涉及句

---

① 同一词类的所有词语在想象中唤起了同一类型的形象，比如所有名词都是表示本体或者本质的概念，所有动词都是表示行为概念，这样的事实不应误导我们。思想是由各种各样最抽象的概念构成，这样的理智将所有这些思想归类到某种框架内，使其物质化。这种理智将"嫉妒之心抹黑了良好的愿望"这样的思想等同于另一种完全具体的思想，也就是能够感受到的思想："狂风猛烈地摇晃树木。"我们对概念的心理来源感兴趣，而且我们认为从语法角度而言，无论是词干、词语变化后缀或者其他类型的象征，只要是同一种类型的象征，都可以同样对应着不同心理来源的概念。

法领域，因为这个象征和确定这个象征功能的规则已经构成了句法事实。因此，一切与词语变化有关的现象都属于句法，因为参与词语变化的后缀与相对应的语法变化无关，因而失去了任何意义。

我们补充一点，语言在完善过程中能够创造句法手段以用于表达最普通的概念，这些概念经常运用到思维中，在阳性-阴性、怀疑-信心、过去-现在-未来、主语-补语之间做出选择。除此之外，这些具有词汇表达形式的概念是以所有句法规则为基础的。因此，如果我们想彻底弄清楚句法意义和语义的区别，那么就必须在易变化的或者某种共同的特征中寻找这种区分的标准。

我们发现，我们给出的语义和句法事实定义暗含着嵌入行为。语义事实用以下公式表达：

（Ⅰ）象征 a= 意义 b 表达出来。

句法事实可以概括性地表示为：

（Ⅱ）象征 a（相对于其他象征 a'、a" 而言的结构和位置）= 意义 b。

显然，第一个公式提出的事实是能够理解（如果不是从起源上解释）的。同样，对于第二个公式也是如此。但我们可以将其分解为两个元素。第一个元素是从第一个公式中轻松分离出的语义公式，但是我们需要暂时忽略括号内的内容。我们因此得到：

（Ⅲ）象征 a= 意义 b，

一个不完整、不完全真实的公式，但与第一个公式一样，却是能够理解的公式。

第二个元素是第一个元素的补充内容，是 a 具有意义 b 所必须的结构及位置条件。显然，这些条件既没有理智的基础，也没有它们所属语音公式之外的意义。我们所说的静态性质的简单事实同样可以运用到任何一种新现象或者这方面的变化中。

象征的产生、意义的变化及其消亡是相对简单的现象。正如我们所说的那样，象征在语言的有组织句子界限内拥有外在原因，但可能与这些原因无关。象征 a 曾经意味着 b，现在意味着 b'：这就是清晰确定和完全可以理解的事实。相反，如果产生句法规则，如果象征的结构和位置对于表达某些概念是必要的元素时，那么必须创造新象征或者改变某规则的行为所涉及的象征意义。否则这个规则有何用处？如果所有象征本身都是相同的，那么句子的某个结构就完全是多余的。它就是抽象的本质，是不具备表达功能的空洞形式。只有象征才可能接受某种状态中的某个意义。因此，我们不能脱离语义变化去理解被研究的现象。为了使得我们的证明具有说服力，我们以具体事实为例。我们只需要一个简单例子，如动词 viens-tu 的疑问形式 tu 在动词后，是单数第二人称的疑问标志。只强调后置词是意义的载体对于理解现象还不够。事实上，新意义获得了象征 tu，因为如果我们说出 viens toi 或者 viens Paul，那么这些词组对于我们而言就不是具有疑问意义的载体。第三人称代词的命运就证明了这一点。第三人称代词因所承担的角色，已经超越了原始角色，与 voilà-t-il pas 中的指示副词及动词的第一人称动词形式 j'ai-ti soif 一起使用。因此，我们首先拥有语义变化，即简单代词 tu 成为疑问代词，只是 tu 的这种新意义受制于支配它的动词位置的影响。这就是句法新现象，是辅助事实，如果没有第一类事实，第二类事实根本不可能存在。如果 tu 没有新意义，后置本身也就不能表达任何意义。

我们知道，当一类现象包括另一类现象时，那么第一类事实本身就是显性的。相反第二类事实可以呈现，但必须暗指第一类的某种事实。这是嵌入的第一类和第三类特征。我们发现，在将语义学与嵌入其中的演化句法学进行比较时，这些特征显然是存在的。

还有第二个嵌入特征。该特征并不总显现出来。当在该特征出现的情形下，便可以成为嵌入行为的实践证明。我们强调一下，这个特征的本质就是第一类事实完全独立于它们所支配的另一类事实，存在于自己的本真状态中。我们是否遇到过这种特征，即在有组织语言中是否存在意义的一些变化涉及某些象征，但又对句法、句子结构、句子的抽象形态，也就是象征之间的相互关系没有任何影响的情形？我们认为有某些意义的变化，而且我们通过实验证明了这个事实。

如果属于四个主要语法范畴（动词、名词、形容词、含有性质意义的副词）的词语改变了意义，但并不改变范畴、语法作用，那么这种变化无论如何都不会影响到句子的句法结构。试比较下面三个句子：le petit enfant marche bien、L'élève marche bien、la montre marche bien，其中动词 marcher 具有三个不同的意义。我们发现，除了动词 marcher 之外，在这三种情形下三个句子共同的象征本身是一致的，就是纯语义性质的现象。从事这门科学研究的学者们通常致力于研究这一类事实。通过更详细研究这些现象，我们发现，它们本质上并不是词语，而是作为词干的元素改变了意义。所有用于表达词语功能的现象都不会发生变化。相反，与词干有关的意义变化在一定程度上影响到同根词语。比如，Cette montre a une bonne marche、La marche de la classe est satisfaisante。

我们可以发现任何一类象征的类似纯语义变化：这里指词语的组成部分、构词词缀和词语变化词缀，还有产生于"代词"和"语气词"中的简短词语。比如，在某种语言中表示起源的生格可以表示所属关系。无论生格是否用词语变化形式或者前置词表示，都是象征的意义，而非句法发生变化。就像动词 marcher 的意义一样，生格的意义改变或者扩大，都是因某些适宜条件下已知的心理行为所致。比如，在说出拉丁语 pueri hujus viri 时，有两种解释："这个男人生的孩子"和"属于这个男人的孩子"。从某种意义上说，这种事实具有句法性。因为句法表达方法改变了意义，但是方法本身并没有改变。这种演化现象完全没有触及句子中象征的位置和结构，可以视为改变动词词干或者名词词干意义的现象。

与我们之前分析的句子一样，词组也会发生语义变化。Ils sont à table 表示 Ils sont à dîner 意思时，整个词组 à table 改变了意义。如果我们将其分解为各个组成部分，我们发现词组的所有元素都发生了相互弥补的变化。这些变化的数量与整体现象是一致的。如果将句子翻译成德语 Sie sind am Tische 和 Sie sind beim Essen，就更清楚了。其中纯方位格前置词具有时间意义。

我们在研究语言是如何演化时，发现了很有趣的现象。如果很多相似类型的语义变化在起初并没有对句法产生影响，那么之后我们可以发现这个领域的类似变化所产生的意外结果。我们需要详细阐述与两种变化类型的历史关系相关的有趣问题。

在古法语中，与拉丁词语 homo 相对应的词语可以用于表示不确定主体：任何一个人（Cinquante piez i poet hom mesurer）。这种意义的变化与之前涉及生格和动词 marcher 的意义变化很相似。词语意义未必呈扩大态势。我们发现，类似的句子结构完全符合所有当时使用的规则，因为没有冠词的名词所具有的意义"任何的"，正是词语 hom[①] 的意义。我们在该章的另一个地方读到了"Hom qui la vait repairier ne s'en poet"。这是词语本身的运用。句法从什么地方开始发生了变化？由于新意义的产生，词语脱离了它在起初所属的词类，从属于句子结构规则，也就是与代词 il 或者 nous 从属的句子组织规则是一样的。我们忽略了仅次于形态事实的第二个结果，也就是这个词语的书写或者语音规则，将两类之前提到的句子与现代法语译文 On peut bien y mesurer cinquante pieds

---

① 在古法语中不定冠词是为了在意识中唤起言语涉及的物体形象，作为结果，常用于表示"某个"，而不是"任何一个的"。

和 Un homme qui y va、ne peut en revenir 进行比较，直接观察到了发生的句法变化。

在某一时刻，我们确定了使用名词的新规则。首先，所有不定名词都与冠词 un 连用。接着，直接格和间接格之间的区别被遗忘，在所有格中开始使用间接格形式 home 或者 homme，取代了 hom。第二个句子中的词语受到了这些新规则的影响。在第一个句子中，由于因句子结构而出现的人称代词同化现象，使得该词语避免了这些新规则的影响，保留了直接格的形式和没有冠词的句法结构。在这一刻的语义变化对句法性质的事实产生了影响。

这只是众多例子中的一个。我们得出的结论与之前阐述的观点完全一致，也就是根据这个观点，所有概念都具有句法性质。但形成思想的所有概念都可以成为构建句法规则的理由，条件是这些概念具有高度的概括性。既然象征因发生的纯语义变化而具有新意义，我们就无法保证这一意义不会导致某种类型句法结构的出现。如果语义变化的结果是扩大和概括被研究象征的原始意义，那么第二类现象出现的概率还是非常高的。

在我们之前研究的情形中，词语 homo 就经历了这样的变化。当古法语中的词语 pas 失去自己的原始意义而具有更狭小的意义时，我们是否可以预见，否定体系可能因此而彻底改变？确实出现了这样的变化，因为在这个新意义中词语 pas 与词语 ne 密切相关，这个复杂的统一体 ne...pas 经历了特殊的语义变化，因此成为完全否定的一般等价物。之后词语 pas 本身被视为否定副词开始使用。

因此，语言的形态变化大部分是由语义变化构成的，经过一段时间后，随着某些语义发生变化从而影响到句法。我们认为，这些现象至少构成了部分形态变化。为了确认所有形态变化的结构，任何新句法现象不仅由两个元素——语义元素及与其相关的句法元素组成，而且还可以由与这两个元素相对应的两个连续方面构成。比如，在成为疑问句的句子 "viens-tu?" 中，首先 tu 的意义发生改变，之后这个新意义才与某一条件联系起来。我们认为不能接受这样的方法，即词语 tu 的新意义处于规则所界定的范围内，这时语义和句法新现象具有同时性。

甚至当我们认为句法变化只是补充意义变化时，这种现象实际上更复杂。我们以代词 on 为例。在我们看来，这个代词从古法语时期，也就是它还是真正的名词时，意义完全没有变化。但有一点很清楚，就是当这个词语与人称代词很相像时，就已经出现了某种不同于语法现象的情形，即当与名词"人"脱离关系之后，对于思维和想象力而言，这个词语所表示的意义比之前少了一些确定性。当我们毫不犹豫地说出 On ne perd pas son temps dans une fourmilière 时，其中的 on 指的就是蚂蚁。我们之前说到的语义变化只是为最终的句法变化做准备，这样一来，根据我们给出的定义，句法变化同时拥有语义和句法两方面。很久之前开始的意义演化已经结束，出现了表达概括意义的方法。On、pas 及其他所有类似的新现象都经历了这样的过程。

从年代角度而言，在语言变化过程中，虽然语义元素不是第一位，却永远具有心理优先权。我们发现，心理优先权本身是显性的，不需要考虑伴随的句法元素，反之则不正确。我们从抽象层面和语法角度证实了这一点，还可以借助于心理分析展示这一点。我们在结束研究语义和句法关系这个重要问题时，试图做到这一点。

句子结构是由于要表达某个内容，存在于说话主体和听话主体之间的某种抽象现象。这就像我们的感觉可以通过体现立体形状和具体物体了解这些形状和数字一样。我们不去思考语法结构，我们只思考处于逻辑和语法关系中的概念。主要的语言表达方法就是按照想象力范畴分配概念，使思想具体化。它将所有的抽象现象和模糊现象变成能够理解和想象的现象所固有的形式。客体（名词）、行为（动词）性质或者特性与这两种存在形式（形容词和副词）的每一种都是相对的——这就是四类语法范畴，同时也是想象力的四种范畴。

我们说"Le vent secoue violemment les grands arbres"或者"L'ouvrier peint en bleu la muraille blanche"时，这些句子中的每一个词语（不包括冠词和前置词，因为它们被视为相关名词的组成部分）都可以在我们眼前引发某种画面，对我们的想象力暗示点什么。如果我们现在构建了一个从语法角度而言完全等同于第一个句子的句子，而在这个句子中没有一个词语直接对应着情感知觉，如 L'envie dénigre lâchement les bonnes intentions，那么我们觉得这个句子在意识中所唤起的抽象概念是相互关联的，因此可以解释为之前提到的更具体的概念。嫉妒心和愿望与风、树木、工人、墙壁的本质是一样的，都具有行为和性质。同样，在抽象的各个层面上研究各类概念，它们之间没有界限，没有区别。人类语言可以用符号体现一切，就像体现图景一样体现思想，这就是人类语言的威力之所在。

如果这种情况继续发展下去，就是演化符号学需要解决的任务了。我们之所以对此感兴趣，正是因为我们从中得出了结论，即所有存在于四个主要词类之外及与其并列的语法范畴，所有以词语变化和句法规则为基础的规则的存在只是因为与这四类功能性的范畴之间存在联系。它们表达这些关系，伴随这些关系，成为其目的。我们现在提出的问题就是：当我们听到句子，试图理解（我们知道，正是在这个时刻所有形态变化才得以实现）这个句子时，会发生什么。自然，我们将在其中寻找能够在我们的意识中引发从心理角度而言有分量的表象象征或者象征群。这将是名词或者动词及它们的定义。它们是表达思想的支撑点。我们发现了形象的清晰表现形式，并且这些形象清晰地呈现在我们面前。这些形象自然将对理解句子的其他部分产生影响。接着，我们开始在其他象征中寻找一些必要的元素，将这些形象集中在从逻辑和语法能力角度而言构建的整体中。如果我们在某个位置确定意义时犯下了错误，而且这个错误还很严重，那么我们或者必须发现，或者适当地改变所有其他意义，甚至曲解存在于说话人表象中的句子语法结构，将其与我们的理解结合起来。简言之，在理解句子时，象征的获得首先与它们的表象心理功能有关，然后才间接地与它们的逻辑和语法作用发生联系。与词语 spectacle 一样，在我们经常举的例子 il ferait beau voir 中，动词不定式唤起绝对的表象概念，词语 beau 起定语的作用，或者准确地说是展现想象力，使其具有述谓意义。第一个人将话语 habeo receptam epistolam 解释为 j'ai reçu une letter 之后，发现词语 receptam 产生了比动词 habeo 所表示的行为更清晰的"收到行为"的表象，词语 receptam 具有的述谓意义、词语之间逻辑和语法关系的变化就是结果。

在理解和分析句子之前，我们已经发现和听到了句子。对于渗透到我们精神意识中的一切而言这个顺序是自然的。知觉的唤起，作为结果在很大程度上取决于我们对自发产生在我们情感实质和想象力中的句子的反应。这并不意味着理智在这里完全是消极的，它的作用是另类的。理智监控在一定程度上纠正了通过情感本质的自发性反应而告知于它的所有表象和情感。它即兴选择，否定那些不可能被同化的思想。比如，如果类似于 ver、verre 和 vers 的同音异义词在意识中引发了毫无关系的三种类型表象，那么理智就会将注意力集中在对该思想更合适的表象上，而将其他表象放在第二位。由于受到关注，理智可以更认真地研究真正重要的元素：本质、谓项和它们的性质。理智根据自己的目的，控制句法和语义的演化。

众所周知，起初很多前置词原本是副词，之后脱离动词，固定在名词中。比如，布雷亚尔在《论语义学经验》①中列举了荷马史诗中的例子：βλεφάρων ἀπο δάκρυον ἧκεν 在古时应当分析为 βλεφάρων（从眼睑）、ἀπο（往外）、ἧκεν（她流下了）、δάκρυον（泪水），或者分析为 βλεφάρων（从眼睑）、ἀπο ἧκεν（她掉了）、δάκρυον（泪水）。词语 ἀπο 曾是副词，描述行为 ἧκεν，而名词的生格 βλέφαρον 本身表示行为的远离、行为的起始点。在这个句子中，除了所说的

---

① Bréal M. Essai de sémantique. Science des significations. 7 éd.Paris, 1924.

主语，还有四个元素，其中每个元素起初都对应着某个清晰的表象：两个受支配的名词"眼睑"和"泪水"，还有动词和副词，其关系就像名词和形容词及其定语一样。άπο（往外）作为副词成为行为的完全具体的特殊性质。最后以精神进步为依托的理智实施了较为有效的干涉，引发了知觉深处的词语变化。两个名词和动词与之前一样成为思想的组成部分，同时作为副词概念或者通过与名词结合，或者通过与名词接近而落入从属地位，在表达空间关系时，副词好像在与名词的生格竞争。我们发现，这个起初与表象有关的清晰表达意义的象征如今已经归为动词范畴，只针对动词才有意义，与动词概念的某一变化相对应。在与名词连用时，象征在 ἀπὸ βλεφάρων 中成为前置词，象征对于想象力而言已经没有意义，只是成为精神概念，没有具体的对应形式，因为缺少理智作为自然特征的动词概念。

这样一来，我们发现了在精神因素的影响下，注意力和想象力是如何脱离这个元素，将其放入没有引发任何形象，但是从语法角度可以规范概念的语法元素行列中的。失去与概念相关的某种意义的词语 pas 和 hom 就是如此。从心理学角度解释这些事实，认为象征在理解过程中具有语法作用，然后才获得与这种作用相对应的意义是不正确的。相反，在受话主体的意识中，象征首先具有数量或者性质意义，所以主体才赋予它们相关的语法功能。

在泛泛的叙述之后，我们做一下总结。语义现象本身是存在的。但是，在很多情形下语义现象只是句法变化的准备阶段。每一次句法变化都必然预示着新的语义现象出现。但需要强调一点，对于句法变化而言，语义因素起决定性作用，因为它具有心理优势。因此，我们在回答语义学和句法学之间关系的问题时，我们认为后者在各个方面应当嵌入前者中。

我们已经勾勒出了这些理论科学的完整纲要，发现它们的起源问题与演化问题是混淆在一起的。我们只有将演化象征方法与静态形态学结合起来，才能解释各种表达方式和基本形态类型的形成。因此，我们发现，在并列象征的简单组合出现之后，复合词、构词、词语变化、分析式的表达方式及所有这些语法手段的组合都相继出现了。

随着句法的变化和复杂化，语义现象变得越来越复杂，但语义现象的基本原则依然不变。

理论上，我们完全可以将独立于演化句法的演化语义学呈现出来。演化语义学利用我们熟悉的静态形态学中的问题，不是研究句子结构中与语义变化有关的变化问题，而是专门研究在语法环境框架内，在静态语言学的一种语言状态下，象征的意义以何种方式发生改变的问题。后来，这门科学又包括了能够解决被边缘化问题的演化句法学。演化句法学将在心理现象和比纯语义现象更复杂的语法现象影响下，展现一种句法状态向另一种句法状态过渡的过程，进而完成演化形态学的任务。

或许，在实践中最简单的方式就是不要将两门学科相互分开。心理语言学家拥有完全可靠的研究及解决语义问题方法，他可以着手研究句法元素的一般起源问题。当在观察事实基础上，从一个结论得出另一个结论，解决了所有基本问题，就能发现心理和语法分析的方法。这些方法可以直接应用于语言史为我们提供的所有情形中。

我们论述语义学的目的，就是为了弄清楚一点，即当我们解决与语义学相关的问题时，我们遵循的原则以及是否涉及理论语言学提出的一般问题，或者在解释具体历史事实时需要研究的个别情形。在放弃阐述这个问题之前，我们需要揭示，哪些与演化形态学研究方法有关的结论与我们所阐述的理论有关。

独立的语义变化或者新现象导致句法变化。"独立的"意味着它不仅仅是另一种语义变化或者关于新事物的次生效果，因为在这种情形下，后者才是真正促成变化的原因。因此，首先，需要清晰地确定经历了变化或者重新产生象征的抽象形式及其意义。其次，我们需要解释这种语义现象。最后，我们需要在句法中呈现它的结果。当然，我们还需要弄清楚，在与集体语言中存在的现象进行竞争时，最初由个体建立和接受的句法新原则将是什么样的。我们需要认真地思考，哪些情形可能妨碍或者有利于集体中大多数说话主体接受这个原则。所以，我们特别需要重视，在语法和语法之外新的表达手段与所有竞争性现象是如何彼此相联系的。因此，句法变化的历史常常与象征及其竞争者的历史有关。我们发现，这种考虑到竞争性的方法也应适用于语义学。

不应当完全将象征与我们在其中一部著作中提到的词形变化的句法元素[①]混淆。在这部著作中，我们曾试图完成纲要的部分内容。句法元素是象征的聚合体。这些象征的意义，至少某些部分的意义是完全等同的。通过词形变化，这些意义联合成为更高级别的单位，从而成为一般句法原则产生的基础。法语中的简单过去时（passé défini）就是这样的。针对不同的态、人称、变位、不规则动词，简单过去时的象征是有所区别的。我们在著作中提到的与之相关的虚拟式未完成过去时也是这样的。形态学的任务是确定和解释词形变化的句法元素。该元素与我们通常所说的语法形式相对应，只是语法形式用于固定意义，起着某种作用，不同于它所具有的其他固定角色。我们研究了虚拟式未完成过去时的独特意义，也就是假定句的非现实态。这是拉丁语在法语中遗留下的现象，后来我们已经不再使用了。所有与之竞争的形式，既包括在拉丁语中存在过的形式（因语法外表达手段而产生的非现实性的陈述式及假定式的现在时），也包括在我们努力解释的系列语义现象之后所产生的形式（条件式和陈述式未完成过去时，还有借助于虚拟式未完成过去时的辅助动词之前所列举的其他动词形式）都是对立的。在每一种情形下，我们尽量呈现某种现象产生的方式和原因；是否因为另一种表达方式而放弃某种表达方式，或者根据形式表达的意义在形式之间划分出共同意义的情形。这样我们就尽可能地全面展现和解释某个时期的法语状态是如何源自拉丁语状态的。这种方法在各种情形下都适用。

[①] L'Imparfait du Subjonctif et ses Coucurrents dans les hypothétiques normales en français\\Romanische Forschungen, 1905, vol, XIX, S.321 ff.

所有支配这些变化并且在竞争过程中为了某个方面而使平衡性发生变化的有利和不利条件都归结为一个固定规则：语法形式越来越适应于思维形式。适应具有两方面：一方面是专门的心理性适应。语法思想的形式必须符合主体的心理性。这时，需要考虑说话主体的心理活动形式的发展程度，这时表现形式应是分析性的或者是综合性的、述谓性的或者是限定性的。另一方面是精神性的适应，其本质是随着理智的发展，语法有机体不断完善，说话主体有能力更加抽象、更加严谨地思考。

为了研究与不同民族及个体心理类型相对应的个性化语法形式，我们在静态形态学中可以从研究人类语言的一般特点开始，并需要从一开始就重视个体。正是受到集体影响的个体创建了个体语法，之后强加于集体中，促使集体接受这种影响。我们需要在心理现实中确定具体的出发点。

阐述任何演化形态学事实的最终目的，就是通过不同时代某个集体对个体因素的反应，并通过因反应而产生的形态变化展示相关心理变化的结果及观察到的表现形式。当理论科学——演化形态学因采用的研究手段获得了适合于类似展示的工具时，便达到了自己的目的。

我们没有必要重复前一章阐述的内容。所有与类比或者与我们阐述的逻辑倒错型突变式语音变化有关的内容都属于形态学范围。因此，我们阐述的学科已经完全可以合理解释这些现象。

语音学源于研究与其他语音（同化和异化）影响有关的突变式变化。因为心理因素是变化的动因，只是在缺乏注意力控制的前提下发挥作用，因此不属于精神层面的原因。但是，这还不是真正的语音变化，因为变化只是出现在音位系统所确定的范围内。在研究语音渐变式变化的语音学中，我们只需要研究具体现实中的音位及其各种形式及特征。在这里我们只注意到音位与音位系统类型的关系。因此，我们只是在抽象和语法层面上看到了这些变化。所以，研究突变式变化是形式科学和语音科学的中间环节。

这是语言科学内部狭义的、清晰确定且完全特殊的领域。我们指出，与语言科学相关的问题并不难。我们阐述了这些问题是如何提出的，在对个体生理心理学的某种现象与其实现的环境（该环境决定了这种现象的结果）（静态和演化形态学）的认知进行组合的前提下我们是如何解决这些问题的。除此之外，语言学者和心理学者已经对与我们的严密系统无关的现象进行了富有成效的研究。之前，我们使用了某些技术术语，表示这些现象的最重要方面。而且，我们认为，这门学科在各个语言学科中的位置是固定的，因此有可能越来越全面和准确地理解事实。这种系统化能够使我们看到事实在语言演化过程中承担的角色。这个角色很重要，但是它也有自己的范围。当语音影响从属于演化形态学规律时，这正是我们需要考虑的范围。

如果为了表示这门学科而必须创建术语的话，我们可以建议的名称是论**音位作用学**。我们说"音位"的，而非"语音"的作用，就是为了强调这样一个事实，即这些现象永远与语言中的语音系统相关。我们需要明确强调这门科学与我们现在将论述的学科——**语音学**之间的区别。

在语音学中，我们只可以利用演化形态学中使用的方法。根据原则，起源问题在本质上与演化问题是一致的，因此该原则也与这个领域有关。如果说演化形态学首先从心理学角度分析符号转化为象征的过程，也就是通过某个 x 的代数变量的一般和抽象形式来研究象征，那么在研究语音学时，我们虽然也是研究同样的现象，却需要从与这个象征的物质性质有关的专门角度进行研究。

我们一般将该现象划分为三个方面：个体起源、个体-系统起源、系统起源。我们需要展示一个个体使用的发音符号，被另一个个体作为象征理解，然后作为象征被整个集体习得时发生的一切。同时，我们需要阐述理性原则——任何音位系统的心理基础，因为我们很清楚这个原则已经参与到象征的精神知觉行为中。

如果我们跟踪具体实施中的现象，如果我们发现一切引起心理生理有机体的不同行为和反应，我们将了解用于解释后期变化必要的潜在逻辑原则、心理原则或者生理原则。

我们需要发展这种相对简单的现象所蕴含的潜在内容，但前提是要观察这种现象的结果，看这些结果如何在更复杂的条件下表现出来。这就意味着理论语音学既然确定了自身的基础，就应当研究和合理解释有组织语言语音在很多不同形态发展阶段影响到的现象。

我们已经在前一章讲述了这门科学的部分纲要，提出了在我们看来与语音演化原因相关的重要观点。

从起源角度揭示音位系统（从静态形态学中我们已经得知，音位系统可能是什么样的）存在的原因，语音学应当列举和详细研究具体个体语言中音位所经历的变化原因。接着语音学还需要展示这些个性化变化是如何被固定下来，并最终被集体习得的；这些变化是如何被列入语法中，并通过这些语音变化，在音位系统改变的情形下，得以保留下来的。

我们认为，这只是意味着在解释起源时需要发展已经确定的原则。之前我们试图做到这一点，但太过浅显，缺少系统性。

因此，语音学合理地解释了某时发生的语音变化。还有一些其他问题，我们在之前没有涉及，即空间的规律性问题，或语音变化的地理连续性问题。

正如我们所知，空间的规律性用于表示语音演化规律。根据这个规律，它的任何个别规则，比如拉丁语元音之间的"b">法语的"v"，或者拉丁语主要重音下的"a">法语的"ẹ"，或者任何其他规则，通常在连续、完整的、没有任何陆地的地理区域通用。如果同一个规律同时或在不同时代，在两片不相邻的领土上行使功能，那么我们需要发现两个事实，与两个不同规律行为一样，它们是相互独立的。这样，我们可以构建一幅语音地图，其中音位历史记录的任何变化都将与有限的领土相对应，可以在"a"变成"ẹ"的区域（拉丁语 mare>法语 la mer，在后一个词语中"e"之前是闭合的。拉丁语 cantare>法语的 chanter）和该音位以 "a"（意大利语 mare、cantare）的形式保留下来的区域之间划分出一条界线。这些不同规律发挥作用的地域是不一样的。它们的形式和面积都不同。因此，在源于同一个词根的不同语言形式之间是无法划分出清晰界限的。两种不同的语言状态在地理上越接近，拥有同样结果的语音规律就越多，这两种语言就越相似。相反，距离越大，两种语言之间的差异就越大，因为它们的演化只是与少量的普遍规律和大量个性化的规律有关。所以，在从某个地理点向另一个地理点过渡中，我们经过一些地方，其中语言形式的发音越来越偏离初始地的发音。比如，在从西西里到西班牙旅行，沿途经过地中海岸，我们没有发现南部的意大利方言、托斯卡纳方言、加泰隆方言再到西班牙语言之间的过渡。这并不是几种不同语言或者方言，而是同一种逐渐变化的方言。在没有人口迁移或者其他破坏民族或者语言的地理分布的历史事件发生的地方，我们可以更好地观察到这种规律的结果。

在象征的起源或者在音位系统的有理据的起源中含有对这个规律及其他语音演化规律的解释。如果我们知道，在产生任何集体性的新音位现象过程中，个体是如何与相邻现象相互联系的，那么我们就很容易弄清楚，语音规律的结果是如何逐渐通过说话人之间的联系逐渐传播的，一直到这个规律与另一个与之相对立的规律发生冲突为止。想象一下，一个四面被其他村庄包围的村庄，在每一个村庄里同样的语音规律行为导致了相同的或者相近的语音（指特征）的变化。显然，这个规律迟早会对第一个村庄的方言产生影响，不可避免地出现在一般的演化中。相反，如果语音规律只是将在靠近东部的村庄发挥作用，同时在西部没有任何变化或者发生了相反的变化，则村庄的方言可能获得新的发音方式。这种趋势一直延续下去，或者与这种方式相反，确定界限及分布的范围。我们还知道，语音规律原则上是相互独立的，只是在引起各种不同规律或者适宜于语音规律的原因相同时，我们可以认为这些规律产生于同一个地方，将在同一界限内同一时间发挥作用。

理论语音学需要解决的最难的和最重要的问题就是我们刚刚暗示的问题。语音变化的原因是什么？我们只知道个体变化的原因及个体变化是如何引发音位系统演化的。但我们不知道，为什么在众多可能的变化中，语法只与一种变化确定了特殊的关系，并借助其他变化实现这种变化。

在前一章我们已经涉及这个问题，确定了语音变化的主导原则，指出其本质就是音位系统越来越完全适应说话主体的集体目标，系统的演化与这些目标的演化同时发生。但我们当时用了一个非常普通的术语"适应"来表示这种在现实中由很多元素构成的现象。

由此理论语言学开始解决最后一个，或许是最复杂的问题。这个问题的资料如此繁多，如此难以察觉，还有各种各样的组合，甚至可能让我们觉得，提出类似的问题毫无意义。我们是否可以了解到，为什么拉丁词语 mare 中的语音"a"在法语词语 mer 中变成了"e"，而词语 nepotem 中的"p"在 neveu 中变成了"v"，与此同时，在意大利语中这些元素的命运却完全是异样的（mare、nipote）？

是否可以构建一门能够考虑到这些事实的理论科学？

如果忽略问题的复杂性，我们认为，准确地了解这些起作用的元素（假设在现阶段我们已经了解了这些元素）和清晰地认识每一种元素是如何起作用的，就有可能弄清楚这些模棱两可的问题，至少能发现部分解决这类问题的方法。下面我们将勾勒出一个能按照我们的观点呈现的理论语音学最后一部分的简单框架，我们将努力做到这一点。

存在四种类型的适应：

1. 生理性适应：关于这一点我们不需要赘述。某个民族的生理类型与另一个民族发生混合，由于习俗的变化或者生存环境的变化而不断演化，显然，如果这时涉及言语器官，就一定在音位系统中表现出来。理论上这个事实是不容置辩的，但在实践中还没有体现出来。所以，需要在可能导致语音发生变化的一系列原因中重视生理性适应，但是我们需要避免将一切都归类到生理性适应的情形。

2. 心理性适应：在谈到音位学时，我们已经说过，语音、发音器官的运动或者在听力感受上与主体的心理目标之间应有某种对应。个体心理学的任务就是确定和阐述这种一致性的规律。显然，我们认为语音具有独立意义，在某种程度上与我们所感受到的现象是一致的，它可能是选择的对象，与我们是否喜欢毫无关系。

自然，生理性适应导致了语音变化，这种变化与直接由说话人言语器官确定的个体变化有关。而心理性适应确定的变化则是从与情感语言的自发因素有关的个体变化开始。正是因为个体变化，适合于我们心理特点的语音变化才成为语言的一部分。集体很看重这些变化，因其偏向于美学性质而被列入语法中：意大利语清脆悦耳、高地德意志语粗俗、英语的发音尤为独特。有一些委婉的，但完全现实的理由，导致了语言风格倾向于某个方面。可能像理论语言学在其他领域与宗教学并列存在一样，它在这里与艺术形式、时尚及主流风格相关的科学联系在一起，而且这些现象多与集体活动有关，而不是个体有意识的倡议行为。

3. 精神性适应：这就是变化的原因。变化的基础就是个性化的语音变化，而且这些变化与句子中不同发音元素决定的语法重要性程度相关。当我们感觉音位从语法角度而言已经不重要，在言语过程中注意力已经不在音位上时，相比其他现象而言，这时音位更容易受到各种影响，而且这些影响可能改变音位。由于这些影响不具有精神性，我们也可以将作为影响结果的适应归类到三种类型的其中一种中。在这种情形下，尽管理智尽量不妨碍现象的产生，但它的干预仍旧是负面的。精神不断地监控与语音演化相关的现象。在前面，当我们在探讨语音演化学科嵌入形式和表达方式科学中时，我们曾尝试确定这一点。从这个意义而言，在语音学中一切都具有精神性。但因为理智参与到语音学中，只是为了体现另一种类型的某种倾向，也就是说，促使它体现出来，现象本身和可能成为现象结果的适应被认为是制约它们的倾向。但是，如果缺少来自精神方面的关注，只是通过可能使发音力度或者清晰性变弱，甚至消失，或者与邻音混合在一起的音位弱化体现出来，那么从心理学或者生理学角度而言，这种变化的原因是纯消极的（积极性减弱）。因此，我们有权利根据变化的主要原因，也就是精神因素，提出变化。这类变化涉及发音的清晰程度和在某种强度语音影响下而出现的相邻语音的接近现象。

相反，对于说话人而言，当音位拥有语法意义，音位本身或者作为象征的区别性元素能够发音，那么对于它的关注就可以阻止变化的发生。这种事实的原因首先是精神性的，但是从演化角度而言什么也没有发生。理智的行为妨碍另一些倾向表现出来或者妨碍现象受到破坏。理智的行为只是我们之前提到的保护者角色，因为这里本身没有变化，谈不上适应。甚至在这种情形下，还会出现某种积极现象，被视为理智行为的直接结果。我们指的异化现象，是说话人试图为每一个语音保持不同于其他语音的发音所致。

如果可以将类似语音变化的原因直接归类于精神性质，那么不难理解这些变化的语音规律源于哪里。首先是词尾和无重音位置的语音弱化及消失相关的众多规律。其次是决定词语内部和词语交界处相邻语音的同化现象的规律。第三还需考虑有利于音位系统简化的规律。现代法语词语 neveu、tu peux、cheveux 中的语音 eu "φ" 在古法语中对应着三个不同的语音或者语音群：nevot、tu pues、chevels，这三个元素类似于一种类型，在音位系统内部引发了重要的简化。第四，还有一种类型的规律，应归类于精神适应。相反，这是与异化现象、过渡语音的嵌入音（比如词语 chambre 中的 "m" 和 "r" 之间的 "b"）、主要元音和辅音相关的规律。比如，古法语中 escu 中的 "e" 或者词语 père 中的 "ə"。最后，是所有有利于音位清晰发音和从整体上保留音位的规律。因为在演化过程中，在音位系统内发生了元素与相同发音同化的现象，我们甚至可以提出这样的问题，即是否存在相反现象，相互区别类型的发音是否具有相互之间保持距离、清晰区分的倾向。在语音演化过程中，类似原因引起的现象都必须归类到精神适应中。

4.历史性适应：我们指的是在发音方面的影响，也就是不同语言相互接触时所产生的影响。我们已经论述过因语言接触而引起的语音变化。如果这种变化不是过渡性的，如果讲某种语言的个体受到了另一种语言发音习惯的影响之后只是在某种程度上避免了这些错误，同时也在不断影响周围的人，那么这种变化将很可能引起语音变化。如果在某个集体内部出现了大量的个体，他们因同一个原因经常在某个领域内发挥作用，那么这一定能够引起语言变化，语言集体中所通行的发音在某种程度上完全适应这些个体的习惯。我们将这样的适应视为"历史性的"，为了使这样的适应大规模实现，还必须发生与民族命运相关的事件：移民、战争、侵略、文明过程、确定和切断精神或者商业上的联系。

我们发现，在很多方面，第四种类型的适应与第一种类型的生理性适应有关。第一，在某种程度上可以将某个音位的发音定向比作器官的生理取向。第二，因为语言混合在多数情形下与部落混合有关，所以，生理特征与音位习惯会同时表现出来。

通过仔细研究最后一种适应类型，我们发现，在语言学史上，在我们熟悉的所有原因中，这种类型可能是导致语音变化的最有效原因。或许，必须在语音演化的速度和语言团体受到的某些连续性影响程度之间确定联系。当然也不排除，在形态学中这种规律也能找到根据的情形存在。

我们再强调一下以下两种方法论，有可能弄清楚与语音变化原因相关的研究成果。

第一，我们需要永远记住，在现象产生的决定性环境中，需要考虑**静态性**因素的存在。实现的变化是多重力量带来的结果，这些力量或者相互中立，或者拥有共同的目标。这就是平衡问题。与此同时，数量与力量成正比。比如，某种精神因素要求某个音位在某些音位条件下，在多数情形中能够保留在言语中，在少数情形下可以毫无阻碍地消失、弱化或者同化。显然在这些少数情形下，即使该音位可以保留下来，也是多数情形的绝对性影响所致，但我们讲过的突变式变化除外。在相反的情境中还会出现反作用力，尽管缺少相关音位，但语言一定会在少数情形下发现保持句子情感意义的手段，以达到创建新规律的目的。语言永远可以发现有利于创建这种手段的条件。除此之外，在很多情形下，语言还可以借助类比方法保留下来。在同一音位系统内两个或者三个不同来源的音位与相近的发音联合为一个音位，比如，我们举过的例子 neveu、tu peux、cheveux 中的语音"ф"。显然，对于其他音位而言，最常用的音位有机会成为适应于该音位的样本。

第二，我们不仅仅要重视历史语法罗列的规律细节，还要重视它们的一般特点，需要将一般性事实归并为尽可能简单的一般性原则。比如，有几种现象，它们变化的路径与拉丁语向法语过渡时变化的路径很相似。在元音系统中这就是非重读元音的脱落，重读下的长元音先是递降，然后过渡到升调的二合元音，成为简单元音。在辅音系统中这是复合音及双辅音的弱化、元音之间的语音弱化及尾音脱落。因为语言学文献材料还不能全面展现相应语言状态下的发音，恢复音位演化的连续性状态很复杂。如果在某种具体情形下可以很准确地解释这种连续性，我们就有权利用这些结论解释其他相似音位的变化，因为语音变化是根据一般规律，而不是根据个别规则的复杂系统来实现的。比如，在晚期的拉丁语中某些重读元音的命运已经很清楚了：古法语中所有元音都与二合元音相对应。这些二合元音，与古法语中的其他二合元音一样，都被合并到简单元音中，我们并没有发现任何违背这两个规律的事实。因此，以上说法不仅可以而且是必须接受一种假设。根据这种假设，其他晚期拉丁语中的长音在现代法语中变成简单元音，也是通过类似途径进入现在的状态中。但关于这些语音的命运，罗曼语文学家并没有形成固定的看法。

除此之外，我们需要在这些现象中区分一类现象和二类现象，也就是将那些可以直接合并到所列举适应类型的现象和只是第一类现象结果的现象区分开。比如，由于心理性适应的存在，假如某种语言在某个时刻掌握了在语法上有意义的新重音类型，那么由于不同语音特征之间自然或者习得的相互联系，很可能这种变化就体现在音位发音中。如果某种语言中的辅音系统变得富有表现力，这可能是与元音系统中的反向变化有关。

遵循这些原则，利用理论语音学全面而清晰阐述的方法，我们在被语法接受的语音变化中发现了说话主体心理变化产生的结果和表现形式，与我们针对语法变化所确定的结果和表现形式很接近。而且，理论语言学对事实语言学而言实际上已经成为有益的工具。理论语言学为事实语言学提供方法，这些方法为事实语言学提供必要的手段，尽可能为事实寻找原因。因此，理论语言学使得事实语言学的描写结构具有了清晰性和理性，这就是合理认识研究对象的结果。

语言学将这两门科学结合在一起，完全可以完成自己的任务。

在这一章最后，我们强调一个与形态学和语音学都相关的观点。我们已经指出，在研究某一学科时，合理的解释最终能够在语言变化中揭示某种结果，找到某些与说话主体的心理或者物理本质相关的不同变化的证据。

如果我们一直不断探索原因，直至发现原因，那么我们自然就可以发现，语言变化是说话主体的某种演变结果。之后，我们才会提出问题：首先这种演变的原因是什么；心理类型、智商的发展水平和生理取向为什么变化，又是如何变化的，这些的问题非常有趣。科学应当解决这些问题。当科学开始关注这些问题时，就表明我们已经涉足语言学研究领域了。

确实，主体的演化常常与语言的演化是相互联系的。对于所有与精神进步相关的现象而言这一点非常正确。精神进步不仅是由语言来确定的，而且还体现在语法进步中。但同时，语言将有助于加快进步，有助于实现进步。语言的进步是精神不断进步的必要条件。没有语言的进步，一切都将从头开始，而且这种演化将彻底失去连续性。但语言作为必要条件、精神进步的工具，并不是起决定性作用的原因。语言对于生理或者心理的演变影响更小。

　　人内心中的动力创造了语言，决定着语言的变化。与之相反则是不正确的。语言学只与这些动力之间的因果关系及它们的结果——言语有关。这些动力源自哪里，为什么它们的性质和强度可能根据时间和主体而发生变化，继续提出类似的问题就意味着超越我们科学的界限了。

　　这些问题属于人类学、民族学或者历史学。这些问题已经不属于语言学的研究范畴了。

第十五章
实践性结论

我们尝试利用阐述的切分原则和嵌入原则勾勒出理论语言学纲要。根据我们确定的嵌入原则，在纲要框架内我们列举了需要不断解决的不同问题之后，确定了构成这门科学的七个学科。这七个学科呈如下顺序排列：

Ⅰ. 关于情感语言的科学（1）（个体心理学）

Ⅱ. 关于有组织语言的科学（集体心理学）

1. 静态学科

　A. 静态形态学（2）

　B. 音位学（3）

2. 演化学科

　A. 演化形态学

　　（a）语义学（4）

　　（b）演化句法学（5）

　B. 语音学

（a）关于音位作用的学科（6）

（b）语音学（7）

现在，为了得出实践性结论，我们需要研究一下，从科学现状而言这些学科的本质究竟是什么。我们是否在语言学者及心理学者的著作中，也就是目前在该领域已经取得的成果中已经找到至少从总体上可以构成一个学科的必要元素？所有这些学科都是新的，或者其中包含了某些现在已经有的学科？

我们可以将七个学科划分为两组：虽然与第一组有关的学科中没有我们所要求的系统性，但仍然是富有成效的研究对象，在相关领域我们已经掌握了有益的材料。如果将这些学科置于语言科学中，在这些优越条件下这些学科可以更快地达到所需要的进步。我们首先将关于**情感语言的科学**放到这一组。这门学科与之后的学科不同，可以在心理学框架内发展。除此之外，这里包括属于生理学实用性范围的音位学、**语义学**及关于**音位作用的学科**。这最后一门学科的材料相对简单，提出的问题并不难。

第二组包括静态形态学、演化句法学和语音学。正如我们所见，这一组的构成部分是至今仍旧被忽略，但是很重要的学科。语法学家和心理学家经常研究的问题都与这个领域有关。他们可以获得足够数量的材料，用于构建这些科学，但他们在构建术语方面还无所建树。即使他们完成了某个类似的任务，也只是限于阐述问题本身和解决问题的某些方面。这样一来，这些科学既没有明确的原则，也没有方法。因此，我们可以认为，这个领域实际上还没有得到研究。

在这些学科中语音学比较特殊。它作为经验性学科，由于所研究现象的规律性，首先具有了科学的风貌。它的结构具有有序性、条理性和规整性。尽管如此，作为理论科学的语音学却是最后形成的。这与各种决定语音渐进性变化的复杂原因有关。还有一点，理论语言学者在研究各种原因之前，应当先熟悉一点，即语言作为表达思想的手段，了解它的生命是什么。我们只有通过研究语法形式和表达手段才可以达到目的。

这就意味着，目前理论语言学所面临的任务就是构建形态学学科：静态形态学和演化句法学。我们在研究历史句法学时，通过回忆自身的经历，惊奇地发现，语言学家虽然知识渊博，具有创造力，但如果不考虑某种经常性原则，不考虑试验过的方法，我们完全有理由认为，这些无序的变化实际上并不是枉然地消耗力量。我们在从一个问题过渡到另一个问题时，开始寻找这样的方法。我们必须采用与之前所走路径相反的方法——我们使用了归纳法，而不是演绎法。我们在研究演化形态学问题之后，开始研究静态形态学，最后研究涉及理论语言学研究对象的一般性问题。

我们认为，这种基础性的问题已经解决。如果我们能够继续已经开始的研究，那么首先要集中在静态形态学问题上，尽可能地呈现出完整的陈述，最后再研究与演化形态学相关的问题。我们因在这方面进行的某些尝试而意识到了任务的复杂性。但我们还是觉得，我们所预见的问题一定能够通过某种方式解决。我们只是需要根据规律科学的研究对象和目标，将心理学家、从事语言分类研究的研究者、从事逻辑和语法分析的语法学家提供的资料进行综合、补充和系统化。

如果我们无法完成这项工作，就由其他人来继续研究。我们认为，我们努力确认的基本原则总体而言是与现实相符的，包括我们在有组织理论语言学中进行的划分、科学的嵌入原则都是建立在本真状态之上的，对于这种科学的发展是完全必要的。我们认为，语言学家一定在某个时候在我们确定的框架内调整自己的研究行为。无论对于心理学家，还是语法学家、语法问题，具体来说，形态学问题都具有根本性意义。在静态方面，这个问题与不同心理类型相对应的语言类型的重要问题有关。在演化方面，这个问题提出了句法变化及其原因。这些问题已经受到心理学家及语法学家的关注。研究者对这些问题研究得越多，就越能够理解这两个问题，就越清楚这些问题是相互依赖的。我们只有从第一个问题过渡到第二个问题，从语言状态过渡到语言变化问题时，才可以解决这些问题。

尽管我们相信这些基本原则的真实性，但我们并不认为从中发现的所有这些结果，及我们所提供的这些原则的发展路径在各个方面能够经受得住批评。毫无疑问，我们没有完全弄清楚问题，在研究新问题或者提供真实的观点时，我们常常满足于表面看起来很毛糙的解决方案。我们提供给语言学者的这些方案只是一种假说，而不是完整的学说。如果我们不这样做，就意味着我们在期待关于所有问题的定论的出现，而这就意味着我们要放弃撰写专著了。

或许，我们已经解释清楚了所述的内容。就让我们的读者来评判吧。我们只是希望，我们的著作能够助力于那一天的到来，也就是理论语言学成为一门有组织科学，成为有利于人类认识目的历史语言学的辅助手段。

薛施蔼的论文

索绪尔的三类语言学

——论《普通语言学教程》

  《普通语言学教程》(以下简称《教程》)对于语言科学发展的影响是巨大而富有成效的。即使这部著作在某个时刻彻底陈旧了,也会永远留在科学史册。但是我们还不清楚,就像很多在人类认识发展过程中著名而有益的研究成果的命运一样,这部著作已经陈旧,还正在慢慢变旧。显然,岁月在这部著作中也留下了痕迹。经过二十年全力以赴地研究,随着语言学思想的发展,我们已经感受到索绪尔的著作本质上与很久之前产生的新语法学派思想是相关的。因此,这部著作中的很多内容受到批判,或者需要准确化和更正。我们不应当按照索绪尔所确定的路径走下去。当然,这也正是将语言学者的注意力从索绪尔学说中吸引过来的原因之所在。我们虽然意识到了这一点,但我们也认为他的思想饱含一些毋庸置疑的真理,至今还在为研究者指点迷津。很多科学所期待的现象还没有被完全解读。这就是著名的语言和言语之分,这就是索绪尔有关价值和语言元素的意义之间区别的观点或者他对本质、同一性和语言现实的简短而内容丰富的阐述,这就是他对句法中联想、句段关系的看法。最后还有他的分析方法。本质就是将语言，也就是将以逻辑抽象性体现的语义事实视为语言学的重点，使得整个语言学思想符合这种抽象性的要求。索绪尔的方法正体现在这里。即使他的大部分学说已经陈旧，但只要语言学者遵循这种方法，索绪尔的传统还将一直存在。我们认为，语言学只有经常与保障逻辑基础的理论相结合，也就是在索绪尔确定的框架内，它才能发展。所以，《教程》始终是不朽的篇章，而且还将长时间存在。这部以梗概形式撰写的著作被载入了史册。它的作者对没有解决的问题也非常感兴趣。他曾经开设过普通语言学课程，而且是概论式的，因此他只能将自己感兴趣的东西告诉学生，与他们一起分享他在研究基本问题时得出的结论。他一共讲过三次教程中的内容，每次都增加了新内容。他阐述自己的观点，教会学生从另一个全新角度看待在他之前已经被接受的现象。他当着学生面思考，也迫使他们思考。年轻人被创作天才的才华折服与倾倒，用心地在笔记本上记录着他阐述的观点。

但索绪尔从来也不会同意以这样的方式出版自己的教程。他深深地意识到，教程是不完整的，而且内容也很简洁。那些在他身后整理学生笔记，出版了只是介绍他的基本学说的著作的人之所以这样做，只是因为他们意识到落到手中的材料具有价值。

他们自己非常清楚这一点，在前言中强调需要以善意的态度对待这部著作。从那时起，他们完全可能评价自己的大胆行为。如果实践证明他们的果敢没有得到好的效果，那么他们也会因冒犯故去导师的正当权益而感到不自在。如果让他们重新做一次决定，他们还会这样做。

考虑到所述内容，我们深知，《教程》在得到肯定的同时，也有些不好的评价，引起了一系列反对声音。

一、研究索绪尔逻辑层面的三类语言学

首先，需要确认索绪尔对区分的某些看法。索绪尔提出了两个著名的、成

效同样显著的区分。一方面，他区分语言和言语。语言是任意符号系统，是某个社会在某时刻的习惯。言语是说话人使用语言的个别、具体行为，目的就是被理解，或者理解某种现象。另一方面，他区分语言的共时和历时。共时就是存在于某个地区、某个时间内的语言结构，它的语音、词语、语法、规则等。历时就是语言在时间内的变化。

如果这最后一类区分只属于语言，而不属于言语，那么这两种区分则引发出三种语言学，而非四种语言学。如此区分共时或者静态语言学及历时语言学或者演化语言学，它们之间是言语语言学，研究对象是处于共时和历时因素之间的过渡现象。因为每一次，当一个人为了告知某一现象，或者试图理解所述的内容时，总是有可能出现一些细小变化。说话人可能在一定程度上偏离通行的准则，而听话人可能本能地接受新式的表达方法。正是言语中这些不断增加的细小变化，导致了语言结构最终在不知不觉中发生着深刻变化。因此，言语既与共时相关，因为它是以某个语言状态为基础的；也与历时相关，因为言语在萌芽状态时已经包括了可能的变化。这些学科是按照如下顺序排列的，言语静态语言学和历时语言学，它们构成一个封闭圈，研究语言的各个方面：语言状态、语言功能及其发展。这些方面接着又创造了新的语言状态，而且这些语言状态在发挥作用的同时，也在继续发展等。我们是否可以在共时和历时层面的语言及言语之间准确地确定它们之间存在的关系，更加全面地体现描述的过程？索绪尔在回答这个问题时，指出"语言和言语是相互依赖、相互制约的客体。语言是言语发挥作用的必要条件，言语是语言存在的必要条件。言语既是语言的工具，也是语言的产物"。

毫无疑问，最后一种观点是正确的。我们认为，不能只局限于相互制约这样简单的概念。在这里索绪尔因其理论固有的两个特点而犯了一个错误：将语言置于中心和绝对的地位。尽管他知道所有原因，但却不敢做出语言依赖于言语的结论。因为当时他必须协调语言和言语的关系。结果就产生了他本人很喜欢，但却不坚定的理论。因为该理论符合他对怪诞理论，也就是在其他情形下曾经给他带来了好处的理论的偏好。[①]

从逻辑，而且经常从实践角度而言，言语确实先于索绪尔所指的语言。任何表达行为、任何交际行为，无论以什么方式体现出来，都是言语行为。迷途旅游者的喊叫、做手势、点燃篝火，就是为了引起大家的关注，他们以自己的方式在讲话，这与语言没有关系。可以说，他并没有尝试探究语言的起源，而在语言的发端永远有心理生理特性赋予我们的自然表达方式。

动物出自某种本能的喊叫声就是这种现象的典型形式。人类语言因此也是这种现象的被社会化和改变的形式。

如果语言因言语而生，那么言语无论在什么时候都不可能完全由语言而生。它们之间没有相互制约关系。言语就是要清晰、有效，按照它创造的语言规律构成。言语的状态可能瞬间发生巨大的变化，但这时并没有波及它的实质。言语保留了自发性的和"活力"的现象，这一点很重要。如果不是这样，就什么都不会发生。言语的这种自发性和"活力"可能被语法模式的发展所掩盖。在这些情形下，言语就好像只是语言发挥作用的结果，但言语永远是某种重要的现象。言语是正在实现行为的主导性和推动性元素。所有的错误都源于言语，"总是从言语开始"。正如我们在另一个地方[②]强调的那样，这种著名的模式完全适用于语言学，意味着整个语言科学一定是自然的或者前语法表达方式的科学的一部分。位于静态语言学和历时语言学之间的言语语言学，就是某种与人们及其生活相关的现象战胜了呈现在语言中的精神和社会学因素的结果。语言通过言语与其源头保持经常性联系，并因此而不断处于活跃和更新的状态中。我们可能觉得，这里来自索绪尔的观点并不多。为了将这一点与《教程》联系

---

① 我们指的是他有关所有语言元素的双重性观点及他将语言定义为纯形式或者没有明确成员的关系体系。

② Sechehaye A. Programme et méthodes de la linguistique théorique. Paris—leipzig—Genève. 1908.P.70.

起来，我们只需要提示一下其中涉及的基本理论就足够了。语言、社会及语义因素、任意符号系统都是独特的现象，不能与属于心理学领域的其他表现形式混为一谈。我们以此为基础，创建了语言状态的科学，也就是静态语言学。但如果我们将语言与人类社会的历史，也就是言语产生，人的个体发展条件，他的情感、表现力和声音的潜力结合起来，我们将无法创建这样的科学。如果我们不考虑上述因素，则可以创建下面呈现出的语言科学结构图。

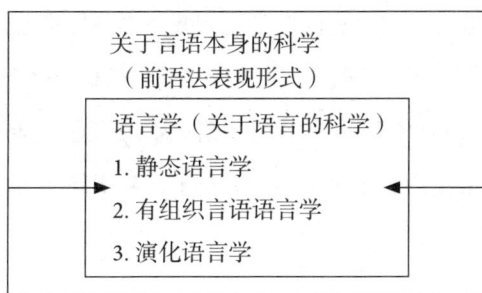

```
关于言语本身的科学
（前语法表现形式）

    语言学（关于语言的科学）
    1. 静态语言学
    2. 有组织言语语言学
    3. 演化语言学
```

其中三个组成部分是通过有组织言语语言学，也就是研究处于人类社会生活条件下语言功能的学科，而不是借助言语语言学（这门学科本身就是独立的）而相互联系。因为索绪尔所说的言语语言学只是指有组织的言语语言学，如果我们没有将言语概念本身和使结构图具有平衡性和逻辑性的前语法表现形式列入结构图中，那么我们所做的修正也只是在改变术语而已。这是我们要阐述内容的基础。

二、共时语言学，或者语言静态

因为索绪尔，语言状态的研究在语言学中占据了第一位，也就是从那时起，学者们开始加倍努力研究这个领域。学者们对语言结构的各个方面都进行了深刻而全面的研究。关于泛时的语言单位和语法范畴：句子、词类、音位、形态手段、词尾体系等观点催生了新的理论和定义出现。而且，不久之后一定会出现一类在很多方面能够证明传统语法观点的科学。它的任务就是彻底替换纯形式和结构式科学，但我们还需要很长时间去构建这门科学。

但我们在这里并不想谈论语法理论的辉煌。我们只是对语言科学、它的研究对象及方法的一般观点感兴趣。语言学的任务是描写语言状态，但它不能完全覆盖研究对象的各个方面。它应当创建简化的、近似的和理想化的形象。这是唯一的可能性，对于所有描写性科学而言都是正确的。《宇宙志》告诉我们，地球是由两极构成的扁平球体，可以用某个数学公式进行描述。这时人们并不关注地球不平整的表面，也没有注意到勃朗峰和喜马拉雅山。因为静态语言学研究客体本身所具有的很多特性，这一点对于静态语言学而言尤其公平。当将语言状态与复杂的实际事实进行对比时，语言状态概念本身是令人质疑的。方言学家们在各地收集信息，记录了同一个村子，甚至同一个家庭在构建某些词语、它们的发音及其变化方面的不对应情况。我们将语言视为某种稳定性现象，但是语言的稳定性只是相对的。甚至在符合最严格标准语规则的言语中，我们还能见到大量具有竞争力的形式，其中任何一种形式的选择并不受制于任何固定的规则。比如，在法语短语 je ne crois pas qu'il dorme 或者 qu'il dort 中，或者在城市名称词语中表现出不确定性，或者在选择动词 asseoir 的某一形式时表现出不确定性。事实上，每一个人都应当有自己的语言习惯，区别于其他说话人的习惯，而且不具备永恒的稳定性。某种语言在某个时期的状态是昨天语言和明天语言之间的一种过渡状态，这是某种不稳定，且实际上无法捕捉的现象。我们还需要考虑，在我们复杂的社会中，大部分个体同时讲几种语言（日常生活用语、书面语、技术性语言或者科学语言等）。这就意味着，语言意识同时围绕很多中心展开，因此其中隐含着矛盾性和不稳定的平衡性。复杂语言状态的社会性就是不稳定性和发展的另一个方面。相对稳定性指集体无意识追求保持言语活动的充分稳定性。在交际过程中，永远有一种力量阻止语言习惯系统进入混乱状态。因此，存在这样一种有效的力量，在言语活动中能够观察到语言的完整结构和稳定性，这对于说话集体的实践需求已经足够。

因此，静态语言学的任务并不是要囊括所有语言事实，而是要从大量事实中区分出在某种程度上符合语言状态的抽象思想。

理论上，语言事实的存在决定了两个只是部分能够得到满足的条件。第一，必须使语言事实成为某个社会团体成员的共同习惯，与每一个说话人自身的习惯一致。这就是"同类性"原则。第二，语言事实与其他习惯相互联系，形成某种语法系统，也就是具体语言的语言事实属于所有说话人的语言状态。这是系统性原则。静态语言学行为领域波及面很宽，有利于言语行动的事实归类到逻辑系统中。而且，需要忽略某些制造额外麻烦的细节。

我们已经指出，大量语言事实都可以这样进行研究。比如，不仅可以，而且应当研究现代法语中的动词，从内容层面和形式层面研究其结构及各个时期的系统，通过与其他时代对比的方式确定每一个系统的价值。但我们只需要前移一小步，就可以明白，可以研究作为稳定而同类的系统组成部分的事实，但由此带来的机会和益处其实是相对的。甚至当我们说出"passé simple"时，必须考虑可能破坏系统的修辞性和方言性的因素，还有极其复杂的时代因素。再继续前行，我们将跨越区分标准语与个人习惯、品味的界限。斯塔朴菲·保罗（Stapffer Paul）希望区分"rien moins que"与"moins que"。乐·加尔（Le Gal）确认了两者混淆的事实，但并没有发现其中有任何不妥的地方。但是他认为，词语"effluves"必须是阳性的，但斯塔朴菲·保罗则倾向这个词语常用于阴性的观点。从个体语法可以逐渐过渡到随机性质的语法，过渡到表达形式之间存在的不稳定和变化的平衡状态，也就是从静态过渡到动态和发展的现象中。研究者放弃了一切都组织得井井有条且可靠的简单语法基础之后，面临着两种可能性。他可以解释该事实，将事实分类，在必要时，赋予它们本身没有的某种结构性。这一点完全可以在固定范围内得到证实。语言学者大胆地坚持语言具有的结构性观点，并通过自己的坚持助力这种观点的实现。

如果我们思考一下发生在语言中的变化，那么就有必要做出这样的选择。

比如，现在有些语言学者将法语的"subjonctif"视为一种活跃形式，试图确定它的基本意义。还有一些语言学者在这个形式中发现了陈旧现象、残余，为此需要制定限制使用的规则。我们强调，某个学者因为自己的天分或者机会的出现，在各种形式中做出了自己的选择，之后语言接纳了这样的选择，那么在后人的眼中他就是一个伟大学者。这是正确的，这不是任意的选择，而是严肃的行为。借助于这样的行为，静态学科与正在形成过程中的现象发生联系，与表面稳定的语法系统中的现象发生联系。

另一种可能性就是仅限于简单地罗列各种没有进行系统化的对立事实。研究者这样做的同时，已经放弃了静态语言学领域。同样，罗列的事实与统一系统没有关系，无法呈现它们之间的相互关系。因此，呈现的完全是表面事实。

不同语言学家选择了某一个方法，不仅考虑自己的特点，而且还要考虑他们面临的目标。当然，任何关于事实分类的研究，比如针对已故语言学家尼古拉·特鲁别茨柯伊及布拉格语言学流派其他成员编写的诸多音位一览表，我们需要进行直觉的创造性解释。在标准型语法著作和所有渗透着净化主义精神的著作中系统性起着显著的作用。无用的、从语言中排挤掉的表达形式已经被束之高阁。我们需要针对"正确的"表达形式给出不需要变化的定义，之后尝试将这些形式运用到言语中。在法语中，规范性的语法要求使用正确的形式"un prétendu medecin"。即使很多人书写成"un prétendu remède"，我们也必须禁止使用这种形式。相反，当作者们研究各个不同历史时期或者不同社会方面的语言状态时，他们主要是追求编写简单的描述式著作和资料。比如，法语和英语。

三、有组织言语语言学或者语言功能

有组织言语语言学对象的性质与静态语言学研究对象的性质不同。静态语言学需要考虑因抽象化或通过近似法得到的一般理论，相反，有组织言语语言学需要考虑具体因素及构成完全不同随机现象的具体语言表现形式。确实，每一种表现形式都有地点、时间，在具有个性的谈话者之间使用，而且需要有一系列条件。假设开始只有说话人，他可以使用固定的语言手段，附加身势语。这是常见的用法，罕见例外的情形。相反，这种用法证明，语言手段为了适应于个体思维，必须在精神上有所付出。言语的强大创造力和组织力量正体现在此。在另一些情形下，有组织言语的某种行为特点与一些负面因素有关，比如不理解、不知道或者疏忽大意。在这种情形下，言语对于它所使用的工具产生了有害的破坏性影响。但这种影响同样能够分析和解释。无论什么言语行为，只要存在，听话人就能够分析、解释、理解。就意义而言，有组织言语的这种非消极，但又是接受性的行为并不逊色于说话行为。在接受行为中，听话人获得与所耗费精力等同的结果。与说话行为一样，解释可能是一般性的、创造性的或者破坏性的，在这三个方面中任何一个方面的解释也将影响到听话人的语言意识。

我们需要从心理学和语言学角度分析在每一种情形下掌握的材料。

我们无法详细地阐述研究纲要。但是，做一些简单的陈述也是有益的。

在音位学领域应当研究一切可以决定音位在发音方面的变化因素。包括格拉蒙（Grammon.M）准确描述的泛时规律，也就是根据注意力的紧张或者减弱程度，与发音机制的本能相关的泛时规律。不仅如此，还要确定一点，即音位相互之间能够产生诱导式影响。[①]

在语义学领域每一个语言单位都有意义，其基础就是语言单位之间、每一个语言单位与其相对应的印象和回忆之间的心理联想。我们需要根据语言单位固有的意义选择语言单位、单词或者语法手段。这些意义操纵着各种不同源于

---

① Grammont M. *Traité de phonétique*. Paris, 1933.

现实且不断变化的概念。

我们需要弄清楚，在情感因素的影响下，意义是如何逐渐变化的，包括通过转义用法的变化。这种研究还通过拟声、类比、复合词或者借用的手段在无意识地创造新词。这类研究还涉及表现手段、省略、冗句及所有与加强抑扬顿挫、节律，也就是一切与句法学领域相关的现象。

我们指出的所有事实都是说话人行为。听话人的行为是两个同时相互制约的行为：解释与分类。听话人解释听到的语音列，也就是将语音列划分为有意义的元素，它拥有音位学和语义学两方面的内容。听话人不仅可以解释听到言语的内容，还可以将表达单位与完整系列的分析和综合行为区分开。正如我们所知，在很多情形下，听话人在不同解决方案中是举棋不定的。至于如何分类被识别出的单位，可以说这种分类首先是从识别（是否识别某个词语、后缀）开始。之后，这种分类应经常利用和分析表示意义的元素之间，甚至表示意义的元素与现实客体之间的心理联想功能。简言之，就是预测一切构成语言系统的现象。

就像我们刚才定义的那样，有组织言语语言学还不是一门独立学科。至今为止，人们还只是在解决其他问题时偶尔运用这门学科，从来不指出它的名称。

有两种情形迫使学者必须研究有组织言语语言学，但学者本身并没有意识到。第一，文学试图按计划研究某一作者的风格。实际上风格就是作家或者演讲者的个人特点，体现在一定环境下的语言中。很遗憾，从事这个问题研究的人们完全不了解语言学的方法和范畴。语言科学与真正艺术美感之间的联系是在这个领域有成效创作的必要条件。毫无疑问，未来还会为我们提供很多类似的创作，语言科学的常态发展和其研究领域的扩大一定实现。现在我们已经可以看出类似创作[①]的倾向。

---

① 在本文发表之后，我们收到了克列索特（Cressot）的优秀著作（Cressot M., *La phrase et le vocabulaire de Huysmans*.Paris: E.Droz, 1938）。

　　而且，文学研究无法全面解决有组织言语语言学纲要的问题，因为艺术中的风格永远带有某种修复的印迹。在寻找需要的效果时，这种风格避开了本应属于语言生活的自发表现形式，只有最伟大作家的风格才值得真正研究。

　　另一个与有组织言语语言学有关的领域就是观察和研究儿童语言。许多学者研究语言的习得问题，而且已经收集了大量相关资料。他们确实在以纯语言学目标为出发点研究鲜活言语的事实。很遗憾，这些观察行为常常过于肤浅，由此得出的结论也很平庸。学者们只要意识到一点就足够了，即为了使某个言语行为能够得到正确理解和阐释，这种言语行为应非常准确、认真地被记录下来。

　　格雷瓜尔完成的优秀论著成为很好的例证。[①] 但这项研究不仅仅涉及初期研究阶段的言语行为。这种精密观察的方法适合于研究成年人的语言习惯，只是需要做一些修改。但目前这项研究工作还没有开始。这是否意味着，在某种程度上可以说，在我们书架上摆放的有关语言学论著中并没有涉及有组织言语语言学？根本不是这样。相反，在其中我们处处都能找到与有组织言语语言学相关的详细片段。

　　显而易见，所有研究语言的学者在描写语言状态或者发展时，只要他们将注意力放在个别实际事实时，就会接触到语言的生活现象，也就是言语。语言系统的构成是因为存在语言协议，而在语言协议和构成言语的随机即兴创作行为之间、在属于潜在语言的个人印象领域内，有一条语言学家不断触碰的无形界限。

　　显然，兢兢业业的方言学家在收集材料时非常清楚，只有在他的访问者言语中他才能得到要追求描写的语言状态，其中有很多个性化和偶然性的现象。随着访问人数及所记录的答案数目的增加，他必然成为言语方面的专家。同样，

---

① Grégoire M., L'apprentissage du langage, les deux premières années. Bibliothèque de la faculté de philosophie et des letters de l'Université de Liège, fasc. 73, 1937.

语言史学家也是如此。只要他研究细节，就能发现发展的路径不是直线形的、连续不断的，而是有大量摇摆和偏离的情形。语音学的退化及与大众发音的对立在现代法语的形成中起到了非常重要的作用。有这一点就足够了。在任何情形下，发生在语言中的任何变化都能在言语中引发波动。因此，不同流派之间以实践为目的的某种妥协行为是允许存在的，只是不要危及科学和方法的理论区分。保证这种区分的最好方法就是将言语科学归类到个别学科中，创作一部著作，严格遵守发展规律，尽可能地借助于相应的研究方法直接从生活中获取所需材料。应当指出，至今为止所有常见的误区都与新语法学派有关。这个误区就是言语语言学只能与语言史中记录的事实发生联系。因此，与言语语言学有关的现象实际上已经被历时语言学接纳。

我们做一个评判：在法语中有两个词——cheval 和 chevalet。起初，chevalet 只是表示"矮小的马"。为了证实这一点，可以举一些例子。词语意义"矮小的马"是根据与其他表示指"小"的词语之间的类似性获得的，比如，chienet、mulet、poulet，都是根据 cheval 的模式构成的。我们认为，这个日常词语可能在开始阶段只是表示与"马"有某种相似之处的物体。后来，这个词语只保留新的意义，同时旧意义被遗忘，cheval 和 chevalet 之间的联系彻底中断。这样，我们借助于假设，构建了完整系列的事实。这些事实出现在言语中，因此而产生的结果被记录在语言中。我们从上面的例子可以看出，究竟是什么因素能够区分言语语言学与我们确定的语言学。起初，借助于这种方法进行研究的学者只对能够激发某种新现象，在语言历史中留下痕迹的事件感兴趣。接着，所有有利于达到某种效果的具体和现实事件都化为一个抽象图示。显然，类似的论断本身完全是合理的，但从常理和经验而言，这样的有组织言语语言学不应当与另一类我们面对的语言学，也就是与具体鲜活事实相关的语言学混淆在一起。我们只要详细分析这些事实，就可以促进和丰富关于语言功能的科学，甚至语言发展的科学。

正是因为存在类似的实践，语言学史通常包括很多从性质而言属于语言功能，也就是有组织言语科学的现象。甚至索绪尔在他自己的《教程》中都没能避免这种根深蒂固的错误。他在承认言语语言学有权利作为独立学科存在的同时，不仅没有给出令人满意的答案、指出纲要的本质，而且如我们所见，他将逻辑上属于有组织言语科学的内容放到了历时语言学中。我们指的是关于类比、民俗词源和黏着现象的几章内容。在《教程》中，黏着现象只是某些词组组合成句子。解释言语中的某一情形不能与解释另一种事实，即在其他规律性的现象中由于类似偶然性具有了稳定地位的事实混淆。这种状况不同于第一类状况，只属于历时语言学。这样的区别也应当体现在语音方面。言语中随处可见与某些词语相关，但还没有进入语言中的偶然性音位。比如在古法语中，由于发生同化现象，chercher 替换成 cherchier 或者由于异化现象拉丁语的 pelegrimis 替换成 peregrimis。这两个不同方面（一方面属于言语，另一方面属于历史）应当单独研究与阐释。相反，一切与语音变化相关的现象都应归类为历时语言学。用一个音位替换另一个音位，或者在某一点上影响到语言的语音系统的其他替换形式是一种历史现象，需要进行阐释。比如，现代法语中软音"l"替换为"y"。另一方面，在语音变化的开始，存在各种发音的偶然性，与之前提到的偶然性没有很大区别，属于言语。语音 y 是软音 l 随意发音的结果，其中擦音替代了流音辅音。

这些因素在很多细小方面都与说话人的心理状态（认真、注意力、漫不经心、疲劳）有关，在使用言语时从属于泛时规律，因而属于有组织言语范畴。这也是我们提到的格拉蒙著作中的内容。但是，应当指出，在这个问题上，即使格拉蒙选择了传统的方法，将分析言语功能与语言史结合起来，也并不影响这部著作的价值。他将著作分为两部分：第一部分是音位学，研究音位，属于静态语言学。第二部分是语音学或者历时语音学，它们只是部分的具有演化性。除了几个重要的，但相对简单的语音规律理论之外，这部分基本上解释了发音偶然性的泛时规律，作为原始材料使用了不同语言发展史中的无数例证。因此，我们在这里指的是之前阐述的有组织言语语言学。格拉蒙不仅是非常了解多种语言史的语言学家，而且是一名优秀的实验语音学家。因此，他比任何人都清楚，历史上确定的语音变化给我们提出的假设，还需要通过观察和生活中的经验进行检验和证实。这种简单的观点决定了言语凌驾于历史的特性。还有一个需要考虑的特点，如果某种关于语音变化生理性解释的假设成立的话，那么与历史相关的问题就无法找到答案：为什么这样的发音偶然性在此时此地，而不是在另一个时间地点改变了惯例？

这一切都证实了一点，需要准确区分有组织言语语言学和演化语言学（我们之前确定了演化语言学纲要）。

四、历时语言学和两个分析学科之间的关系

在阐述历时语言学之前，我们必须以《教程》理论为基础，解释一下历时语言学与之前提到的两种学科之间的关系。我们强调一个重要特点，感谢索绪尔提出的共时语言学定义。他在给出定义的同时，恢复了共时语言学独立自主的地位，将它放在了第一位。我们感谢《教程》作者提出的有组织言语语言学概念。虽然他并没有研究很多与纲要相关的现象，但却在静态语言学和历时语言学之间为它找到了应有的位置。但关于历时语言学，我们只在索绪尔《教程》中找到了很少的内容。可以认为，在新语法学派传统影响下，索绪尔将语言学这个领域视为纯经验式的，仅限于观察言语事实的领域，他是一名卓越的代表人物，将历时现象视为言语行为的结果。还有一点是正确的，他确定了言语的主要本质，指出由于符号具有任意性特点，此时在语音区别与意义区别之间确立的关系悄无声息地变化着的。但有关这些变化的机制和原因，他却只字未提。实际上，先是有人告诉我们，发生在时间轴上的现象与在作为共时系统的语言中起作用的因素没有任何关系。语言结构和本质属于相互渗透的两个不同

领域。之后，他告诉我们，语言的本质与说话人的心理完全无关。《教程》最后一部分正是描述了这最后一种情形，也就是这个理论以著名的结论形式概括出来："语言学唯一和真正的对象是就语言自身和为语言而研究的语言。"这两种在直译上理解的情形，一方面可能完全隔离历时语言学和共时语言学；另一方面，完全隔离了共时语言学与言语语言学，因为正是在言语中直接体现了说话人的心理。在这样的情形下，科学不可能向前发展。我们不再重复在开始时阐述的《教程》编写的条件，也就是解释它的不足和不完善之处。

按照梅耶的观点，即使索绪尔有一些错误，这是因为他只关注某些原则上正确的问题，因此得出了过于绝对的结论。从逻辑上做好遵守作为基础原则的准备，这是任何思维活动的主要条件之一，便于之后回到之前状态或者根据其他现实因素进行修正和详细说明。索绪尔是最伟大的学者和改革家，因为他敢于向所在时代的语言学思想中的一切最表面现象宣战，为语言科学奠定了完美的理论基础。《教程》体现了他内心的纠结，也就是思想的牵强性和某些随着时代的发展在其理论中本应克服的某些片面性。

可以说，他的错误就是本应正确阐述生活中固有的矛盾和离奇的平衡性，而他却在其中看到了两种现象之间的裂痕。他将历时原则与共时原则对立，反对旧流派的错误，认为语言作为活跃的有机体具有独特的内部动机，语言因此而发展或者退化。与所有新语法学派代表人物一样，他认为语言演化的基础就是从外部影响语法系统的语言外因素。在这一点上他完全正确。我们必须弄清楚，这些语言外因素是什么。《教程》的作者在确认历时变化和说话人心理之间的裂痕时，他也没有错。他反对简单的心理主义，因为这种心理主义认为语言自发地从属于思维的所有要求，似乎我们完全不需要考虑那些通过协商，借助于强烈的内在约束性和惯性而确定的社会范畴。我们必须考虑这种纯语言学因素。如果我们认为在某一个领域正是因言语行为导致语言发生变化，那完全没有必要认为说话人的心理状态对语言没有影响。事实上，在忠实于索绪尔流派的学者中，并没有人从这些箴言中得出决定性结论。我们本身也很谨慎地对待这些箴言。我们在1917年发表的论文 [①] 中指出了索绪尔论证中的不足。我们认为索绪尔专注于展示所有符号任意性原则的逻辑结果，却忽略了他亲自定义的，相对具有理据性符号的地位比它本应有的地位重要。巴利关于语言表现力 [②] 机制的阐释已经很清晰地说明了这一点，正是借助于理据性的元素，语言才能忽略一切，与说话人心理和谐地相互协作或者与说话人心理保持对立，从而保留了说话人心理的印迹。我们需要替换掉宣传孤立历时现象的禁忌语，禁止历时现象与非历时层面现象发生接触的观点，必须恢复因对立性元素的和谐平衡状态，因为这些因素的碰撞构成了语言生活本身。我们以下列图示为例：

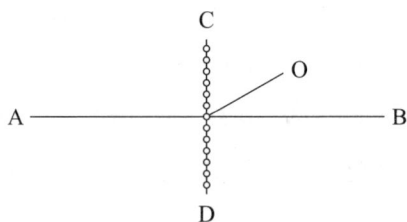

在 AB 轴上我们只是发现了语法结构，也就是语言系统及一切构成语言稳定性、各个部分的连贯性元素。O 点是有组织言语语言学的点，语言系统与以该语言为载体的说话人思维在这一点上结合在一起。因此，我们观察语言的功能，语言在这样的时刻是由言语行为的客观和主观条件决定的。最后，我们用历时 CD 轴表示语言发展的连续阶段。这些发展阶段的形成，是语言在言语行为影响下发生变化的结果，这些变化很难捕捉，但却经常破坏语言的平衡性。当然，我们需要在影响言语行为的所有因素中寻找这些变化的原因。

我们还需要考虑所有影响到语言发展的外部条件（机关、职业、技术、迁

---

① Le problème de la langue à la lumière d'une théorie nouvelle//Revue philosophique, 42, an., No.7.P.26-29.

② Bally Ch., Le langage et la vie. Paris, 1926. P141; Zürich, 1935.P113.

移等）或者言语的内部条件（说话人的心理、品味、倾向）的原因。同时我们还需要注意某些语言内部方面的因素，也就是语法系统的要求。语法系统的惯性影响说话人，语法系统只有在某些条件下才能发生变化。说话人无意识地促使语言适应各种表达思想的需求，促使语法创造，从而保障集体交际工具能够发挥作用。如果我们不考虑索绪尔观点的正统性，将言语的整个心理与语言外因素，将所有共时条件与机体的语言内部因素放在时间轴上的话，我们发现，以此方式并不能消除索绪尔非常珍惜，也是索绪尔理论核心中的对立性。我们将这个轴变成了两种对立力量进行对抗的地方。一种力量在保护语法系统及其以集体协议为基础的传统，另一种力量在系统中进行革新和适应。我们认为我们提出的这个观点没有背叛导师的思想。我们的观点只是从逻辑上发展了他提出的、随着时间的推移摆脱了某些夸大行为的思想，而且《教程》编写的背景已经解释了这些夸大的行为。

五、历时语言学或者语言演化

我们在从有组织言语语言学向历时语言学转换时，已经从具体现象向抽象现象转换。语言演化学科与语言状态学科一样，只是大概理解了自己的对象，只是掌握了源于事实，而且是事实简化形式的一般性真理。同样，如果我们只考虑构成言语的各种各样特点，不可能准确记录各种复杂的语言状态，无法描述语言历史。只有有组织言语语言学才能与现实保持直接的联系，因为它只限于个体言语行为的狭义框架内。

如果共时语言学描述了我们在之前所说的语言状态，那么在研究的开始阶段，历时语言学原则上只是比较了两种连续的语言状态，达到确定发生变化的目的。自然，不是比较所有因素，只是比较那些涉及发生变化的语言元素。我们根据变化的数量，得出语言作为统一整体发生变化的结论，发现了变化的典型方面及基本方向。毫无疑问，我们可以采用描写的方式，通过不断阐述被研究的现象长期发生变化的方式，论述语言史，但阐述的每一个细节将必然以比较方法为基础。比如，如果我说拉丁词语 tēla 中带有重音的元音经历了 é、ę、ói、oi（wi）、wę、wę，最后成为现代法语中的语音 wa，我使用了在创作木偶电影时使用的方法：为了营造出运动的错觉，需要记录一系列连续的、相互替换的静态形象。这很重要，因为如果我们非常清楚这一点，显而易见，历时语言学的第一部分任务就是阐述事实，与共时语言学保持着绝对的依赖关系。没有共时语言学，历时语言学就只能简单列举没有认真分析和只在表面上解释的事实。只有以更准确的语法研究为出发点，历时语言学才能渗透事物的本质，从最基本理论角度概括所有个别事实，从而准确地认识语言演化的一般和个别形式。但这门科学的纯描写部分并没有解决研究纲要的问题。我们只描述事实还不够，必须解释事实，恢复它们的初因。有组织言语语言学与历时语言学正是在这个环节相互联系。纯理论的解释其中之一是原始事实，另一类事实是演化过程结果的两种连续语言事实，应当具有言语的图式。这个图式包括了所有决定过程的产生及达到某种结果的过程完结的因素。我们在这里阐述图式，目的是强调有组织言语语言学和历时语言学之间的区别。在现实言语中大量随机因素的影响下，会出现各种偶然性。一些偶然性拥有这样的倾向，另一些偶然性拥有另类倾向。如果习惯最终发生改变，那么这是因为在某个时期，某个说话群体中某些因素特别活跃所致。它们影响到大部分说话人，促使在某个方面发挥作用的偶然性出现，从而在普通口语中确立新习惯。这一点在历时语言学中以虚构的言语行为（或者如果现象由几个连续的阶段构成，则是完整系列的言语行为）图式在想象的对话人之间呈现出来。这种图式似乎是发展过程中被研究的语言事实的综合和简化形式。如果图式完整且有根据，它就可以解释语言事实本身。正如我们所说的那样，我们在这里只从理论上评述，实际上言语图式在解释语言某种发展事实时永远存在。但是，我们需要考虑到很多现象，使得这些图式永远清晰，尤其要完整。之前，语言历史学家并不掌握需要描写的因素。他们的任务就是根据语言事实判断，了解决定语言事实的因素，当这一切具有基础时，他们才去利用它。根据选择的出发点不同，有两种研究方法：第一种是最常见的方法，即将语言事实本身作为基础，为每一种事实设计出言语图式。这种方法在很多情形下都是可行的。我们再回到之前举过的例子上。好像我们说过，我们解释 chevalet 的第一个意义 petit cheval 时是根据类比，按照 poulet、cochet、chienet 等类型构成的。但关于这一点不能完全相信，因为就像完全没有提到影响后缀选择的条件一样，也完全没有提到有关有助于词语产生和运用的条件。这些缺陷在其他情形下更加明显。比如，至今大部分法语动词变位的历史还是根据类比构成的。构成的形式替换了旧形式，形成更加规范的新形式。但为了接受法语动词的形态变化，将这些构成形式归类到形式上的图式（比如：il conduisit 代替了根据 tu conduisis、tu partis、il partit 类型构成的旧形式 il conduist）是不够的。可能在其他变位部分中产生了无数根据其他模式构成的形式，在存在时间不长的形式中有大量形式没有在语言中留下明显痕迹。另一些偶然出现在言语中的形式根本就没有留下任何痕迹。为什么语言促进了其他形式的发展？我们无法确认，最"常见"的形式总是占据优势地位：那么我们的变位就特别简单。因此，我们必须注意到某些有推动作用的原因和倾向，正是它们应以某种方式体现在言语图式中。

因为第一种方法有缺陷，导致很多研究者另辟蹊径。在开始时，他们重视语言外的历史条件。这些条件影响到言语行为的外部和说话人的心理，有助于某些情形的出现或者决定此时此刻的变化。根据这一点，他们试图在解释中利用我们在前面提到的这些语言外因素。这种方法完全得到了证明。语言学家有权利尝试阐述具体语言发展与民族-语言载体的历史之间的联系。

这种方法最大的优势是概括性，可以将大量复杂的事实归结为基本的事件，是一直被使用的方法。这种方法需要细腻的心理分析，能够在基本类型倾向基础上真正解释语言的发展。它的不足之处就在于它的复杂性和危险性。在个别情形下，外部历史因素对语言的影响是显而易见的。毫无疑问，新思想、新发现需要引入新词语或者改变旧词语的意义。词典总是以某种方式适应某个时代的思维需求。因此，了解一下瓦特葆 [①] 对词典的不同来源所做的简短而深刻的论述还是很有趣的。在所有国家都存在因政治事件（移民、人口的混居、掠夺）导致的双语现象，我们看到了因两种语言接触而带来的严重后果。同一个人使用双语进行交流，这两种语言不可能不相互影响。如果其中一种语言地位显赫，那么自然它就会对与它竞争的语言产生更大的影响。以这样的方式就可以解释外来术语、仿造词语、句法中的某些新现象，甚至语音变化。法语元音系统的很多特点具有法兰克人语言的痕迹，而在其他情形下我们看到了语言之所以具有更加稳定的形式，则是因为有凯尔特语和罗曼语的基础。但是在很多其他情形下，民族历史与语言变化之间的联系不太明显。比如，当梅耶将拉丁语的准确性和简洁性与法律语言风格的影响联系在一起时，他的理据性只是看起来具有说服力。因为在法律文体中常常有冗句的出现。我们可以提出问题：罗马人是否喜欢紧凑的、不考虑某种语言技巧影响的风格？除此之外，未必就可以预测，所有被判刑者具有同一种心理类型。更加值得怀疑的是，古法语倾向于在宾格的非动物名词（德国人至今为止都在这样做，只是因为当时是崇拜英雄 [②] 的年代）表示的补语前使用给予格的动物名词表示的补语。错误地将文化领域的现象与语言现象联系起来，这种情形也并不罕见。我们甚至很难将观察的事实与没有根据的臆想区分开。但是希望随着时间的推移，语言学在这个领域也能有所突破。在有组织言语方面，必须从语法角度分析不同作家风格的更严谨的分析方法，从而确认思维性质和表达形式之间的依赖关系。而在历史方面区分不同的历史研究还是有必要的，因为这些研究有助于在不同语言的发展中发现绝对平衡性。在这些不同语言中同样的外部原因能够引起同样的

---

① Warburg. W., Evolution et structure de la langue française. Leipzig—Berlin, 1934.

② Vossler K., Frankreichs Kultur und Sprache, 2 Ausg. Heidelberg, 1929.S.54.

变化。

而且，尽管我们在这方面已经取得一定的成绩，但如果只借助于"外部原因"，任何时候都无法解决演化语言学纲要的问题。我们需要重视语言内部固有的原因，也就是针对不断产生的现象，以系统本身为条件的语法本能的反应。但如何观察这些因素的影响，这是一项很难的任务。我们只提出几点或许可能有益处的建议。

我们发现，言语中产生的任何新形式在直觉上一定是完全被理解的。我们以瓦特葆经常举的例子为例：如果加斯科涅的农民嘲笑被鸡群包围的牧羊人，称他为助理主教，这时他使用了形象性的表达形式，而任何形象性的表达形式很容易在相关语境和一定情形下得到理解。同样，在其他各种各样的创新情形下也是如此。如果某种创新不是因追求最大表现力或者清晰性的结果，那么相反则只能用疏忽大意解释这种现象。如果这种疏忽大意不是很明显，比如当一个儿童或者是一个未受过教育，或者是一个急急忙忙的人说出："quand tu viendras?"或者"tu viendras quand?"代替了正确的"quand viendras-tu?"时，只要不是一个失去任何智商能力的人，都可以理解这个"不正确的"句子。因此，创新没有破坏语言的机制。每一种创新都是在一定程度上成功地使用现有语言中隐藏的潜能。这些潜能在已经确定规则的基础上被理解，因此，属于部分有理据性的领域。当在受话人的解释中具有理据性的言语形式开始替换某种思想或者某种功能的一般逻辑表达形式时，此刻与系统之间的矛盾就会显现出来。在这一刻，任意符号系统的功能和语法系统之间的平衡性遭到破坏。如果我们再一次看看瓦特葆举的例子，就可以证明这一点。当词语 bigey 只是用于表示公鸡的一种纯玩笑式的形式时，在语言系统中并没有什么变化。人们通常在现有的语言规则基础上去解释这个词语。当这个词被认为是表示公鸡的更新的和更便捷的词语时，这个新词义本身就成了规则。至今为止，当这个词语与其他物体之间联系的纽带中断，这个词语便成了与能够替换它的词语 gat 一样的任意符号，就像法语的 coq 或者德语的 hahn 一样，正是在这一刻，心理联想的平衡性被破坏。我们通过这些心理联想，区分和相互确定语言的任意符号。或许，词语 gat 不是立刻从使用中消失的，而是在牢固占据语义领域的某一方面的新的竞争者面前隐退。词汇的全部历史就是由类似情形构成的，借助各种方式引入语言中的新术语与旧词语竞争，甚至有时替换它们。词汇是一个战场，它的内部组织不断经历着各种变化。显然，类似的取向不会遇到重大的对抗，在语法方面也不会遇到大困难。词汇很灵活，很容易适应时代的需求。当某一句法形式被另一种句法形式替代时，则是相反情形。这是更加严肃的事情、更加复杂的现象。实际上与词汇系统不同，句法系统是以某些逻辑原则为基础的。相比词语系统孤立的词语而言，句法系统的每一部分在其中都占有较为重要的位置。因此，句法比词汇重要，它对于其中一个元素发生的变化很敏感。

至今为止，我们只是研究了因说话人的某种创新而出现在语言中的变化。我们阐述的内容在很大程度上完全适用于某些变化，而这些变化的起因是听话人对完全正确和正常的句法短语进行了另类的解读。类似情形是很多变化发生的原因。

我们处于语言形式和任意结构领域的中心，也就是可能发现语言发展特征的地方。跟踪某种语法创新的进程，发现创新现象如何克服语言的阻力，其实非常难做到。发现正在发生的变化，发现在发展过程中被另一些表达手段剔除的某些表达手段是何时逐渐退出的，其实很容易做到。在这种情形下，我们看到了历时过程的另一面，即积极现象的负面——战胜的竞争者不断强大。显而易见，我们需要研究这种现象，借助对比去发现我们感兴趣的问题。

通过总结，可以说，言语中的任何语音单位如果已经处于消亡的状态，那么在使用时只是依赖于习惯性反应和无意识性。在这种情形下，这些词语只在通用的成语或者在被称为 locution 的词汇统一体中出现，或者语音单位的使用受到最保守的语言传统的制约。比如在所谓的"崇高语体"中就是这样。除此之外，如果这种语言现象在某种用法中获得了特殊的意义，并因此而再生，继续在新的，但更小的范围内使用，那么它就可以留存在言语中。我们在这里并没有谈到某些常见的情形，也就是由于存在某些特殊的条件，已经消亡的表达手段因获得了新的意义而再度出现。这已经令我们偏离了主题。

语言系统并不简单，调整它并不是一件易事，甚至在某种创新现象成功地改变一部分系统时，另一部分系统的规整性就间接地受到这种创新现象的影响。显而易见，语言语音系统内的变化对系统的其他部分，也就是由音位构成的重要元素系统产生了影响。语音规律，指在某些条件下和某个时刻某个音位或者一组音位有规律性的改变，是语言系统固有的基本原则中语音部分的体现。在这个规律的影响下，语言语音系统发生了变化，但在不同词语中语音的任意变化并没有破坏整体意义系统。但即使严格按照语音系统的要求实现这些变化，也会破坏语言有意义元素系统内的平衡。音位发生混合或者消失会直接影响到符号系统。对于符号而言，这些变化是某种外部的、独特的"不幸情形"。语言的语音重组使得语言在另一个层面，也就是在尽可能保持结构性和序列性的层面发生变化。

但是，也可能出现另一种情形。或许，表达手段领域的创新（词汇中的重要变化）将破坏语音系统内的平衡。类似现象在法语历史中出现过两次：第一次，7—8世纪的罗曼语中出现了诸多来自德语的外来词。第二次，在法语中开始广泛使用借用德语和拉丁语的书面词语。我们在论述因法兰克人语言对加拉人语言的语音系统产生影响而导致加拉人语音的变化时，已经涉及第一类情形。我们简单地阐述一下第二种情形。在12世纪和16世纪的法语中发生了一系列语音变化：词尾辅音的消失或者元音化、塞擦音的简化，很多二合元音的单音化，内部的元音连读消失。这一切都明显体现了音节简化的倾向。

语言历史学者在解释他发现和确定的变化时，不仅需要阐述变化本身，或者根据语言某个部分发生的变化，分析变化的外部和内部原因，而且需要考虑这种变化对系统其他部分的影响。在某些情形下，答案很简单。显而易见，在词典中记录的重大变化与历史或者文化的某些原因有关，语言习惯可能破坏它们的影响力。为了弄清楚机械性的各种矛盾，还需要确定抵抗力度。在其他情形下，解决问题还是比较难的。比如，关于语言表现手段系统的问题就是一个谜。我们可以不费力气构建某种可以接受的设想。比如，可以说，语音变化只是涉及系统中少量的元素。假如它们涉及基本语法范畴（时间或者格系统），那么意味着这些范畴处在解体的状态，因此没有产生绝对的抵抗力。但这还不够。必须使得这些理论与事实结合起来。科学在某个时刻一定会告诉我们，影响语言语音元素的因素是否足够强大到可以动摇它的逻辑表现系统。这里我们引用道斯（Dawes）的一句话很合适："任何语言的历史取决于语音的变化。"

　　在本文的结尾，我们强调一点，我们并不认为已经回答了语言学面临的所有问题。我们只想给出足够清晰的概念，我们是如何确定科学的研究对象，我们又是如何理解研究纲要的。我们尽量（我们希望，在某种意义上我们做到了）阐述三类学科的意义，不仅是单个学科，也包括三类学科的综合体。我们尽量，甚至在我们认为《教程》中必须改变的部分遵循索绪尔的理论。我们认为，类似的评论不仅没有削弱索绪尔理论的意义，而且有助于更好地理解索绪尔思想的灵魂。

两种类型的句子 [1]

一

拥有主体与谓项的法语句子 l'oiseau chante 与相对应形式 l'oiseau chantant 或者 l'oiseau qui chante 之间的区别是什么呢?

叶斯柏森清晰地演示了在这两种情形下词语的一致逻辑关系。他将这种区别与事实联系起来,也就是在一种情形下(l'oiseau chante)表达完整的思想[2],那么在另一种情形下(l'oiseau chantant 或者 l'oiseau qui chante)只是表达了某种概念,本身还不能用于交际的思想元素。

这种观点是以事实为基础的,而且我们并不打算反驳这种观点。然而,这种观点还是招来了反对意见。如何使得句子既具有完整信息,同时又具有与

---

① Sechehaye Albert. Les deux types de la phrase//Mélanges d'histoire littéraire et de philologie offerts à M. Bernard Bouvier. Genève: Société des Editions Sonor, 1920.

② Jespersen O. Sprogets Logik. København, 1913.

词组 l'oiseau chantant 完全一样的语法特点？当我在一扇门上面读到 "Entrée interdite"（直译是 "入口被禁止"）或者 "Défense d'entrer"（直译是 "禁止走进"）时，当我在文章中遇到 "Vains efforts" 或者 "Surprise de l'assistance" 时——我指的是没有主体的句子，这些句子只由一个主要成分及次要成分构成。

我们同意叶斯柏森的观点，由主体和谓项（如 l'oiseau chante）构成的句子类型是用于表达完整思想的，我们称其为 "表达思想的句子"。但还有其他句子在表达思想时，只满足于表达个别概念的典型模式，我们将这样的句子称为 "表达概念的句子"。

我们在本文中提出了目标，展现表达概念的句子的本质和功能，将其与表达思想的句子进行比较，并对后者进行更加全面的定义。

二

正如我们认为的那样，表达概念的句子与语言最自然、最简单的形式相关。当一个儿童开始讲话时，他在构建由一个词语[①]组成的句子。比如，他指着自己的手指，说出 "bobo" 时，表达的或是抱怨，或是寻求帮助，或只是确认事实。如果将这个词语与儿童词典中其他元素进行比较，这个词至少可能表达某个概念，也可能是表达一个不确定性的概念（如表达身体上的疼痛概念），并注定成为表达思想和句子的元素。但当说出的词语只与具体语境结合在一起时，这个词语就只是表示句子的词语，因此也就是最简单[②]的表达概念的句子。

然而，只有一个成分的句子，虽然伴随着手势与表情，但这种方法还不足以理解说话人的意图。随着思维本身的复杂化，这种方法的不足越来越凸显。所以，在思维和语言发展过程中，儿童会寻找和发现较为复杂的表达方式。他

---

① Romanes G.J. Die geistige Entwicklung beim Menschen, 1893; Meumann E. Die Sprache des Kindes. Zürich, 1903, S.67.

② 《论儿童词语概念》，请参阅 Meumann E.Op.cit.S.52.

可以基本上不改变任何表达手段，使用两个或者两个以上的词语，替代之前他使用的一个词语。他之前使用的句子是由一个概念构成的，是在某个时刻的具体情境下说出来的，但这时需要表达比较复杂或者更清晰分解的概念，则需要通过一个词语及伴随的定语呈现出来。儿童指着自己的手说出"bobo doigt"或者"bobo doigt Jean"时，大意是："让（人）感到手指疼。"

所有类似句子都源于某种已知的环境，而因为这样的特点，这些句子都是表达一个较为复杂概念的语句，其中所表达的概念是独特的谓项。这种情形是由客观存在的元素构成——为我们指向疼痛的手指。比如，必须经常重视主观和个体因素，同一个词语"bobo"在表达抱怨时，我们不仅联系外部事实，还要考虑说话人的情感。如果这个句子需要表达"请帮助我"，意味着儿童在等待他所求救的人来帮助他。这一切都是通过易理解的语调变化、声音类型表现出来的。

三

是什么东西将表达思想的句子与表达概念的句子，即我们针对儿童语言定义的句子区分开来？表达思想的句子具有的某些东西在表达概念的句子中是缺失的。也就是：在表达思想的句子结构中有主体，即某个在一定程度上弥补周围环境的基点。表达思想的句子是独立的或者至少有独立的意向。这就是它们之间的不同。理论家们鄙视的不太成熟的定义告诉我们，主体是在句子中阐述的对象，而谓项正是对主体的阐释。这个定义之所以正确，原因很简单，它与句子"L'oiseau chante"中的主体和谓项产生的影响相关。与不太成熟的定义相类似，我们给出的定义与普通句子理论有关。说出"L'oiseau chantede"的人告知某些关于主体 l'oiseau（一般的）或者某个 un oiseau（具体的）的内容，他所说的句子是独立于具体语境，也就是在句子之外，但具体主体是明确的。

对于教学语体、历史篇章和文学而言，含有主体的句子是典型的形式。比如，预言家为我们讲述了一段有趣的历史，这样称呼自己的主人公"Un octogénaire plantait…"如果我使用这样的句子讲述我周围的事物，意味着我对这些事物的态度非常平淡，很难在这些可能的主体中选出能够替代我发声，按照他的想法阐述对所有规则的某种观点。这时我就说"La neige est épaisse"或者"Jean va partir"与我要说的"La neige est blanche"或者"César conquit les Gaules"相类似。

这样独立的思想自然具有客观性，与周围环境无关，与我的个性和我谈话对象的个性无关。如果我有机会利用这个逻辑和语法模式表达情感或者发号施令，这就意味着我只是将它们视为简单事实说出来：Je suis fort affligé 或者 Vous aurez à porter cette lettre à la poste。

除此之外，表达思想的句子与作为表达概念的句子之间的对立犹如交际手段与表达手段的对立，可以将没有主体的句子比作由某种意外印象而导致的语言反射类型。相反，拥有主体的句子完全能够表达思想，以最好的方式阐述这种思想，以保证人们能够理解这种思想。这种句子的作者始终在思考着谈话对象，满足他的合理要求。使用表达概念的句子的人更倾向于随心所欲。

表达思想的句子是一种在各个方面更完善，属于智力发展更高级阶段的语言手段。但是这种句子的源头很久远，而且这样的句子存在于萌芽时期的任何一种思想中，存在于任何一类不成熟的交际言语行为中。儿童语言为我们提供了有力证据。我们如果从心理方面分析这些出现在孩子的幼年时期口中的句子，我们就会发现这些句子是由主体和谓项构成。显然，首先出现了两个表达概念的句子，每一个句子都是由一个词语构成，其中一个句子的存在使另一个句子更加清晰。儿童在一岁两个月时说"baba""ada"和"ada""baba"[①]，后来，由于思维的发展，逻辑上将几个词结合，这种语言和心理的双重性在"Ada baba"中消失，或者可能利用得不是特别自然，但对于交际却是典型的词序：

---

① Idelberger H. A. Hauptprobleme der kindlichen Sprachentwicklung. Diss.—Zürichi, 1904.S.24-25.

baba ada。五个月之后，幼童给自己的布娃娃讲述着：mama ada, baba ada, bider bibi ada, ama ada, bub bei der。[1]

毫无疑问，这是明显的含有主体和谓项的句法结构。

四

我们非常清楚，两种类型的句子在后期的语言发展中发生了什么。显然，在简单的语言形式中表达概念的句子类型占据优势。换言之，语言首先用同一个语法形式将由几个词语组成的句子与含有定语的概念混合在一起。甚至当说话人拥有引入主体的意图时，由于缺乏专门的语法形式，这个主体可能只作为词组的主要成分被表达出来，从属词成了另一个成分。当我们说"le soleit brille"时，这个主体利用了更适合于表达概念句子的形式，说出了"soleil brillant"。这里需要回忆一下格陵兰语言中的动词形式结构。这种语言中的动词人称结尾与物主形式非常接近。比如"我听见"可以解释为相同的形式"我的听见行为"[2]。在与法语接近的亲属语言中，称名句是过去某些印欧语言从共同印欧语中获得的遗产，还证明了一点，这里没有发生彻底的分化。[3]毫无疑问，对于拉丁语载体的意识而言，Deus omnipotens 和 Deus omnipotens 具有两种不同的意义。但是这两个词组是由同一些形态元素构成的。因此，这样的形式提示我们，它们在原始阶段已经发生了混合。

只是在后期，之前潜在的表达思想的句子通过缓慢的演化获得了语法表现形式。这是通过分化实现的。当时出现的最重要现象形成了与名词词形变化不同的动词词尾。从那一刻起，动词首先成为谓项以区别于自己的名词性主体。我们甚至常常在完全没有任何动词概念的地方看到动词概念是以系词的退化形

---

① Idelberger H. A. Hauptprobleme der kindlichen Sprachentwicklung. Diss.—Zürichi, 1904.S.83.

② Finck F.N. Die Haupttypen des Sprachbaus. Leipzig, 1910.S.36folg.

③ 请参阅，比如希腊语、俄语、德语中具有限定功能的形容词结构和特殊形式。

式、谓语关系的简单语法指示词语体现出来。

表达思想的句子具有语法形式之后，开始控制句法，代替古老的句子类型。但是语言与生活具有千丝万缕的联系，语言首先是相互理解的工具。因此，与只是用于表达的句子类型相比，交际型的句子一定是略胜一筹的。含有主体和谓项的句子成为规范句，规范句因其语法的独立性而处处存在。在这种压力面前，表达概念的句子只占据了本应属于它且不可能被剥夺的语言领域。这种句子存在于某些主观句中，存在于具有生命力的感叹句中。比如存在于"La belle rose!""Vilaine affaire!""Coquin d'aubergiste!""Marche!"和某些祈使式句中。这些语句借助于语调可以表达命令的特征（Défense de fumer、Entrée interdite）。一些语言创造的，用于满足最常见情境（Oui、Merci beaucoup、Bonjour），需求相同的句子正是属于这种句子类型。最后，我们在无人称的句子中见到了这些句子。如果抛开不明确的语法主体，那么由于无法直接确定或者指出（Il pleut）这些句子，主体一定是缺失的。

五

我们说过，表达概念的句子面对表达思想的句子，它的压力会后退一步，但它坚守阵地，甚至在与竞争者不停地进行斗争时，仍旧保持着进攻精神。实际上，表达概念的句子与我们言语中心理活动的某种自然形式相吻合，而且心理活动的这种形式不停地对语言演化产生影响。

我们研究某些法语中的现象，就是为了表现这一点。

我们从一开始就强调，表达思想的句子的句法结构在某种程度上有时与表达概念的句子的结构相适应。结果产生了两种类型语句之间的过渡类型。在Je suis présent（直译是"我就是在场的人"）这样的表述中，我们发现代词之前的动词系词将谓项这个概念 présent 引入其中。这样，语句的整个逻辑内容通过形式词语和语法标志表现出来，但这个逻辑内容并没有消失，只是逐渐变少，而且从属于表达具体谓项成分的形式。在句子 Il fait bon ici 或者 Il y a de stroupeaux dans les champs 中也是采用同样的手段，重要的区别在于 il 展示了某种模糊的概念，并且通过主体形式指出实际上缺少某个具体主体的情形。这些以某种逻辑形式呈现的语法图式等同于简单的语音手势，确定情境：bon ici 和 troupeaux dans les champs。这些图式完全准确地指出了构建表达概念的句子的人的心理状态，但缺少了自然性。在这方面，借助于 c'est 引入的句子特别有趣，因为这个 ce 常常只是表达概念的句子所依赖的环境。我听到钟声，可以说 "C'est la cloche qui sonne"。同样，某个场面引发了我的感叹，可以说 "C'est magnifique!" 它是简单形式 "Magnifique!" 的更加理智化的替代形式。或者像诗人一样的感叹：C'était dans la nuit brune、sur le clocher jauni、la lune、comme un point sur un i。

还有其他一些手段。借助这些手段，语言达到了同样的效果。比如，他可以使用祈使形式，也就是在本质上与表达概念的句子相近的形式。在论证时使用 soit（让，以……为例），如 "Soit un triangle ABC"（直译是 "我们以三角形 ABC 为例"），但 voilà 在语言中通常用于表达鲜活和启发式叙述的手段："Voilà le facteur qui vient" 或者 "le temps d'ouvrir une lucarne, frrt!" "voilà la bivouac en déroute."

六

但是言语并不满足于简单地适应动词句法。在某些时刻，言语需要真正的表达概念，且具有独立性的句子。为此，言语能够大胆地自由使用语法提供给它的元素。

在陈述性语体中没有比呈现现象本身更自然的了。而且我们知道，罗曼语文学家并没有放弃使用这种方法：Sept heures du matin，un site perdu du pays de Diambour，un marais plein d'herbages...（Loti　P.Spahi，III，Ch. XXIV）。阿尔丰

斯·都德（Alphonse Daudet）写道："Un son de fifre dans les lavandes."（Moulin, Installation）龚古尔（Goncourt）写道："Sur le pavé, des passages de troupeaux de chèvres blanches."（Gervaisais, ch. LXXIX）两个人都是将瞬间突变的元素，而非静态性元素引入自己的描述中。只需一步，名词性句子，也就是表达概念的句子就成为讲述的手段。借助某种与之前相反的行为（因此，曾经的形式 le soleil prillant 变成了 le soleil brille），表达思想的句子的潜在主体隐性地嵌入谓项中。我们之前举过的例子就属于这种类型：vains efforts, surprise de l'assistance。还有几个例子："Poum, il faut aller te coucher!"…Un bonsoir général, une collecte de baisers, la demande suppliante : "Est-ce que je ferai de bons rêves?" et voilà Poum dans son petit lit（Margueritte. Poum, ch. XVIII）…或者 Un lavage, une application de taffetas gommé, un mouchoir fixé en bandeau autour de la tête de Poum. C'est tout.（Margueritte. Poum, ch. XXIV）在所有这些例子中，生动地描述了发生在情景中的事情。通过讲述，所有有利于了解情形的情境元素一目了然。

　　某些名词性的表达形式得到了广泛运用，在某种程度上具有了语法性质，因此部分地失去了自己的自然表现力。此处的"表达形式"，我们指的是那些通过限定代词 même（même réponse, même embarras）或者形容词 nouveau（nouvelle démarche、nouvel échec）引入的名词性表达形式。可以补充一些从语法角度而言相似的语句，但是这些语句已经不属于陈述性语体，如 Nul besoin de parler, Pas moyen de palcer un mot, Rien de plus simple, Preuve que vous avez raison, Défense de fumer, Libre à vous, Foin du loup et de sa race。这些是命令式或者感叹的表达形式。后面的例子更具有说服力。其中名词作为主要成分承载了谓项的力量，这就避免了其他引入项（Il n'y a nul besoin de parler）的出现。

　　在这里还有一种新型言语值得关注。阿·托布勒为此写了一篇随笔。[1] 在

---

① 　Tobler A. Vermischte Beiträge, I.S.250folg.

随笔中，他将加泰隆人诗歌中的句子 "Pourquoi pleurez-vous?—Seigneur，mon fils qui est blessé" 作为研究的基础。托布勒将取自普罗旺斯语、葡萄牙语、西班牙语和古法语诗歌中的一个完整系列的句子与这个例子进行对比。我们只列举其中一个："Il a bendé sa plaie qui n'estoit pas garie，mais li fains et li sois qui durement l'aigrie."（Ch.cygne, 96）

在现代法语中，阿·托布勒只强调感叹句型："Oh! ce monsieur qui mange toute la barquette!" 为了对比该句法形式在日常言语中的使用，只有这一点还不够。某人在拆开信函时，大声感叹："Jean qui va venir!" 两个朋友在街上散步，听到砰的一声，其中一个人问道："Qu'est-ce que c'est?" 另一个人回答说："Un pneu qui a crevé." 在所有类似情形下，说话人通过某种概念形式、某种认识表达了可能成为思想的现象。对于说话人而言，这种情景成为这种思想的可能主体。这个主体拥有谓项，囊括了动词表达的概念，结果概念成为以关系句子的形式表现的定语，在其他情形下，说话人应当说："C'est un pneu qui a crevé." 或者甚至说："Un pneu a crevé."

最后一个例子将在一个非常具体的情形下为我们展示，语法有时是完全自然地展现表达思想的句子的模式和表达概念的句子的模式，根据变化的心理条件表达同一个现象。如果我们说："Tout le monde était content，lui pas." 我们清晰地将 "lui" 和成为谓项的 "pas" 对立了起来，那么在语句 "Tout le monde était content，pas lui" 中就否定了 "pas" 与 "lui" 有关，"pas lui" 这个概念与 "tout le monde" 这个概念也对立了起来。为这样否定的情形提供基础，也就是针对 "pas lui" 未表达出的主体，直接体现在前面的词语中。

七

应当研究一下最后一个，也是最复杂的方面。

至今为止，我们以句子的语法特点为基础，确定了句子类型的归属问题。

现在必须从另一方面研究它们。思想及其表现形式的深层生活无力与句子形式强加于我们的独立性相对抗，但这种生活以各种各样的形式体现出来，根据情形的变化，在同一种语法形式中可以发现不同的，而有时是对立的心理情感。从语法角度而言，作为表达思想的句子的语句随着情况的发展可以接近表达概念的句子。相反也是。而且，两种类型的句子之间的区别永远存在，并借助于某些标志体现出来。关于这一点，我们想说一下。

理论上允许这样的情形存在。在表达概念的句子（由两个成分构成）中，所有作为确定表达概念的组成元素都是以同样的力量呈现出来，以同样的强度说出。除此之外，既然这些元素构成唯一的概念，那么它们的发音是连续的、没有脱节的。如果将主要词语视为 A，而补充词语视为 B，可以用下列图示将这样的句子表现出来：

AB 或者 BA。

例如："Défens de passer!" 或者 "La belle rose!"

而在表达思想的句子中则完全是相反情形。句子由两个相关的，但独立的语句构成。我们或是在未来提出主体的概念，为谓项做准备，或是在谓项之后提出主体概念，便于在回顾时解释主体。这两个行为之间永远有心理裂痕，并通过短暂的停顿表现出来。而且，谓项是重要的词语，代表交际行为的结束，通常在心理上凌驾于主体。因此，具有更大的力度。这种句子类型的图式是这样的（心理优势是用大写字母标出的）：a—B，或者 B—a。

例如："L'enfant est malade." 或者 "Il est malade, l'enfant." ①

---

① 第一个句子属于巴利所指的构成语言统一体的"联合句"。第二个句子就是所谓的"分裂句"，其中形式上的统一体分解为两个成分，其中一个是心理主体，另一个是谓项。（请参阅《普通语言学》79—99 页）

应当指出，当在谓项统一体中的 A、B 被定义为简单的客体时，a—B 从定义而言不仅具有某种双重性，而且具有某种可能的层递性。实际上，心理优势就是一种联系，可以随着机遇不断改变。主体 a 具有某个弱于 B 的重音，但在一定程度上又与它接近。如果我们说 "Cette rose-ci est encore belle" 与 "Cette rose-là est déjà flétrie" 是对立的，那么我们可以认为，从心理角度而言这个语句中的两个成员是同等重要、有能力接受谓项的重音。如果这个句子是用于回答 "Laquelle est belle?" 这个问题的话，那么语法谓项 "est encore belle" 只是某种提醒，而真正的谓项则是承载句子主要重音的主体 "cette rose-ci"。与 a—B 这种规范型共存的还有符合 A—B 和 A—b 模式以及所有过渡阶段的句子。

我们讲述理论纲要之后，现在分析一下事实。

八

龚古尔写道："Sur le pavé, des passages de troupeaux de chèvres blanches." 从语法角度而言，Sur le pavé 是紧随其后的主要成分 A 的补充成分 B。但是，显然这样的位置表示法是为了定位需要向我们展示的画面。而且，考虑到法语的规律性，情景位于句首的事实已经清晰地展示出这个场景不同于其他场景，是与其他场景相对立的。这是预备性的成分。因此，发音的力度较弱，之后是停顿。因此，可以将这个句子描绘成 a—B。

类似情形很常见。都德在《磨坊信札》的"科尔尼耶老板的秘密"中写道："Dans la vie de maître Cornille, il y avait quelque chose qui n'était pas clair." 但也可以不这样说，在作家思想和作家使用的句子中并没有本质性的改变："La vie de maître Cornille contenait quelque chose de peu clair." 这就证明句子的第一部分明显是主体的变体。

之前提到的 "C'est la cloche qui sonne" 的一般性用法是 "Ceci est le bruit de la cloche"。针对思维和表达习惯，事件，也就是概括性地被确认的现象变成概念"响钟"。如果谓项的重音落到词语 cloche 上，那么这些词语表示"C'est la cloche qui sonne"，这是在回答"Qu'est-ce qui sonne?"这个问题。并且在这个谓项存在的情形下，qui sonne 这个成分作为某种不重要的成分而变得模糊不清，一句话，它成为主体的变体 A—b，或者 B—b。

　　借助于 il y a 模式或者某些其他同样的模式而引入的句子为我们进行类似观察奠定了基础。我们列举之前引用过的都德的例子："Il y en avait bien sans mentir une vingtaine（de lapins）assis en rond sur la plateforme, en train de se chauffer les pattes à un rayon de lune."与句子"Il y des troupraux sur les champs."中的"dans les champs"不同，从属成分"assis en rond, en train de se chauffer les pattes"等不是定语。这是描写性的、额外添加的，通过停顿与主要成分分离，具有独立重音的从属成分。这个句子包括不同的语句。第一个 A：Il y en avait une vongtaine，第二个 a—B 以第一个为基础：cette vingtaine de lapins étaient assis en rond，第三个与主体 a—B' 相关：ils étaient en train de… 我们顺便强调一下，在书写上用逗号与主要成分分开的从属的显性成分特点正体现于此。

　　我们还指出，il y a 模式在儿童语言中用于构建含有主体和谓项的真正句子，在这个模式之后是表示关系的词语：Il y a la tête de ma poupée qui est cassée；或者在讲述中使用：Alors，il y a liours qui se léve, mais il y a le chasseur qui prend son fusil。在所有这些句子中，在表达关系词语前完全可以像在 a—B 图式中一样做出停顿。

<h1 style="text-align:center">九</h1>

　　至今为止，从语法角度我们分析了表达概念的句子的语句。但如果从心理角度来分析，这些语句又类似于表达思想的句子。我们现在举几个相反的例子。

有一个耳熟能详的历史文献——战争年代的标语："Taisez-vous, méfiez-vous, des oreilles ennemies vous écoutent"，可以将其简化"Des ennemis vous écoutent"。从心理学角度来分析，这里的语法主体就是谓项。这个句子意味着："Il y a des ennemis qui vous écoutent，第二个成分明确告知概念，但并不构成概念。我们看到这里的声明实际上与喊叫声有关："Des ennemis!" 准确地说，这个句子的语调是平和的，使得第一成分具有某种力量，令人感觉不到语法主体和动词之间的任何脱离，完全符合该句子的心理特性。所以，它的模式就是 B—A。

这样的情形很常见。我们说 Minuit sonne 代替 C'est minuit, Un orage va eclater 代替 Il y a un orage dans l'air，或者 le temps（抽象的和空洞的主体）代替 est à l'orage。拉丁语的短语 "magister dixit" 用法语表示就是 "C'est le maître qui l'a dit"，甚至有时是 "parole du maître"。换言之，这是语法上潜在的或者现实存在的表达概念的句子。

众所周知，在法语中主体位于谓项之前的词序一直占据主流。当相反词序，也就是谓项——主体固定下来，我们有权利认为，我们考虑的不是真正主体，但类似的语句与规范类型完全相符。

研究事实证明了这样的猜测。如果我们仅限于主句，那么可以分为三种情形。

1. 当句首是某些副词，或者表示地点、时间的词语时，如 "là-bas coule un fleuve"，我们认为有可能确认句子中的 "là-bas" 是真正的心理主体，其他部分应是谓项。因此，这里是 a—B 模式。

2. 具有插入句的情形在很多方面都是类似的，如 "Répondez, dit le maître, et tâchez de dire la vérité"，句子中的 "dit le maître" 嵌入另一个句子中。后者从逻辑角度而言是该句的直接补语，但从心理角度而言却是真正的主体。与表达概念的句子一样，dit le maître 与状语有关，也就是被引用的言语。

与此相关，第二个句子具有述谓性，括号中的解释就像 parole du maître 一样，具有同样的意义。

3. 我们还提到动词 rester、venir、arriver、suivre。这些动词不同于其他动词，在 Restait une dernière resource、Survint un troisième larron、Suit la liste des lauréats 这样类型的语句中位于主体之前。我们未必有必要强调由动词引入的伪主体的谓项性质。这里 A—B 模式也隐藏在语法形式 B—a 模式中。

与之前所列情形相反，这种主体后置的语句为与语句现实意义相对应的语法解释提供了依据，潜在表达概念的句子在这里变成表达概念的语法句子。实际上，紧随动词之后的名词不一定就是这个动词的主体，它可以是它的从属词——补语。我们这些受过教育，追求纯语主义的人习惯于将 Suir la liste des lauréats 这样的句子解释为 B—A。如果词语 liste 被视为动词 suivre 的从属词，那么它可能还与模式 A—B 相对应。这样的解释将整个谓项统一体与语法要求融合起来，因此非常自然。法语中出现的众多无人称结构就是证明。因为没有主体的动词与无人称动词相似，"Faut du pain" 被 "Il faut du pain" 替代还可以通过控制原始的一致关系证实这个事实，句子 "Arrivent des malheurs" 变成 "Il arrive des malheurs"。最后，也是很重要的一点，新的联系明显体现在古法语中。在古法语中我们遇到了经常出现的间接格名词：Il entroit chevaliers à masse（Aliscan，请参阅 Gerhardt，18[①]）。为了便于比较，我们以法语 "Il le faut" 为例。如果我们这样解释，带有名词性补语的语句 "Il passé des chèvres" 在某种固定关系中与 "un passage de chèvres" 是一样的，则我们指的是纯表达概念的句子，而且我们已经非常接近表达思想的形式，也就是在句法中出现规范性的动词谓项之前就已经有的形式。

补充一下，由于偶然的变化，在类似无人称句构中，第一个成分在变弱的

---

① Gebhardt Chr.Zur subjektlosen Konstruktion im Altfranzösischen.Diss—Halle, 1895. 作者特别研究了无人称句中以间接格形式表示的逻辑主体用法。

同时，可能变成心理主体的变体。如果在问题 "Qu'est-ce qui passé?" 之后的答案是 "Il passé des chèvres"，这样的答案意味着是 "ce qui passe, ce sont des chèvrs" 换言之，就是模式 a—B。这样一来，我们其实是在原地踏步。无论语句的外部形式是什么样的，言语总是不断地在我们确定的两种理解中徘徊。这两种方法成为语法句子类型的基础，因为语法本身就是规范言语。

从音位定义到语言单位定义

音位学家不可避免地需要认真研究音位定义问题，而且我们很快看到了最初的反面效果。我们弄清楚了一点，我们不可能像博杜恩·德·库尔德内及其他学者[①] 提议的那样，从心理学角度看音位定义。换言之，我们不可能通过将它与某个概念或者存在于说话人意识中的表象联系的方式定义音位。在我们看来，这个在当前通用的结论导致了一系列影响深远的结果出现，才是我们想引起读者注意的。在这里我们只论述某些结论，不会阐述任何新内容，但我们认为，这绝不是毫无益处的。

一

我们可以从之前的阐述中得出结论。如果针对音位无法给出我们描述的心

---

① 请参阅 Trubetzkoy N. Grundzüge der Phonologie.Trav.du Cercle de Prague, vol.7.1939, p.37。从此文中得知，特鲁别茨柯依先是同意博杜恩·德·库尔德内的心理观，但经过长时间思考、动摇之后，他放弃了这一观点。特鲁别茨柯依在 1931 年日内瓦大会上提交了报告，体现了他还没有放弃心理主义的阶段。

理定义，那么针对任何级别的语言单位，我们就有众多依据说出同样的内容。如果适合于音位的定义，那么作为结论或者根据类比这种定义将同样适用于语言系统中的任何一个功能元素。

比如，如果按照一定顺序构成法语词语 a-m-i 的三个音位不能作为表象存在于说话人和受话人的大脑中，那么整个词语与它的各个部分一样就不可能是相同表象的客体。正是因为传统的原因，大家都认为相反现象同样存在，而且长期以来，没有人敢质疑"词语表象"。从最开始，语言学家毫不犹豫地讲述了"音位表象"。这两个论断是相互关联的，如果是伪结论，则意味着推理的基础发生了动摇。与此同时，我们发现发展的路径是从简单词语开始，逐渐地，我们不得不承认，能指无论是什么样的，都不可能在心理上确定下来——即使像索绪尔所说的，即语法中的一切最终成为不同物质形式的对立。①

我们所说的内容与所有语言符号有关，因为所有符号都是能指。那么从所指方面已经研究的符号又是什么样的呢？

我们现在往往忽略音位存在于我们意识中的能力。我们援引一个事实，即音位与物质现实无关，但与区别特征的复杂综合体、抽象发挥作用的条件相关。如果这个论据可靠，那么可以将其运用到语言能指上，因为正如索绪尔断定的那样，能指绝对不比音位复杂，无论在内部逻辑结构中，还是在应用环境中都是如此。语言所指实际上不是含义，也不是意义，与任何一个准确的概念、准确的物体也不对应，这是**意值**。换言之，语言所指是虚拟表现方式的组合。这些虚拟表达方式的出现是因该符号与其他语言符号之间的联系所致。这些符号随意分享语言②需要表达的整个精神物质。在任何情形下，应当拒绝这些在心理上有可能成为固定的、借助于意识行为成为理性的意值——能指。如果我们认为能指和所指的本质是相似的，那么我们也应当认为整体的符号和因联合成

---

① Saussure F.de. Cours de linguistique générale, 2e et 3e éd.Paris. 1922. P.190 sv.
② 同上。

为表达单位而产生的语言单位也是这样的。

但还有一种更重要的观点，它是直接以语言学的主要原则为基础。

特鲁别茨柯伊论据充分地指出一种循环论证，即在我们理解的言语中寻找定义音位的标准。他承认，这种言语只有通过与构成言语的语言的联系途径分解为音位，否则言语只是一系列模糊而无法分解的语音现象。如果我们用术语"本质"或者"语言单位"替换术语"音位"，那么这个证据是有效的。这意味着有组织言语行为，也就是个人心理现象之所以存在，正是因为有作为集体心理现象，或者准确地说有"社会学"现象的语言存在。因此，在我们已有的关于言语的表象也就是个人心理学现象中，为任何一种语言事实寻找定义都是荒谬的，因为这些事实实际上都是另一个方面的。

因此，我们不仅有权利而且有义务对音位学家所下的音位定义给出更宽泛的解释，并将其用于解释同样的语言本质上。

二

针对音位存在的一些负面观点，当我们将这些观点用到所有语言本质上时，暂时无法得到任何正面的论断。有趣的事情并不是要解释为什么无法定义音位，而是要弄清楚如何定义。我们甚至需要弄清楚，如果音位具有实证性的定义，是否可能将这个定义用于阐释整体意义的语言本质。

特鲁别茨柯伊在寻找符合结构语言学的纯语言学定义时，他意识到无法支持音位的心理学定义，之后建议只是通过音位在语言系统中的功能去定义音位。从那时起，我们一直在讨论，应当如何确定和阐述音位的功能。

我们不去探讨最后一部分问题，但我们应提出问题：原则上功能性的定义是否被接受？如果适用于音位，那能否通过迁移的方式运用到任何的语言本质中？我们提出了这些问题，意味着需要给出答案。显然，在用于表达的机制中（语言就是这样的机制），根据每部分在这个机制中的地位和它起到的特殊作用，每一部分都能够得到解释与定义。这一点对于语言机制的各个部分而言都是同样公正的。所以，原则上我们没有理由评论特鲁别茨柯伊提出的，且音位学家毫不犹豫就已经接受的定义。我们只是需要指出，这个定义原则本身不符合科学的要求，不能完全替换被它取代的心理学定义原则。

解释一下我们的观点。当我们研究在逻辑学和数学中相互联系、纯抽象、先验性的思想形式时，我们可以接受功能性的定义。可以通过功能确定代数方程式中的 X，大前提或者小前提，或者三段论结论及其他很多类似现象，而且在我们眼中这些定义具有真实性，是所有与空间和时间相关的偶然现象不具备的真实性。但语言不是纯抽象的概念系统，正如索绪尔所说，这是语音物质和思想的某种"任意"组合。语言是存在于我们地球上的具体历史现象，随着时间的推移不断变化。语言中的一切都是现象，而现象取决于现象产生的环境，取决于它所属的范畴。简言之，现象需要**存在主义**的定义。长期以来，我们认为任何语言现象都是说话人心理活动的结果，是人本能做出的判断。作为结果，我们在我们可能有的意识中发现对语言事实的解释。这就是存在主义的定义。但如果这样思考问题，我们就会走入死胡同，我们需要承认，我们走错了路。

但我们现在需要做什么？忘记一切，重新开始，忽略存在主义的定义？绝对不是。但需要离开我们探寻的错误之路，需要尽量找到较为正确的路径，根据较为合适的方式研究存在主义的定义。心理学定义是错误的，因为其基础是作为心理学现实的错误语言理论，需要采用与语言本质认可的事实一致的社会学定义进行替换。只有在具体语言、某个社会学现实的系统内，每一个在本质上与语言组成元素相近似的元素才能根据其位置和在整体中的功能获得定义。

这是显而易见的，没有人反对。但如果没有人反对，那么表明就没有人关注这些情况，并去研究它们。我们尽量去做，证明我们这样做并不是徒劳无益的。

三

众所周知，社会规则是社会成员为了统一目标自发和无意识合作而带来的结果。还有当这样的社会规则根据集体协议的权威性和威望产生以后，会强加到每一个人身上，而且独立的个体根本意识不到他已经承担并且继续在集体劳动中承担的角色。

根据社会规则的特性，它可以拥有不同的存在模式。它们经常具有物质形式：这是法律文本、法庭、监狱及其在该社会中通行的，与法律解读有关的所有特点。社会规则存在于生活在这个法律下的人的心理中。比如，宗教神话、道德概念是以信仰、主流观点、重要论断的形式存在的，还可以以习俗的形式存在，如宗教仪式、礼貌准则、公认的行为准则等。在语言领域所有这些现象都可以起作用，但在表达思想时的完全无意识性及以获得的复杂反射行为为基础的无意识性对于语言现象特别典型。所有说话人的这些反射行为基本上是一样的。正在学习语言的儿童在模仿周围的人讲话，因此，当经过各种尝试和错误之后，他学会成功操控自己各种无意识习惯行为，就像成年人做的那样，达到了预期的目的。

语言现象的存在主义定义，包括音位定义，使得我们能够直视反射行为（或者一组反射行为），而非心理学定义要求的有意识表象。我们立刻发现，这样的观点具有某种解释"语言"现象本质和性质的能力。我们还发现，从纯语言学角度，也就是从系统和抽象角度而言，语言现象不是自发地出现在说话人或者听话人的意识中的原因。但是我们还很容易发现，为什么，又是如何通过客观观察言语事实途径，通过思想方法，以某种方式来思考这些现象。

最后，我们再简单讨论两个问题。

第一个问题。

每一个人都知道，在某些条件下，成功控制的反射行为或者一系列反射行为是一种可以大胆信任的资源。这是一种实践工具，可以准确完成各种，甚至最复杂的服务，但前提是无意识机制一定具有整合的时间和潜能。

根据定义，反射行为是无意识行为，不仅与取代它的意识无关，而且本能上也在避免这种意识。不合时宜的思考行为可能在无意识机制中引发混乱。这个事实非常清晰，就不需要举例子了。

实际上，说话个体只需要认真地思考他想说的内容，只需要置身于引发言语的情景中，就能自发地说出能够达到希望效果的语句。听话人如果足够关注说话人的话语，通过解释和理解行为而无意识地做出反应，无论是从说话人角度，还是受话人角度，都不要求有某种思想行为的存在，包括分析被使用的手段，这是某种自发的、直接影响结果的印象。

至于谈到被我们利用的语法系统，这个社会生活的无个性的产物、这个以思维为基础的人类智慧的杰作，它不需要在说话人、听话人、任何人的意识中表现自己，只要它在这个环境中存在就足够了。这是一种个性化反射行为的隐性标准。说话人通过各种直觉的，而且未必是有意识行为的途径不断努力追求保护这一标准，即使在变化的因素占据上风的情形下，说话人仍然在追求保护语法系统中有效的，但已经变化的结构。非文明民族的经验证实了这一点。通常这些民族的语言具有丰富的形式，相比较印欧语言而言，更有品位。这些语言存在与发展的前提就是任何一个语言载体都不需要费力分析在他们言语中使用的手段。

现在我们分析第二个问题。

语言在发挥着作用，但我们并没有意识到它的功能，然而这不意味着，具有思想和智慧的理智完全忽略了它的存在。实际上，观察我们的有组织言语或者其他人的言语，倾听他们在说什么或者面对能够证明缺席人物言语的文本，我们每一个人都有可能在思考语言的功能，这就是间接知识的源头，而且这个源头是可以掌控的，在任何情形下都是我们掌握的唯一源头。语言科学正是在这里获得了自然、必要的研究基础。

这样的观察可能看起来完全无可挑剔，因为即使有组织言语不是语言，它也可以向我们暗示语言思想，换言之，标准的思想，及处处为我们展示用法的规则。这种暗示是如此强烈，以至于我们因它而产生了错误推论。这种推论产生于古希腊时代，至今还存在，语言现象的心理定义正与此相关。因为对于缺乏经验的智慧而言，实际上没有比研究能够证明规则本身的规则使用方法更自然的事情了。

为了使语言学者的思想摆脱这个错误，索绪尔的任意性理论及作为结果，被视为纯形式语言的抽象性和系统性理论应运而生。由此诞生了创建结构语言学的愿望，而且因为特鲁别茨柯依和布拉格小组的贡献而诞生了音位科学。音位科学取得的成就对语言学思想产生了决定性影响。音位学实际上是以最简单的言语现象为出发点，借助严谨的方法分析和比较这些现象，得出的结论是：不是划分听觉听到和理解的简单语音组合，而是划分抽象的区分特征系统。

适用于语音语法的规则同样适合于一般性语法。可以这么说，语言的实质就是各种独特性用法，但这些独特性必须与属于言语及其他的独特性区分开，在没有发现这些独特性综合体的系统性，也就是各个部分的相互联系时，它们都是无形的和无效的现象。

为此堆砌表面事实还不够，我们还需要有目的的分类，也就是可靠理论提出的途径，因为我们作为说话人不善于直接思考有组织言语计划之外的现象。

如果我们这些学者有朝一日对此能够有相应的认识，即使是近似的认识，考虑各种复杂的社会现实及本质上具有的不稳定性，那将是一种幸福。

四

限于文章篇幅，我们只阐述了理论方面的问题。请允许我们在文章结束之前简要指出一种情形，我们指出的原则已经被实践证实，至少在音位方面是这样的。在我们看来，萨丕尔（Sapir）刊登在《心理学杂志》上的《音位的心理现实》可以用我们的术语"作为习得的象征性反射行为（=心理的）的音位存在主义定义（=现实）"作为篇名。在文章中作者提到了几个有趣的情形，听话人或者说话人在理解词语的语音或者发音时，犯下了明显的错误，因为他们遵循了以音位含义和语音的功能含义为条件的无意识解释和表达的习惯。这些无意识的习惯尤其具有强制性，说话人或者听话人完全忽略了它们的原因。比如，居住在加拿大一个省的印第安人拒绝承认实际上完全是同音的两个词语，也就是在语音上等同的 dìní 和 dini。但他完全没有能力解释它们的区别体现在哪儿。通过认真分析材料发现，这两个词语的发音是与尾部的喉腔送气音一起发出的。一种情形是"在停顿之前一定有任意元音的伴随"，那么在第二种情形下，这是某个在另一环境中表现得更加清晰的结尾辅音痕迹。语言事实因此出现在说话人和他的言语之间，从而导致了误解。

我们再次发现了三个之前区分过的连续行为。首先，说话人的行为，也就是盲目从属在语言中获得印象的说话人行为。其次，从外部观察言语，抓住它的物质语音现实的人所具有的客观态度。只有在说话人通过思考成功摆脱了已有偏见的前提下，说话主体才可以接受这一观点。最后，学者的观点。他观察和收集事实，再进行比较，从而发现语言的奥秘。

我们还需要展现语法其他领域的相关现象，但条件完全不同。

蒙大拿

1942年8月

语法中的结构方法及其应用 [①]

我们在这里研究的问题，是关于是否存在针对语法概念的某个纲要，也就是与研究客体本身性质相关，而且是绝对需要的纲要。

我们需要放弃以研究词类及其形式为基础的传统计划。既然这些形式具有关系意义，就不可能只研究其中一种形式的功能，而不去研究能够造成混乱，与其他词类及其形式相关的问题。我们还需要排除分类原则，因为这些原则是以研究从形式中抽象出的概念表达为基础的。研究者在这种情形下，已经超越了语法系统的界限。

教育者没有将自己禁锢在传统中，而是首先努力创建以先进的教学法，适用于教学必要需求的语法。这样的教育家拥有更多找到真正解决方案的机会。其中之一就是天主教神甫吉拉德。他创建了一种可以被视为严格规范语法基础

---

① Sechehaye Albert. La méthode conctructive en grammaire et son application//Cahiers Ferdinand de Saussure, 4, 1944, Genève.p.22-25.

1930 年 10 月 4 日，周六。在瑞士非语言者协会第 23 届年会做的简短报告。

的原则。吉拉德建议以句子[1]，而不是以词语作为描述语法系统的基本单位。

我们可以在纯理论和科学领域展示这种方法的优势。

句子确实是无可争议的语言单位。我们在严格分析构成句子的各个部分之后，将**语义素**或者**词汇核**，用词语表达的概念载体，与词素或者在我们语言中部分嵌入词语（比如，动词结尾）而部分在词语之外（我们的前置词）的联系元素区分开。但是，问题出现了，既然被我们归类到这个范畴中的元素只是针对它们所属的结构而存在，那么究竟什么是词素。这样一来，它们常常以各种方式（比如，œil-yeux），甚至是**零词素（比如，chant!）**的方式呈现。

只是如果我们研究一系列相互联系的语段，而不是孤立的语段，也就是在这些语段中，根据如下的图示，任何一个元素都可能成为相似或不同的元素：

sur **l'arbre**	**sur** l'arbre
sur **la montagne**	**sous** l'arbre

某些词尾（变格和变位）是该类型的联想式系列：

chantons	chant**ons**
marchons	chant**ez**

无论这些结尾如何特殊，我们在这里确认的等同性定义实际上扩展了术语"结尾"的意义，或许我们可以大胆去阐述一般性的词尾，即**可能成为语法的句子变化聚合体**。

除了这些形式方面的观点，我们还需要补充逻辑观点。我们可以清晰地展示，在基本的形式中句法完全是以一种句子类型为基础的，其中名词作为主体，动词或者形容词（在法语中含有系词）作为谓项。表达所属或者关系的从属词与这些元素结合，动词的静词形式和从句只是较为复杂的、最基础元素综

---

[1] 请参阅 Аббат Габриэль эе Жирар. Истинные начала французского яыка//Французские общие, или философские, грамматики XVIII-начала XIX.Старинные тексты.М.: Иг «Прогресс», 2001, C.95-106.

合体。在逻辑上，已经逐渐形成了由复杂的、逐渐增加的各种句子形式构成的表格。这个表格与因词素或者义素的替换而出现的形式共同组成了"句子的结尾"、词语变化的聚合体。

这种结构方法的使用需要遵循几种规则：

1. 按照从简到繁的顺序，根据已知的事实解释新的事实。

2. 将语法的每一个事实置于事实存在和体现的环境中。

3. 将老师和学生的注意力吸引到完整的、具体的研究对象中，而不是抽象的或者独立的片段中。

而且，原则上，我们得到的系统与传统的系统不同，因为它是由连续研究名词、代词、动词、形容词、副词、前置词、不定式和形动词及连接词构成的。可以将这个系统称为词类系统。但已经是修订的，将更先进的原则考虑在内的系统，而且是已经摆脱负面内容的系统。

如果阐述这个系统的实践应用，那么我们并不一定严格遵循这样的系统。这个方法可以灵活地适用于一般教学需求，考虑学生母语的特点及学习外语的特点，需要严谨地对待学生通过学习之后掌握的一般语法理论，但这已经涉及高年级阶段。这种方法给予智慧营养，鼓舞了教育家们，引导他们研究具体现象的功能。一句话，这种方法符合真正现代的实践教学要求。传统方法是旧的、抽象空洞的和形式语法的自然表现。我们今天使用传统的方法就是一种落后于时代的现象。

我们的语法、我们的优秀语法在很多部分已经具有结构性，但思考语言学中的科学原则还是有益的，因为这些原则有助于更加清晰地理解实施方法的手段。

图书在版编目(CIP)数据

理论语言学纲要和方法论：语言心理学／（瑞士）阿·薛施蔼
著；杨衍春译. —桂林：广西师范大学出版社，2021.10
ISBN 978 - 7 - 5598 - 3327 - 3

Ⅰ．①理… Ⅱ．①阿… ②杨… Ⅲ．①现代语言 Ⅳ．①H0 - 09

中国版本图书馆 CIP 数据核字(2020)第 198730 号

理论语言学纲要和方法论：语言心理学
LILUN YUYANXUE GANGYAO HE FANGFALUN：YUYAN XINLIXUE

出 品 人：刘广汉
责任编辑：刘孝霞
助理编辑：吕解颐
装帧设计：李婷婷
广西师范大学出版社出版发行
（广西桂林市五里店路 9 号　　　邮政编码：541004
网址：http://www.bbtpress.com ）
出版人：黄轩庄
全国新华书店经销
销售热线：021 - 65200318　021 - 31260822 - 898
山东韵杰文化科技有限公司印刷
（山东省淄博市桓台县桓台大道西首　邮政编码：256401）
开本：690mm×960mm　　1/16
印张：17.75　　　　　字数：241 千字
2021 年 10 月第 1 版　　2021 年 10 月第 1 次印刷
定价：68.00 元

如发现印装质量问题，影响阅读，请与出版社发行部门联系调换。